100 FICHES
POUR COMPRENDRE LES SCIENCES ÉCONOMIQUES

CLASSES PRÉPARATOIRES AUX
GRANDES ÉCOLES COMMERCIALES
1er CYCLE UNIVERSITAIRE

100 FICHES POUR COMPRENDRE LES SCIENCES ÉCONOMIQUES

par

Marc MONTOUSSÉ
Agrégé de sciences sociales
Professeur en classe préparatoire économique et commerciale
au lycée Paul Claudel de Laon
Chargé d'enseignement à l'ESC Reims

Dominique CHAMBLAY
Agrégé de sciences sociales
Professeur de sciences économiques et sociales
au lycée Louis Bascan de Rambouillet

Avec la collaboration de
Elizabeth JESTAZ
Professeur de sciences économiques et sociales
au lycée François Couperin de Fontainebleau

Bréal

1, rue de Rome - 93561 ROSNY Cedex

Dépôt légal : juin 1998
ISBN 2 84291 139 3
8è édition

AVANT-PROPOS

Cet ouvrage présente cent thèmes essentiels de la science économique sous forme de fiches structurées. Si chacune d'entre-elles peut être étudiée séparément, des renvois permettent l'examen d'analyses ou de données complémentaires (figurant dans d'autres fiches).

Notre ambition n'est ni la réalisation d'un manuel ni la compilation de connaissances, mais l'éclairage de l'étudiant ou plus largement du lecteur sur les principaux problèmes économiques.

À ce titre, ce livre s'adresse à un large public. Les étudiants des premiers cycles d'économie, des préparations aux hautes études commerciales et à celles de sciences politiques sont les premiers concernés ; mais cet ouvrage est aussi destiné à des étudiants d'IUT, de STS et même de lycée, soucieux d'approfondir leur réflexion économique.

SOMMAIRE

PARTIE IV - PRODUCTION ET RÉPARTITION

PARTIE V - L'ENTREPRISE

PARTIE VI - EMPLOI ET CHÔMAGE

PARTIE VII - MONNAIE ET FINANCEMENT

PARTIE VIII - LES SYSTÈMES MONÉTAIRES INTERNATIONAUX

PARTIE IX - LES RELATIONS ÉCONOMIQUES INTERNATIONALES

PARTIE X - LA PENSÉE ÉCONOMIQUE

PARTIE I

CROISSANCE ET DÉVELOPPEMENT

De la notion de croissance à celle de développement

La croissance économique est mesurée quantitativement par l'augmentation du PIB (produit intérieur brut) ou du PNB (produit national brut). Le développement, quant à lui, est difficilement mesurable (cf. fiche 31 : La mesure de la production) *car c'est un phénomène tant quantitatif que qualitatif.*

1 La croissance économique est une condition du développement...

A Expansion, croissance et développement

- Alors que la croissance économique correspond à une longue période d'augmentation de la production, l'expansion est un phénomène conjoncturel de durée courte ou moyenne pouvant être précédé par une période de récession. La croissance économique est une notion uniquement quantitative.
- Le développement est une notion aussi bien quantitative que qualitative, il correspond non seulement à une augmentation du pouvoir d'achat mais aussi à des transformations structurelles de l'économie comme l'industrialisation, la tertiairisation, l'urbanisation ou la salarisation.
  - Contrairement à la croissance, le développement est une notion qui n'est pas uniquement économique ; il suppose des progrès dans d'autres domaines, comme la démographie (baisse de la fécondité et de la mortalité par exemple), la santé (augmentation de l'espérance de vie) et les conditions sociales.
  - Selon F. Perroux : "Le développement est la combinaison des changements mentaux et sociaux d'une population qui la rendent apte à faire croître cumulativement son produit réel". Croissance et développement sont donc deux notions différentes mais intimement liées.

B Les étapes de la croissance

- Rostow considère que dans chaque société, la croissance passe par cinq étapes déterminées :
  - La société traditionnelle correspond à la première étape, la production est limitée et surtout agricole, les échanges sont rares, la société est très hiérarchisée.
  - Les préalables au développement constituent la deuxième phase, l'agriculture permet de dégager un profit, les mentalités évoluent et les individus cherchent de plus en plus à s'enrichir.
  - Le *take off* ou décollage est une période très brève (moins de 30 ans) pendant laquelle des taux d'investissement très élevés (plus de 10 % de la production) et des industries pivots (textile, métallurgie) permettent une forte croissance économique. Cette période s'accompagne d'un accroissement des inégalités sociales.
  - La marche vers la maturité permet d'établir les bases du développement économique, démographique et social. Le progrès technique se diffuse dans tous les secteurs de l'économie, la plupart des couches sociales en profitent.

– L'ère de la consommation de masse correspond à la dernière période, la consommation de masse de biens durables apparaît, les services se développent, la pauvreté se marginalise, l'État intervient de plus en plus dans la société et dans l'économie, c'est un État-providence, c'est-à-dire soucieux du bien-être collectif *(cf. fiche 7 : De l'État-gendarme à la crise de l'État-providence).*

■ Ces 5 étapes de la croissance auraient aussi bien pu être nommées les 5 étapes du développement ; à chaque étape, il existe une grande corrélation entre les phénomènes ne relevant que du domaine de la croissance et ceux relevant du domaine du développement. La théorie de Rostow a été critiquée parce qu'elle conduit à une vision linéaire du développement excluant toute possibilité de voie originale de développement.

2 ... MAIS TOUTE CROISSANCE NE PERMET PAS LE DÉVELOPPEMENT

A Les croissances ne sont pas toutes progressives

■ Toute croissance économique ne conduit pas à un accroissement du revenu : lorsque la croissance de la population est supérieure à celle de la production, le phénomène inverse se produit (cas de nombreux pays en voie de développement). A. Barrère propose de différencier "la croissance progressive" (croissance économique supérieure à la croissance démographique) de "la croissance régressive" (croissance économique inférieure à la croissance démographique).

■ Mais une croissance, même progressive, n'enrichit pas forcément le pays, ainsi une croissance peut être appauvrissante. Selon J. Bhagwati "la croissance appauvrissante" correspond au cas où une dégradation des termes de l'échange (la hausse des prix des produits exportés étant inférieure à celle des prix des produits importés) oblige le pays à produire et à exporter davantage sans pouvoir acheter plus.

B La croissance n'est pas une condition suffisante au développement

■ Certains économistes tiers-mondistes prônent un développement sans croissance, cela signifie qu'ils pensent qu'il est d'abord nécessaire de modifier la société de l'intérieur et de répondre à ses besoins avant de songer à développer la production.

■ Les fruits de la croissance peuvent être mal répartis, la croissance peut ne profiter qu'à une minorité de la population et échapper au plus grand nombre. La croissance peut ne pas être généralisée : c'est le cas des économies du tiers-monde, économies désarticulées dans lesquelles deux secteurs différents se juxtaposent, un secteur moderne profitant des possibilités de croissance et un secteur archaïque sans perspectives de développement.

■ La croissance peut aussi ne pas être source d'un développement immédiat lorsque la production est exportée et non offerte sur le marché intérieur. Le cas des pays d'Asie du Sud-Est montre que ce type de croissance conduit tout de même, à terme, à une dynamique de développement social.

Croissance et développement sont deux notions dépendantes : la croissance mène au développement qui favorise la croissance. Mais une croissance déséquilibrée, ou dont les gains sont mal répartis, ne conduit pas au développement. La croissance est nécessaire mais toute croissance n'est pas profitable.

FICHE 2

LES FACTEURS DE LA RÉVOLUTION INDUSTRIELLE

La révolution industrielle débute à la fin du XVIIIe siècle en Grande-Bretagne et au début du XIXe siècle pour d'autres pays européens ; elle se traduit par une industrialisation très rapide, le passage d'une société traditionnelle à une société innovante. Cette mutation rapide de l'économie exige des conditions préalables.

1 Les évolutions sociales et démographiques furent des préalables à la révolution industrielle

A Elles ont favorisé la venue de la révolution industrielle...

- Le principe de la main invisible d'Adam Smith *(cf. fiche 92 : Les classiques)* stipule que les individus, en œuvrant pour leur intérêt personnel, permettent l'enrichissement de la nation tout entière. Une condition à la révolution industrielle est la volonté des individus de s'enrichir et d'améliorer leur condition sociale. Max Weber a établi un parallèle entre l'esprit du capitalisme et l'éthique protestante. Il en a conclu que la religion protestante a constitué une condition favorable à la révolution industrielle, ce qui expliquerait pourquoi celle-ci a débuté en Grande-Bretagne alors que la France semblait, à l'époque, plus riche.
- La forte croissance démographique dans la phase dite de transition démographique a été un facteur favorisant la révolution industrielle. Dès la fin du XVIIIe siècle, on assiste à une baisse importante de la mortalité due à la conjonction de multiples facteurs : progrès de la médecine, de l'hygiène et de la production agricole ; le taux de natalité, quant à lui, demeure élevé et a même tendance à augmenter.

  L'augmentation considérable de la population a non seulement fourni des débouchés à l'industrie (et en premier lieu au secteur textile), mais en plus a permis d'accroître la quantité de la main-d'œuvre disponible.

B ... mais leur contribution est à nuancer

- Il faut se garder d'établir des relations hâtives entre les mentalités et le développement ; des considérations très faciles et peu explicatives peuvent mener à une hiérarchisation risquée et discutable des sociétés. Si la mentalité joue sur le développement économique, celui-ci joue encore plus sur les mentalités, nous sommes en présence d'une étroite interaction.
- La relation entre la croissance démographique et la croissance économique est aussi à nuancer :
  - Dans le cas des pays en développement, la croissance démographique est souvent un frein à la croissance économique car elle absorbe les surplus dégagés par la croissance économique et ne permet pas l'accroissement du niveau de vie individuel. De plus, une croissance démographique, en fournissant du travail bon marché, peut freiner le progrès technique et l'investissement.

– Pour que la croissance démographique soit source de croissance économique, il est nécessaire qu'elle soit accompagnée d'un environnement propice (progrès technique, taux élevé de l'épargne).

2 La révolution agricole, autre préalable à la révolution industrielle

A Un des fondements de la révolution industrielle en Grande Bretagne

■ Le mouvement des enclosures qui se développe en Angleterre à partir du XVIe siècle préfigure la révolution agricole ; en effet, la constitution de propriétés individuelles et la suppression des prés communaux fut la première introduction du capitalisme et conduisit à la recherche de la rentabilité.

La révolution agricole prend toute sa mesure au XVIIIe siècle et se traduit par l'abandon de la jachère grâce à l'assolement triennal, l'utilisation d'engrais, le perfectionnement de l'outil et des sélections de plus en plus pointues de bétail et de semences. Elle permet une forte augmentation de la production et un accroissement de la productivité du travail agricole et de la terre.

■ La révolution agricole a favorisé l'industrialisation :

- elle permet de dégager une main-d'œuvre qui peut être embauchée dans l'industrie.
- elle permet de dégager un profit qui servira en partie à l'investissement industriel.
- elle fournit des débouchés à l'industrie : l'outillage agricole offre des débouchés à la métallurgie et l'utilisation des engrais en offre à la chimie.
- elle permet de nourrir une population urbaine et industrielle croissante.
- elle fournit la matière première au premier secteur industriel à se développer : le secteur textile.

B Elle n'en constitue pas toujours une étape obligée

■ Si en Grande-Bretagne, la révolution agricole a précédé la révolution industrielle, ce schéma est à nuancer pour d'autres pays. Ainsi en Allemagne, il est impossible de déterminer une période précise de grandes mutations dans l'agriculture, on peut donc difficilement parler de révolution agricole. En ce qui concerne la France, c'est le terme même de révolution industrielle qui est à nuancer, la France ne semble pas avoir connu de *take off* mais plutôt une évolution lente et progressive de son industrie.

■ Quoique la favorisant, la révolution agricole n'est pas absolument nécessaire à la révolution industrielle. Ainsi, la plus grande partie des capitaux investis au début de la révolution industrielle ne provenait pas de l'agriculture mais surtout du grand artisanat urbain et du commerce international. La main-d'œuvre dégagée par la productivité agricole n'est pas toujours un facteur favorisant, elle peut, en rendant le travail bon marché, constituer un frein aux innovations et au progrès technique.

La révolution industrielle se déclenche du fait de la conjonction de nombreux facteurs favorables, mais aucun de ces facteurs n'est exclusif, suffisant ou même absolument nécessaire. Il n'y a pas de préalable nécessaire mais une interdépendance étroite entre des variables de toutes catégories qui évoluent dans le même sens.

LES MUTATIONS ÉCONOMIQUES ET SOCIALES AU XIXe SIÈCLE

Sous l'impulsion des entrepreneurs que Marx a comparés aux bâtisseurs de pyramides, l'économie et la société se sont transformés au XIXe siècle. Entre le début du XIXe siècle et 1914, l'évolution du progrès technique n'a pas été constante, mais s'est surtout réalisée pendant deux périodes, appelées révolutions industrielles, qui ont jeté les bases d'une économie et d'une société modernes.

1 LES DEUX RÉVOLUTIONS INDUSTRIELLES...

A Le rôle des industries industrialisantes

- Les révolutions industrielles se sont réalisées grâce à des secteurs moteurs, que l'on appelle aussi industries pivots ou industries industrialisantes afin de montrer leurs effets d'entraînement sur le reste de l'économie.
  - Lors de la première révolution industrielle, au début du XIXe siècle, ce sont essentiellement le textile et la métallurgie qui jouent ce rôle ; l'énergie était fournie par la machine à vapeur et le charbon.
  - Lors de la deuxième révolution industrielle (entre 1890 et 1914) le rôle d'industries industrialisantes est tenu par la sidérurgie (acier) et les industries chimiques ; les moteurs électriques et à explosion sont de plus en plus employés.
- Les transports ont eu, au XIXe siècle, une fonction si importante que l'on utilise le terme de révolution des transports.
  - Dès le début du siècle, les routes et les canaux se multiplient afin de répondre aux besoins de l'économie. Le développement le plus spectaculaire est celui du chemin de fer qui est le type même d'une industrie industrialisante de par ses effets d'entraînement : il permet d'augmenter la taille du marché et d'abaisser fortement le coût du transport ; de plus production de milliers de kilomètres de rails constitue un marché considérable pour la métallurgie.
  - La deuxième révolution industrielle, quant à elle, fut accompagnée par le développement de la navigation à vapeur ainsi que par les débuts de l'automobile et du transport urbain (tramway, métro).

B La révolution des techniques

- J. Schumpeter explique les périodes d'expansion par l'action du progrès technique. Les deux révolutions industrielles du XIXe siècle sont des périodes extrêmement innovantes : selon Schumpeter *(cf. fiches 12 et 99 : Les cycles – La pensée hétérodoxe)*, le progrès technique arrive par grappes ; des périodes de progrès technique important succédant à des périodes peu innovantes. En effet, il y a une dynamique du progrès technique : celui-ci en créant des goulets d'étranglement engendre le besoin d'un autre progrès technique ; une innovation dans une activité crée un déséquilibre par rapport aux activités complémentaires, d'où la nécessité d'autres innovations ; par exemple l'utilisation de la navette volante dans le tissage a conduit à une innovation dans le filage (*spinning Jenny*).

- Le progrès technique au XIXe siècle mène à la diffusion de la machine au détriment de l'outil. Le coût de la mécanisation entraîne la concentration des entreprises et fait disparaître les petites structures de production. C'est le début de l'usine, on passe du *domestic system* (le foyer est un lieu de production) au *factory system* (l'usine).

2 ... ONT ENGENDRÉ DE GRANDS BOULEVERSEMENTS ÉCONOMIQUES ET SOCIAUX

A Les mutations économiques

- Le XIXe siècle a été un siècle de forte croissance de la production et d'amélioration de la productivité ; les prix ont été relativement stables malgré une pression à la baisse due à la diminution des coûts redevable au progrès technique. La croissance de la première révolution industrielle était surtout extensive (permise par l'utilisation d'un plus grand nombre de facteurs de production), alors que, à partir de la seconde révolution industrielle, l'objectif des entreprises est surtout l'augmentation de la productivité ; la mise en application des principes d'organisation du travail de Taylor en est un exemple.
- Les économies s'internationalisent, la colonisation a permis d'orienter la production des pays du Sud vers les besoins en produits de base des pays du Nord. Alors que la part relative de la production du secteur primaire diminue dans les pays industrialisés au profit des deux autres secteurs, l'inverse se produit dans les pays colonisés, l'artisanat y est en partie étouffé pour ne plus concurrencer l'industrie des pays riches. À la fin du XIXe siècle, il y a une véritable division internationale du travail, les pays du Nord exportent essentiellement des produits manufacturés, ceux du Sud, surtout des matières premières.

B La société à la veille de la Première Guerre mondiale

- La société précapitaliste était en grande partie constituée de paysans et de propriétaires fonciers. Ces deux catégories sociales existent encore mais ont perdu une grande partie de leur importance au profit des ouvriers et des entrepreneurs (appelés par Marx, bourgeois ou capitalistes). Mais la société est loin d'être bipolaire :
  - Il subsiste une grande quantité de petites entreprises.
  - Il faut différencier deux catégories d'ouvriers, les ouvriers d'usine qui n'ont pas de qualification et qui sont souvent les victimes de l'exode rural et les ouvriers de métier, qualifiés, qui proviennent des anciennes familles d'artisans. La mise en place des principes de Taylor effacera cette différence en déqualifiant tous les ouvriers *(cf. fiche 51 : Le taylorisme et le fordisme).*
  - Une nouvelle catégorie très hétérogène, liée aux débuts de la tertiairisation, émerge : la classe moyenne.
- Alors que la première révolution industrielle conduit à une détérioration des conditions sociales d'une partie importante de la population, celles-ci s'améliorent fortement à partir du dernier quart du siècle. Du fait de nombreux facteurs (augmentations de la productivité, mouvement ouvrier, développement du commerce international et réduction de la croissance démographique) les salaires augmentent rapidement (le salaire réel moyen s'est accru de plus de 60 % en France entre 1870 et 1900).

Le XIXe siècle est donc un siècle charnière entre une société traditionnelle et une société moderne. C'est aussi le siècle de l'expansion du capitalisme mais surtout celui du libéralisme qui sera ensuite, au XXe siècle, remis en question par les interventions croissantes de l'État et par la concentration des entreprises.

FICHE 4

LES FACTEURS DE CROISSANCE

La croissance économique peut être définie comme l'augmentation, sur une longue période, de la production (plus exactement, de la somme des valeurs ajoutées) mesurée par le PIB. La production est effectuée à l'aide de facteurs de production (le travail et le capital) qui permettent la croissance mais qui ne suffisent pas à l'expliquer; il faut prendre en considération les variables très nombreuses qui la motivent.

1 LES FACTEURS DE PRODUCTION PERMETTENT LA CROISSANCE

A Croissance extensive et croissance intensive

- Pour produire, il est nécessaire d'utiliser des facteurs de production, desquels dépend donc la croissance économique. Deux cas peuvent se présenter :
  - la croissance extensive est une croissance économique rendue possible par l'utilisation d'une plus grande quantité de facteurs de production ;
  - la croissance intensive est une croissance économique rendue possible par l'augmentation de la productivité des facteurs de production. Ceux-ci sont plus productifs grâce au progrès technique (l'automatisation par exemple) et à une meilleure organisation du travail (travail à la chaîne par exemple).
- La croissance n'est rarement qu'extensive ou intensive. Dans les pays développés à économie de marché, pendant les Trente Glorieuses, elle était surtout intensive, alors qu'elle était extensive en URSS à la même période.

B La contribution des facteurs de production à la croissance

- La fonction de production permet de mesurer la contribution de chaque facteur de production (travail et capital) à la production finale. La plus utilisée est la fonction Cobb-Douglas *(cf. fiche 33 : De la combinaison productive à la fonction de production)*, de la forme :

$$Y = L^{\alpha} \times K^{1-\alpha}$$

dans laquelle Y représente la production, L, le travail et K, le capital.

- Les économistes français Carré, Dubois et Malinvaud ont tenté de modéliser la croissance à l'aide de la fonction de production et de déterminer la contribution de chaque facteur à celle-ci. En France, entre 1951 et 1969, le taux de croissance annuel moyen de la production est de 5 % ; or il apparaît que le capital et le travail n'en expliquent que 2,5 %. Le reste, appelé par les auteurs, facteur résiduel, "traduit pour l'essentiel l'effet du progrès technique et de l'amélioration qu'a connu la gestion des entreprises et de l'économie".

2 CE QUI MOTIVE ET FAVORISE LA CROISSANCE

A Le cercle vertueux de la croissance économique

■ Rôle du profit et de la demande :

Les entreprises sont les principaux producteurs, c'est l'augmentation de leur production qui permet la croissance. L'augmentation de leur production suppose un investissement, qui nécessite un profit préalable ou un financement extérieur *(cf. fiche 69 : Le financement des entreprises)*. Mais cette augmentation de la production nécessite aussi l'existence d'une demande, intérieure ou extérieure, et des perspectives de profit.

■ Certaines industries, parfois appelées "industries industrialisantes" ont des effets d'entraînement importants sur la croissance par leurs consommations intermédiaires ; d'où l'adage populaire : "quand le bâtiment va, tout va".

■ La croissance économique est donc fortement dépendante du profit et de la demande, or ces deux variables dépendent étroitement de la croissance précédente. Dans un cercle vertueux, la croissance engendre donc la croissance, alors que dans un cercle vicieux, la crise engendre la crise. Ainsi, la théorie de la croissance endogène considère que la croissance est un phénomène cumulatif : la croissance favorise le progrès technique et le savoir-faire qui à leur tour favorisent la croissance.

B D'autres facteurs favorisent la croissance

■ De nombreux facteurs favorisent la croissance économique : le commerce international *(cf. fiche 84 : Commerce international et croissance)* permet d'accroître les débouchés, de diminuer les coûts et de dynamiser les entreprises ; l'État dispose de toute une panoplie de politiques économiques *(cf. Thème sur les politiques économiques)* qui lui permet d'agir sur des variables-clés comme l'investissement ou la demande.

■ Les facteurs démographiques et sociaux jouent aussi un rôle important :

- Un accroissement de population peut, sous certaines conditions, accroître les débouchés et apporter une main-d'œuvre supplémentaire mais, si les autres conditions de croissance ne sont pas réunies, cela risque d'accroître la pauvreté et le sous-emploi.
- Certains facteurs sociaux ont un rôle non négligeable : l'instruction et les qualifications valorisent le capital humain. La volonté que peuvent avoir les individus de s'enrichir est aussi un facteur non négligeable.

Si les facteurs de production permettent la croissance, celle-ci dépend d'un grand nombre d'autres facteurs. Il est avant tout nécessaire que les anticipations des entreprises soient bonnes, qu'elles aient confiance en l'avenir, ce qui est le cas en période de croissance. La meilleure condition à la croissance est donc l'existence d'une croissance préalable.

FICHE 5

LA CROISSANCE FORDISTE

Le terme de croissance fordiste est utilisé pour caractériser la croissance importante qu'ont connue les pays développés pendant la période appelée par Jean Fourastié les Trente glorieuses (1945-1975). Le nom d'Henry Ford a été emprunté pour désigner cette croissance, car il est à l'origine de la production en grande série et de la consommation de masse qui ont engendré des mutations économiques considérables.

1 LES CARACTÉRISTIQUES DE LA CROISSANCE FORDISTE

A Production et consommation de masse

- Henry Ford a repris les principes de l'organisation du travail de Taylor *(cf. fiche 51 : Le taylorisme et le fordisme)* et les a améliorés en créant le travail à la chaîne. Cette nouvelle organisation de la production permet de réaliser des gains très importants de productivité et de produire, en très grande quantité, des produits identiques, c'est ce que l'on appelle la production de masse. Celle-ci concerne essentiellement les biens durables et particulièrement les biens d'équipement des ménages.
- La production de masse a rendu possible une consommation de masse car les progrès de productivité ont été en partie reversés à la population sous forme d'augmentations de salaires (Henry Ford a instauré le système du "five dollars day") qui ont permis un accroissement massif de la demande solvable tandis que se multipliaient les biens disponibles sur le marché. On parle d'ère de la consommation de masse pour désigner l'accroissement considérable de la consommation mais aussi la tendance à l'uniformisation de celle-ci, aussi bien entre les pays riches qu'entre les différentes catégories sociales à l'intérieur de ces pays.

B Les gains de productivité sont à la base d'une croissance équilibrée

- Le système de production fordiste a permis de fortes augmentations de la productivité (la productivité du travail augmente de 5,1 % en moyenne par an, en France, entre 1950 et 1973). Les gains de productivité permettent l'augmentation des revenus, et donc l'augmentation des profits et des salaires (le salaire réel moyen augmente de 130 % entre 1960 et 1980), cela conduit à des augmentations considérables de l'investissement et de la demande et donc à une forte croissance économique (le PIB augmente en moyenne, en France, entre 1950 et 1973 de 5,1 % par an comme la productivité).
  - La croissance économique est d'autant plus forte qu'elle est, en plus, dopée par le recours croissant au crédit *(cf. fiche 70 : Économie d'endettement et économie de marché financier).*
  - La croissance fordiste est donc une croissance intensive (puisque permise par les gains de productivité) d'une amplitude considérable.

- Il n'y a pas eu de crise majeure pendant cette période ; la croissance fordiste a été source d'équilibre pour deux raisons principales :
  - alors qu'au XIXe siècle les crises de surproduction sont fréquentes, la consommation de masse offre des débouchés à la production ;
  - l'État, à l'aide de politiques conjoncturelles (voir thème sur les politiques économiques), est intervenu dans l'économie afin de la stabiliser.

2 La croissance fordiste s'accompagne d'une concentration et d'une salarisation et conduit à une tertiairisation

A Elle s'accompagne d'un mouvement de concentration et de salarisation

- La croissance fordiste accélère le mouvement de concentration commencé au XIXe siècle. En effet, la production de masse nécessite de grandes unités de production (*cf. fiche 44 : La concentration technique et économique*).
- Corollaire de la concentration, la salarisation, c'est-à-dire la hausse de la part des salariés dans la population active, s'accélère.
- Ce mouvement de salarisation accompagne d'autres modifications dans la structure sociale : les besoins de qualification nés des exigences du progrès technique mènent à une augmentation du nombre de cadres et de professions intermédiaires. Les effectifs ouvriers sont, quant à eux, affectés par la substitution du capital au travail dans l'industrie si bien que leur poids relatif diminue au sein de la population active.

B Elle conduit à une tertiairisation

- Les économies se tertiairisent : la part croissante des services dans le PIB va de pair avec la part croissante des actifs tertiaires dans la population active totale.

  Il y a plusieurs raisons à cette évolution :
  - la croissance fordiste a fortement augmenté le pouvoir d'achat des ménages, ce qui a transformé les structures de la consommation. Une part croissante de celle-ci se tourne vers les services (*cf. fiche 39 : La consommation*).
  - la production de services n'est que rarement une production de masse, les gains de productivité sont plus faibles que dans l'industrie, les besoins de main-d'œuvre sont donc croissants.
  - les services aux entreprises se sont multipliés sous l'effet du développement de la sous-traitance.
- La tertiairisation touche également les emplois des autres secteurs, par exemple dans les entreprises du secteur secondaire, le nombre de cols bleus diminue au profit des cols blancs car les techniques, dont l'automatisation, diminuent les besoins en travail manuel.

  Ainsi la tertiairisation réelle des emplois est bien supérieure à ce que laisse apparaître la classification par secteurs de la population active, désormais de moins en moins opérationnelle.

La tertiairisation des économies ne signifie pas une désindustrialisation, en effet ces deux secteurs d'activité sont complémentaires et l'industrie conserve une place primordiale. Quoi qu'il en soit, la tertiairisation est une des causes du ralentissement de la croissance fordiste dès le début des années 70.

FICHE 6

CAPITALISME ET LIBÉRALISME

Le capitalisme est un système économique fondé sur la propriété privée des moyens de production qui conduit à une séparation entre ceux qui les possèdent et ceux qui ne disposent que de leur travail. Le capitalisme existait avant le XIXe siècle (le mouvement des enclosures, en développant la propriété agricole individuelle, préfigurait celui-ci dès le XVIe siècle), mais c'est à cette époque qu'il s'est diffusé sous l'effet d'un nouvel environnement économique : le libéralisme, c'est-à-dire le libre fonctionnement du marché. Ce dernier a, cependant, été mis en cause, au XXe siècle (et même dès la fin du XIXe siècle), par les interventions économiques croissantes de l'État et la formation de monopoles.

1 Au XIXe siecle, le libéralisme a permis l'épanouissement du capitalisme...

A La doctrine libérale du XIXe siècle...

Le XIXe siècle est le siècle de la diffusion de la théorie libérale.

- Les auteurs classiques *(cf. fiche 92 : Les classiques)* croient en un ordre naturel. Smith (dès le XVIIIe siècle) définit les fonctions auxquelles doivent se limiter les États, il considère que laisser les individus libres de s'enrichir est profitable à la nation tout entière (main invisible), l'intérêt général étant égal à la somme des intérêts particuliers. Ricardo démontre l'intérêt du commerce extérieur et donc du libre-échange (théorie des avantages comparatifs). Malthus, dans son *Essai sur le principe de la population*, condamne les aides sociales.
- Les auteurs néoclassiques du XIXe siècle *(cf. fiche 93 : Les néoclassiques)* développent les thèses libérales des classiques ; Walras considère par exemple que si les conditions de la concurrence pure et parfaite sont réunies, c'est-à-dire si les lois du marché sont respectées, chaque marché constituant l'économie (biens et services, travail, capital) est équilibré grâce au libre jeu de l'offre et de la demande ; l'économie dans ce cas est en équilibre général.

B ... est appliquée et permet l'expansion du capitalisme

- Les théories libérales ont été largement suivies au XIXe siècle, par exemple :
  - abolition du système féodal dans l'agriculture et de l'esclavage dans les colonies.
  - abrogation des corporations, des monopoles royaux et formation d'un cadre légal pour les sociétés, afin de favoriser la libre-entreprise.
  - diminution des mesures protectionnistes, par exemple abrogation des *corn laws* (limitation des importations de blé en Grande-Bretagne) et signature du traité franco-anglais en 1860 qui limite les droits de douane entre ces deux pays.
- Le libéralisme a favorisé l'expansion du capitalisme. Il est le cadre de la très forte croissance économique du XIXe siècle, mais surtout il a permis le

développement du capital et de la grande entreprise. La société de capitaux *(cf. fiche 43 : Les différentes formes d'entreprise)*, créée en France en 1867, permet non seulement de réunir les capitaux nécessaires, mais en plus, favorise les mouvements de concentration, nombreux au XIXe siècle.

De plus, le salariat, alors qu'il était encore marginal au XVIIIe siècle, se développe rapidement sous les effets de la croissance et de la concentration.

2 … MAIS, AU XXe SIÈCLE, LE CAPITALISME DEVIENT DE PLUS EN PLUS ADMINISTRÉ

A Dès la fin du XIXe siècle, les interventions de l'État s'accroissent

- La fin du XIXe siècle conduit à une légère mise en cause des principes libéraux. La crise de 1873 se traduit par l'application de mesures protectionnistes de la part des États qui, ainsi, reviennent sur la tendance libre-échangiste précédente. Des mesures sociales, concernant les conditions de travail par exemple, voient le jour sous la pression du mouvement ouvrier qui commence à s'organiser.
- Les interventions de l'État dans l'économie se multiplient à partir de la guerre de 1914 (mise en place d'une économie de guerre) et demeurent importantes entre les deux guerres pour répondre aux multiples désordres (surtout monétaires) que connaissent les pays.
- La crise des années 30 marque le départ des interventions massives des États. Avec le New Deal ou les politiques de grands travaux, le libéralisme est mis en cause, l'État vient au secours du système capitaliste.

B Vers un capitalisme peu libéral

- Il ne manquait plus qu'un cadre théorique aux interventions de l'État. Keynes *(cf. fiche 95 : Keynes)* les a légitimées en expliquant que si le système capitaliste est le seul système économique viable, il ne fonctionne qu'imparfaitement et peut, par exemple, être source de sous-emploi. L'État doit donc intervenir pour corriger les problèmes qui pourraient être entraînés par le libre fonctionnement du système (c'est-à-dire par le libéralisme).
- Pendant la période des Trente Glorieuses, le système capitaliste est mis sous surveillance, le marché ne fonctionne librement que lorsque l'État l'accepte ; s'il considère, par exemple, que les prix augmentent trop, il réagit en les bloquant. Ses interventions sont constantes et assurent la régulation économique à la place du marché. La concentration a, quant à elle, mené à la formation de monopoles et quasi-monopoles qui sont aussi une entrave à la concurrence. Si le libéralisme est profondément mis en cause, le système capitaliste ne l'est, quant à lui, que superficiellement : même les nationalisations ne modifient pas fondamentalement le système de propriété privée des moyens de production.

Le libéralisme a servi de cadre à l'expansion du capitalisme au XIXe siècle ; au XXe siècle, l'intervention de l'État a modifié certaines règles de fonctionnement du capitalisme libéral. Depuis la crise de la deuxième moitié des années 70, certains effets perturbateurs de l'intervention de l'État ont été mis en évidence et l'on assiste, depuis le début des années 80, à un retour vers le libéralisme.

FICHE 7

De l'État-gendarme à la crise de l'État-providence

*Adam Smith a défini les fonctions de l'État-minimal (souvent appelé État-gendarme) : celui-ci doit se limiter à la protection de la nation contre les autres nations (armée); à celle des individus contre les autres individus (police, justice) et à certains travaux d'infrastructure. L'État a rapidement dépassé les limites et est devenu, au XX*e *siècle, un État-providence qui est censé assurer l'intérêt général. Depuis les années 80, l'État-providence connaît une crise; devenu, semble-t-il, moins efficace, il apparaît aussi moins légitime.*

1 De l'État-gendarme à l'État-providence

A L'intervention croissante de l'État

- Selon les libéraux du XVIIIe et du XIXe siècle, l'État doit être un État-minimal qui se limite à des fonctions régaliennes. Dans la réalité, l'État est toujours intervenu dans l'économie, mais au XIXe siècle ses interventions furent limitées (bien que parfois non négligeables dans les pays à révolutions industrielles tardives).
- Progressivement les ingérences de l'État dans l'économie s'accroissent, elles subissent un effet de cliquet, ce qui signifie qu'elles sont flexibles à la hausse mais rigides à la baisse. Les interventions s'accélèrent en période de crise et de guerre. Peu à peu les fonctions de l'État se transforment, il devient le garant de l'intérêt général et se donne pour objectif de mettre la population à l'abri du besoin et du risque ; il devient un État-providence.

B Les principes de l'État-providence

- L'État-providence est un État fondé sur les idées économiques de Keynes et sur le principe social de solidarité. W. H. Beveridge (auteur du rapport du même nom jetant les bases d'un système moderne de sécurité sociale), dans son livre *Du travail pour tous dans une société libre*, explique qu'une économie, dans le cadre du système capitaliste, peut être solidaire et efficace.
- L'État-providence assure, selon R. Musgrave, trois fonctions tutélaires :
  - une fonction d'allocation qui consiste en une affectation des recettes budgétaires à des dépenses d'ordre collectif;
  - une fonction de stabilisation ou de régulation qui sert à lutter contre les déséquilibres économiques, notamment le sous-emploi ;
  - une fonction de redistribution qui sert à corriger la répartition des revenus. Non seulement cette redistribution permet de diminuer les inégalités dans le cadre d'une politique de solidarité, mais en plus, elle est, selon les principes keynésiens, efficace d'un point de vue économique. En effet, la redistribution permet d'augmenter la consommation totale car les ménages défavorisés ont une propension à consommer (part du revenu destinée à la consommation) supérieure à celle des ménages favorisés.

2 La crise de l'État-providence

A Une crise de légitimité et d'efficacité

Pierre Rosanvallon, dans son ouvrage *La crise de l'État-providence*, explique les raisons de la mise en cause de celui-ci.

■ L'État-providence subit une crise de légitimité. Il apparaissait légitime à ses débuts mais est de plus en plus critiqué par la population :

– les valeurs sociales ont changé, la crise a engendré un certain individualisme, le mérite ou la liberté sont aux yeux de beaucoup, des valeurs plus importantes que la solidarité. De plus en plus d'individus sont donc réticents à payer le prix de cette solidarité obligatoire, fondement de l'État-providence.

– le système manque de transparence et nombreux sont les individus qui n'établissent pas le rapport entre ce qu'ils paient et ce qu'ils reçoivent. Les prestations sociales sont souvent considérées comme un dû, alors que les cotisations engendrent des mécontentements.

■ L'État-providence subit une crise d'efficacité :

– sa structure est si lourde qu'elle crée des déséconomies d'échelle (perte d'efficacité due à une trop grande dimension) ; son financement pose de gros problèmes, surtout en période de croissance ralentie (déficit de la Sécurité sociale par exemple).

– les thèses keynésiennes sont mises en cause par les néolibéraux *(cf. fiche 96 : Les néo-libéraux)* qui considèrent que trop d'État et trop d'aides sociales dissuadent les individus de travailler et de produire, que les politiques keynésiennes sont inflationnistes et que le facteur moteur de l'économie n'est pas la demande mais l'investissement qui souffre des politiques de redistribution favorisant la demande au détriment de l'épargne.

B Le désengagement de l'État

■ Depuis le début des années 80, et à la suite de la Grande-Bretagne avec M. Thatcher et des États-Unis avec R. Reagan, les pays riches libéralisent leurs économies. L'État n'est plus considéré comme le garant de l'intérêt général, il cède sa place au marché qui seul peut, selon les libéraux, assurer l'optimum économique (situation la plus favorable).

■ Le rejet de l'État-providence se traduit dans les faits par :

– un mouvement de privatisation *(cf. fiche 49 : Les privatisations)*

– une déréglementation afin d'assurer une plus grande liberté aux entreprises et une plus grande flexibilité aux mécanismes du marché.

– un ralentissement de la redistribution, des aides sociales et des subventions aux entreprises.

– une tentative de baisse des taux de prélèvement obligatoire.

– une lutte contre le déficit budgétaire et les déficits des organismes sociaux.

Depuis le début des années 90, l'action de l'État semble être en partie réhabilitée, les privatisations se poursuivent, mais le rôle social de l'État se renforce et certaines de ses interventions économiques sur la croissance de longue période semblent de nouveau légitimes.

FICHE 8

LA RECHERCHE D'UN DÉVELOPPEMENT SPÉCIFIQUE : LE SOCIALISME

Karl Marx considérait que le système capitaliste était amené à disparaître du fait de ses trois contradictions fondamentales : il mène à une paupérisation de la classe ouvrière et à une aggravation de la lutte des classes, il est sujet à des crises de surproduction et il conduit à une baisse du taux de profit (cf. fiche 94 : Le marxisme). *L'alternative proposée est le système socialiste qui est un système transitoire vers la société communiste, société d'abondance sans classes sociales ni État.*

1 LE MODÈLE SOCIALISTE DE DÉVELOPPEMENT...

A Une régulation économique par la planification...

- Alors que dans un système capitaliste, l'économie est régulée par le marché, dans un système socialiste, la régulation et les choix économiques sont administrés. Les ressources économiques sont affectées de façon autoritaire aux besoins de l'économie et de la société, en fonction de priorités hiérarchisées par l'État. Alors que la production, dans le système capitaliste, répond aux signaux de la demande grâce au libre jeu des prix (l'augmentation du prix d'un produit fortement demandé incite les entreprises à produire davantage), dans le système socialiste, elle est fixée impérativement en fonction des besoins supposés de la nation. Ces besoins sont déterminés globalement par le parti qui définit les grandes orientations. Le plan se charge ensuite d'appliquer ses directives en déterminant les choix quantitatifs et qualitatifs détaillés et en répartissant la production entre les entreprises. Ces dernières produisent donc, non pour répondre à une demande, mais pour réaliser le plan.
- Le planificateur dispose de certains moyens pour favoriser la réalisation du plan :
  - l'émulation socialiste, sentiment de bâtir une société dans l'intérêt de tous, s'est assez rapidement émoussée. Afin d'inciter les travailleurs et les entreprises à être productifs, à ne pas gaspiller les biens de production et ne pas sacrifier la qualité au profit de la quantité (pour réaliser le plan), un système de stimulations matérielles et idéologiques (primes, avantages sociaux, décorations...) a été mis en place ;
  - les prix ne sont pas le résultat de la confrontation de l'offre et de la demande comme dans les économies de marché ; ils sont fixés par le planificateur qui peut les faire varier afin de jouer sur la demande et ainsi éviter des invendus ou des pénuries.

B ... dans l'objectif du communisme

- La société communiste est définie par K. Marx comme une société d'abondance, c'est-à-dire sans rationnement ("À chacun selon ses besoins"). Afin d'arriver à ce stade, l'économie socialiste doit atteindre une très forte croissance qui assure à terme un niveau de production suffisamment élevé. La planification, pour cela, donne la priorité aux biens de production (surtout à l'industrie lourde) car, contrairement aux biens de consommation, ils permettent de produire d'autres produits ; la priorité donnée à ces biens s'inscrit donc dans le cadre d'une augmentation de la capacité productive.

- La société communiste est une société sans classe et sans État ; l'étape socialiste est supposée responsabiliser les individus et les sensibiliser au primat de l'intérêt général sur les intérêts individuels ; elle donne l'illusion d'une société égalitaire dans laquelle les intérêts particuliers sont gommés. Le parti communiste et la nomenklatura (liste des emplois sous l'emprise du parti communiste afin de contrôler la société) sont chargés de lutter contre l'embourgeoisement de la société. Les opposants au régime sont traités comme des malades victimes de l'individualisme (internement dans des hôpitaux psychiatriques).

2 … S'EST DIFFUSÉ DANS DE NOMBREUX PAYS ET A PERMIS UNE CROISSANCE FORTE MAIS LIMITÉE À TERME

A La formation d'un monde socialiste

- Les principes d'organisation socialiste de l'URSS se sont diffusés après la Seconde Guerre mondiale. Les pays libérés de l'occupation allemande par l'URSS, puis la Chine et certains pays en voie de développement comme Cuba ou le Vietnam ont suivi le modèle soviétique. Par la suite, beaucoup s'en sont éloignés (par exemple la Chine en 1958 ou la Yougoslavie en 1964) ou ont tenté de s'en éloigner (la Hongrie en 1956 ou la Tchécoslovaquie en 1968). L'URSS et ses pays satellites ont mis en place une division internationale socialiste du travail (DIST) et une organisation commune, le Conseil d'aide économique mutuel (CAEM).
- Selon Marie Lavigne (économiste soviétologue), le monde socialiste présente quatre caractéristiques communes :
  - direction de la société par un parti unique qui définit seul les grandes orientations ;
  - propriété socialiste des moyens de production, soit collective (sous forme de coopérative, cas de la Yougoslavie ou des kolkhozes soviétiques) soit étatique ;
  - gestion autoritaire et centralisée de l'économie par une planification ;
  - objectif reconnu du communisme.

B Une croissance forte mais peu intensive

- La mise en pratique de l'organisation socialiste a été source de très forte croissance ; une main-d'œuvre et des biens de production abondants (grâce à la priorité donnée aux biens de production par le plan) ont rendu possible une forte croissance extensive (croissance permise par l'utilisation de facteurs de production plus nombreux).
- Mais cette croissance a rapidement trouvé ses limites ; elle n'est pas assez intensive car les facteurs de production sont peu productifs :
  - la productivité du capital est faible car le progrès technique est mal diffusé et parce que la profusion de certains biens de production conduit à leur gaspillage.
  - la productivité du travail est faible car l'émulation socialiste s'est émoussée et les stimulations matérielles n'ont que peu d'effets du fait de la pénurie en biens de consommation (priorité donnée aux biens de production).

Malgré de nombreuses tentatives de réforme pour corriger les défauts du système, l'intensification de la croissance n'a pas été possible; la crise s'est accentuée et s'est diffusée, elle a joué un rôle de révélateur de la crise sociale et idéologique. Le système socialiste de développement a quasiment disparu (cf. fiche 20 : Les économies en transition).

FICHE 9

SOUS-DÉVELOPPEMENT ET MAL-DÉVELOPPEMENT

En 1952, Alfred Sauvy utilisait pour la première fois le terme de tiers-monde en référence au tiers-état de l'ancien régime. Il s'agit, selon cette appellation, d'un troisième monde après le monde capitaliste développé et le monde socialiste industrialisé. La situation actuelle est très différente de celle du début des années 50, le tiers-monde a éclaté, certains pays semblent se développer alors que d'autres demeurent peu développés, mais ce qui leur semble commun est le mal-développement.

1 LA NOTION DE SOUS-DÉVELOPPEMENT EST À NUANCER...

A L'éclatement du tiers-monde nuance la notion de sous-développement

■ La notion de tiers-monde n'est plus d'actualité :

Le deuxième monde (le bloc socialiste) n'existe plus.

Les pays qui composaient le tiers-monde sont maintenant dans des situations très hétérogènes. Il y a, par exemple, de grandes différences entre :

- l'Asie du Sud-Est qui connaît une très forte croissance économique et qui semble se développer grâce à une industrialisation rapide (Corée du Sud par exemple) ou grâce à une transnationalisation qui lui donne un rôle de plate-forme financière et commerciale (par exemple Singapour);
- l'Amérique latine qui, après une industrialisation amorcée dans les années 60 et une grave crise financière dans les années 80, enregistre une amélioration lente mais sensible de sa situation économique;
- l'Inde et la Chine qui enregistrent des taux de croissance importants;
- l'Afrique noire dont la plupart des pays n'ont jamais connu d'industrialisation et où les problèmes de sous-nutrition et de mal-nutrition sont extrêmement graves.

■ La Conférence des Nations unies pour le commerce et le développement (CNUCED) différencie la situation des pays les moins avancés (PMA), de celle des pays nouvellement industrialisés (PNI) et de celle des pays exportateurs de pétrole (PEP).

B La notion de sous-développement suppose un retard dans le développement

■ La situation actuelle des pays pauvres est très différente de leur situation au XVIIIe siècle avant le développement des pays riches; ces pays ont tous connu une évolution, mais elle n'a pas toujours été dans un sens favorable. Par exemple la forte croissance démographique a débuté au XXe siècle et, contrairement au cas des pays riches du XIXe siècle, elle ne favorise pas la croissance économique, mais la freine. Le problème de la famine n'était auparavant que conjoncturel (lié aux incidents climatiques), alors qu'en raison de l'utilisation de terres (souvent les meilleures) pour les cultures d'exportation il devient structurel, surtout en Afrique.

- La notion de sous-développement est à nuancer; elle suppose que certains pays ne se sont pas ou peu développés. En réalité, contrairement aux thèses de Rostow, le développement ne suit pas une évolution croissante et uniforme, du sous-développement vers le développement, ce qui réunit les pays pauvres n'est pas le sous-développement mais le mal-développement.

2 ... AU PROFIT DE CELLE DE MAL-DÉVELOPPEMENT

Selon F. Perroux "l'observation des pays que la statistique classe comme sous-développés révèle trois traits notables de leurs économies", elles sont désarticulées, dominées et ne couvrent pas les coûts de l'homme (besoins fondamentaux).

A Des sociétés mal-développées car désarticulées

- L'économie des pays dits "en développement" est désarticulée. L'économie est duale (deux secteurs, l'un moderne et l'autre archaïque) et il n'y a pas d'effets d'entraînement entre les deux secteurs. Ces économies souffrent à la fois d'une désarticulation agricole entre les cultures d'exportation généralement modernes et productives et les cultures vivrières qui utilisent des techniques rudimentaires, et d'une désarticulation urbaine entre un centre-ville moderne avec des industries parfois performantes et une économie informelle à très faible productivité (cas du Brésil par exemple).
- La société de ces pays est désarticulée, les sociétés du tiers-monde sont les plus inégalitaires, la plus grande pauvreté y côtoie souvent la plus grande richesse. La présence et l'extension des bidonvilles, l'importance de l'analphabétisme et de la domesticité témoignent de cet état de fait.

B Des sociétés mal-développées car dominées et ne couvrant pas les coûts de l'homme

- Une caractéristique du mal-développement est la domination que ces pays aujourd'hui pourtant décolonisés subissent, de la part des pays riches :
  - une domination liée à leur endettement : les pays mal-développés sont pour la plupart fortement endettés et dépendants vis-à-vis de leurs créanciers.
  - une dépendance liée à leurs exportations : les pays d'Asie du Sud-Est, par exemple, connaissent une forte croissance grâce à leurs exportations vers les pays riches et sont donc très sensibles à la conjoncture de ces pays ; la dépendance la plus forte est celle des exportateurs de produits de base car la maîtrise des prix leur échappe le plus souvent.
  - une domination culturelle et une domination politique dues aux rapports de force mondiaux.
- Ces économies couvrent plus ou moins les besoins de l'homme, mais aucune ne les couvre parfaitement. Si certains pays ne connaissent plus les problèmes de sous-nutrition et de mal-nutrition, la mortalité infantile y est souvent forte, l'analphabétisme des adultes est élevé et ces pays n'ont que très rarement un régime démocratique garantissant la liberté d'expression.

Les situations des pays dits "en développement" sont très diverses, mais, sans pour autant former un bloc, ils ont tous un développement plus ou moins déséquilibré. Grâce à des stratégies de développement (cf. fiche 10 : Les stratégies de développement) *qui semblent plus adaptées, certains pays d'Asie du Sud-Est, semblent sortir progressivement de leur mal-développement.*

FICHE 10

LES STRATÉGIES DE DÉVELOPPEMENT

Afin de se développer, les pays en développement doivent opérer des choix : sur quels produits bâtir le développement, produits de base ou produits manufacturés ? Quelle technologie adopter, une technologie peu évoluée ou une technologie moderne importée ? L'industrialisation doit-elle être équilibrée ou limitée à des pôles moteurs ? Pour quel marché faut-il produire, le marché intérieur ou le marché extérieur ? Les réponses à ces questions permettent de définir une stratégie de développement. Les stratégies, pourtant nombreuses, fondées sur les produits de base et sur le marché intérieur ont généralement échoué, celles qui optent pour une industrialisation par la promotion des exportations semblent être des réussites.

1 LES ÉCHECS DES STRATÉGIES FONDÉES SUR LES MATIÈRES PREMIÈRES ET SUR LE MARCHÉ INTÉRIEUR

A Les matières premières ne sont que rarement source de développement

- L'exportation de produits bruts a permis d'enrichir certains pays à certains moments, l'exemple le plus frappant est celui des producteurs de pétrole (cf. Chocs et contre-chocs pétroliers). Mais le plus souvent la spécialisation dans les produits de base ne mène pas au développement : la maîtrise des prix de ces produits échappe généralement aux pays producteurs, les prix subissent des variations de très forte amplitude et ont, dans la plupart des cas, une tendance générale à la baisse. Les pays producteurs de produits de base ont donc subi, sauf durant les années 70, une dégradation de leurs termes de l'échange (rapport entre l'évolution des prix des produits exportés et celle des prix des produits importés), ils doivent produire et vendre toujours davantage pour importer toujours moins ; ils sont donc dans une situation appelée par J. Bhagwati, "croissance appauvrissante".
- Certains pays ont opté pour une industrialisation par la valorisation de leurs produits primaires. L'idée est d'exporter ces produits transformés plutôt que de les exporter bruts. Cette industrialisation a nécessité le recours à des capitaux et des technologies des pays développés et s'est généralement traduite par un endettement. La vente de ces produits s'est souvent révélée difficile car elle se heurte aux pratiques protectionnistes des pays riches qui préfèrent transformer eux-mêmes les matières premières.

B Les tentatives de développement par le marché intérieur se heurtent à des problèmes de financement

- Plutôt que de se spécialiser en vue d'une intégration sur le marché international, de nombreux pays en voie de développement (Inde, certains pays d'Afrique et d'Amérique latine) ont décidé de donner la priorité aux besoins locaux et de s'industrialiser en vue du marché national. Ils ont mené une stratégie d'industrialisation par substitution aux importations (ISI). Cette stratégie de développement se heurte à des difficultés : la production n'étant pas exportée, elle ne permet pas de dégager les devises nécessaires au remboursement des emprunts contractés pour l'industrialisation. Un grand nombre de ces pays est lourdement endetté (cf. L'endettement du tiers-monde).

- Une voie originale de développement est celle de l'industrialisation par les industries industrialisantes (III), il s'agit de favoriser le développement d'industries (généralement industries lourdes) qui peuvent avoir des effets d'entraînement sur le reste de l'économie. Mais ce type de développement, mené en Algérie par exemple, est un développement déséquilibré, il ne répond pas aux besoins de la population et conduit à l'endettement car il nécessite des capitaux étrangers.

2 Les stratégies de développement des pays d'Asie du Sud-Est semblent être des réussites

A Ces stratégies sont caractérisées par un développement progressif et extraverti

Les stratégies de développement des "quatre dragons" (Corée, Taïwan, Hong Kong, Singapour) ont permis une forte croissance économique. Leur exemple est suivi par d'autres pays comme la Thaïlande ou les Philippines.

- Leur industrialisation s'est réalisée dans un premier temps par substitution aux importations et par l'implantation de firmes multinationales. Ils se sont ensuite ouverts sur l'extérieur et ont développé leurs entreprises nationales grâce à des crédits proposés par les pays riches et à une épargne croissante rendue possible par la présence des firmes multinationales.
- Les produits, au début de l'industrialisation, étaient des produits de l'industrie légère à faible intensité technologique puis ces pays ont effectué des remontées de filière et ont produit des biens incorporant plus de technicité.
- Depuis le début des années 70, le développement de ces pays est extraverti, il est fondé sur le marché extérieur ; il ne s'agit pas de répondre aux besoins de la population, mais de vendre les produits aux pays développés, ce qui permet de recevoir les devises nécessaires au remboursement des emprunts. La conquête du marché intérieur n'intervient que dans un deuxième temps.

B Elles sont favorisées par une main-d'œuvre bon marché et des interventions de l'État

- L'abondance de la main-d'œuvre et son faible coût ont beaucoup contribué au succès de ces pays. Cela a motivé l'implantation de firmes multinationales mais surtout cela rend leurs exportations compétitives. La culture confucéenne, le respect de la hiérarchie et l'esprit de groupe ont aussi joué un grand rôle.
- Les États des pays d'Asie du Sud-Est sont généralement interventionnistes (sauf l'État de Hong Kong, qui dans la tradition britannique, est assez libéral) ; afin de favoriser la croissance et les exportations, ils utilisent de nombreux moyens :
  - planification (surtout en Corée) ;
  - dévaluations ;
  - création de zones franches pour attirer les capitaux...

La stratégie de développement qui promeut l'industrialisation par les exportations est donc celle qui connaît la plus grande réussite et qui est largement suivie en Asie. Mais cela ne signifie pas que ce type de développement soit généralisable à l'ensemble des pays pauvres : cette stratégie nécessite certaines conditions économiques et sociales qui ne sont pas toujours réunies, et des débouchés qui sont limités par la demande internationale.

PARTIE II

CRISES ET FLUCTUATIONS

FICHE 11

LES DIFFÉRENTS TYPES DE CRISE

Pour l'historien Ernest Labrousse, "les économies ont les crises de leurs structures". Ainsi, les économies agricoles subissent des crises d'origine agricole, alors que les économies dominées par l'industrie subissent des crises d'origine industrielle. Certaines crises ont des causes exogènes, d'autres ont des causes endogènes.

1 LES CRISES DE L'ANCIEN RÉGIME ET LES CRISES MIXTES ONT DES CAUSES EXOGÈNES

A Les crises de sous-production agricole de l'Ancien Régime

■ Ernest Labrousse nomme les crises de l'Ancien Régime "crises à antécédence agricole". Elles apparaissent dans les économies majoritairement agricoles ; la crise de 1788-1789 en offre, selon cet historien, un exemple éloquent.

L'origine de ces crises est exogène, il s'agit d'un incident climatique qui provoque une baisse de la production agricole conduisant à une hausse des prix des produits agricoles et à une diminution du revenu des agriculteurs.

■ Les difficultés de l'activité agricole se diffusent rapidement à l'ensemble de l'économie. En effet, l'achat de produits agricoles, en raison de l'augmentation de leurs prix, absorbe une part croissante du pouvoir d'achat des ménages. Cet effet ajouté à celui induit par la baisse du revenu des agriculteurs provoquent la diminution de la consommation des produits non agricoles ; la production artisanale et manufacturière diminue, le chômage augmente et de nombreuses entreprises disparaissent.

B Les crises mixtes ou crises intermédiaires

■ Les crises mixtes ou intermédiaires sont les crises des économies ayant amorcé leur révolution industrielle, mais dans lesquelles l'agriculture conserve une place importante ; la crise de 1846-1850 en est un exemple. Ces crises ont une antécédence agricole, mais elles présentent aussi de nouveaux aspects liés au développement industriel. Ainsi, la cause et les premiers enchaînements de la crise sont semblables à ceux des crises de l'Ancien Régime, mais, en plus, les déséquilibres se propagent dans la sphère monétaire et financière.

■ Ainsi, certains capitaux se détournent de l'industrie pour contribuer à l'achat des produits agricoles dont les prix ont augmenté et pour les importer éventuellement. Cela induit une insuffisance de capitaux disponibles pour l'industrie, ce qui accentue la crise et provoque des difficultés bancaires et financières.

2 Les crises classiques et la crise actuelle ont des causes endogènes

A Les crises classiques ont pour origine une tendance à la surproduction

Les deux grandes crises classiques sont la grande dépression de la fin du XIXe siècle et la grande crise des années 30. La cause première de ces crises est la surproduction, et non la sous-production, comme lors des crises précédentes. Ces deux grandes crises ont un schéma commun.

■ Elles font suite à une période de croissance importante.

Les crises classiques se déclarent après une période de croissance. Cette croissance tend à provoquer une surproduction latente.

■ Elles ont comme détonateurs des difficultés bancaires et financières.

Les détonateurs de la grande dépression furent une série de krachs boursiers et de difficultés bancaires ; on peut citer les krachs boursiers de Vienne et de Berlin en 1873 et, pour le cas de la France, le krach boursier de l'Union générale ainsi que la chute boursière de 1882.

Le détonateur de la crise des années 30 fut le "jeudi noir", le krach boursier qui ébranla Wall Street le jeudi 24 octobre 1929.

■ Elles ont des manifestations comparables.

Le choc boursier déprime la demande et conduit à des anticipations pessimistes ; la surproduction induite provoque la baisse de l'activité et des prix. La diminution de la production crée du chômage et réduit les revenus. Ainsi, la demande régresse, ce qui accentue la baisse de la production. C'est la spirale récessionniste.

Les crises classiques ont donc des causes endogènes et des manifestations communes. Elles se traduisent par une baisse de la production et des prix. Ces crises sont celles qui correspondent le mieux aux phases descendantes du cycle Kondratieff décrites par Schumpeter (*cf. fiche 12 : Les cycles*).

B La crise actuelle est essentiellement une crise de la productivité

■ La crise actuelle n'a pour origine ni la surproduction ni la sous-production agricole. Elle est avant tout une crise de la productivité : alors que la forte croissance économique et les relations salariales (*cf. fiche 5 : La croissance fordiste*) étaient fondées sur des gains élevés de productivité, leur ralentissement provoque des dysfonctionnements importants.

■ Contrairement aux crises classiques, la crise actuelle a été déclenchée par le choc pétrolier et non par une crise boursière. De plus, alors que la grande dépression et la grande crise étaient des crises de déflation, les tensions inflationnistes sont importantes dans les années 70.

■ La crise actuelle est plus longue que les crises précédentes ; les ajustements sont très lents car les prix et les salaires sont relativement rigides et parce que les travailleurs ainsi que les entreprises en difficulté sont en partie protégés par l'État (même s'ils le sont moins depuis le milieu des années 1980). La crise est de faible amplitude, les taux de croissance de la production demeurent globalement positifs, mais sa manifestation principale, le chômage, est aggravée par des phénomènes démographiques.

Les crises sont donc de nature différente. Elles provoquent toutes une baisse ou un ralentissement de la production, mais elles se distinguent notamment par leurs causes et par leurs répercussions sur les prix.

LES CYCLES

La théorie des cycles postule que l'économie subit des fluctuations régulières et périodiques. Bien que cette théorie rencontre actuellement un regain d'actualité, elle doit être considérée avec précaution.

1 LE TREND DE LA CROISSANCE EST PONCTUÉ DE CYCLES

Joseph Aloïs Schumpeter (1883-1950) a bâti, à partir des travaux de certains économistes comme Kondratieff ou Juglar, la théorie des cycles, en 1939, dans *Les Cycles des affaires*.

A Les cycles Kondratieff

■ Kondratieff (économiste soviétique décédé dans les années 30) remarque que les prix suivent des "vagues longues" de variation ; une vague ascendante et une vague descendante se succédant. La durée moyenne du cycle est de 40 à 60 ans.

Un cycle Kondratieff est composé de deux phases : une phase A, dite phase d'expansion, durant laquelle les prix et la production augmentent, et une phase B, dite de récession, durant laquelle les prix baissent et la production diminue ou augmente faiblement.

■ Selon Schumpeter, la croissance économique est essentiellement liée au progrès technique, et c'est l'irrégularité de celui-ci qui explique les irrégularités de la croissance. Des périodes à fort progrès technique succèdent à des périodes à faible progrès technique. En effet, les innovations se manifestent par grappes ; une innovation dans un secteur crée des goulets d'étranglement dans les secteurs complémentaires (une innovation dans le tissage nécessite, par exemple, des innovations complémentaires dans le filage) qui sont ainsi incités à innover à leur tour. Les phases A correspondent à des périodes de progrès technique important (take off ou deuxième révolution industrielle, par exemple), alors que les phases B correspondent à des périodes de faible progrès technique.

B Les cycles longs sont ponctués de cycles majeurs, eux-mêmes ponctués de cycles mineurs

■ Les cycles des affaires, appelés aussi cycles majeurs ou cycles Juglar, du nom de l'économiste français (1819-1905) qui les a mis en lumière, ont une durée moyenne de 6 à 10 ans. Ils sont composés de deux phases et de deux retournements :

– 1re phase : l'expansion – la demande importante permet l'augmentation de tous les indicateurs économiques (prix, production, profit, investissement, emploi…) ;

– 1er retournement : la crise – "la cause de la dépression, c'est la prospérité", selon Juglar. Il s'agit d'un retournement brutal dû à la surchauffe de l'économie ;

– 2e phase : la dépression – l'offre est supérieure à la demande, ce qui induit la baisse de tous les indicateurs économiques. Cette dépression, en réduisant les prix et les salaires, assainit l'économie, d'où la reprise ;

– 2e retournement : la reprise – il s'agit d'un renversement de tendance qui annonce une nouvelle expansion et donc un nouveau cycle.

■ Les cycles mineurs ou cycles Kitchin (économiste américain du début du siècle) sont des cycles courts d'une durée approximative de 40 mois et de faible amplitude. Ils s'expliquent par une certaine périodicité dans la gestion des stocks ; ainsi, des périodes durant lesquelles les entreprises stockent (d'où une production plus forte) succéderaient à des périodes durant lesquelles les entreprises déstockeraient (d'où une production moins forte).

2 L'ACTUALITÉ DE LA THÉORIE DES CYCLES

A Le retour des cycles des affaires depuis le début des années 80

■ L'amplitude des cycles majeurs s'était atténuée durant les Trente Glorieuses car les mécanismes du marché étaient moins respectés et les prix étaient beaucoup moins flexibles. En raison des interventions de l'État et des négociations collectives entre syndicats et patronat, les salaires étaient peu flexibles.

De plus, la redistribution organisée par l'État rendait la consommation beaucoup moins dépendante des fluctuations.

■ Les années 80 marquent le retour du cycle des affaires. Ainsi, l'économie française a connu successivement une récession (1979-1984), une reprise (1985-1989) et une nouvelle récession (1990-1996) ; l'année 1997 marque peut-être le début d'une nouvelle reprise. Tous les pays développés subissent approximativement ces fluctuations, mais avec une certaine avance pour les pays anglo-saxons.

■ L'explication principale de ce retour du cycle des affaires réside dans la déréglementation des économies. L'État s'est désengagé de l'économie : il a abandonné en partie ses fonctions de régulateur et de stabilisateur ; de plus, il a supprimé progressivement les règles et les normes qui encadraient l'économie et tendaient à rigidifier les prix et les salaires.

B Le concept de cycles économiques doit être utilisé avec précaution

■ La superposition de plusieurs types de cycles peut témoigner davantage d'une irrégularité économique que d'une périodicité.

■ Ainsi, l'économie peut se trouver simultanément dans une phase ascendante d'un cycle Juglar et dans une phase descendante d'un cycle Kondratieff. La théorie des cycles peut aussi mener à un constat fataliste et simplificateur du type : "après la pluie, le beau temps".

■ Les cycles Kondratieff n'expliquent pas toutes les grandes crises. La grande dépression (1873-1896) et la crise des années 30 cadrent bien avec les cycles Kondratieff, car ces deux crises se caractérisent par une baisse de la production, une baisse des prix et un essoufflement du progrès technique. En revanche, la crise actuelle, avec ses tensions inflationnistes, sa récession et son progrès technique important, semble bien différente d'une phase B d'un cycle Kondratieff.

La théorie des cycles donne des explications tout à fait convaincantes aux crises classiques du XIXe siècle et du début du XXe siècle, mais elle semble insuffisante pour mettre en évidence la diversité des crises.

LA CRISE DES ANNÉES 30

Les interprétations de la crise des années 30 sont nombreuses. Elle est généralement considérée comme une crise de surproduction, mais certaines analyses contredisent cette thèse en avançant qu'elle est avant tout une crise financière. P. Samuelson, quant à lui, pense que le krach boursier est un mythe. Certains libéraux incriminent la rigidité des salaires, alors que M. Aglietta par exemple pense qu'elle est avant tout une crise de sous-consommation.

1 LA CRISE NAÎT DE LA PROSPÉRITÉ

A La situation économique des États-Unis avant la crise

■ Une prospérité apparente.

- Les États-Unis sont les créanciers de l'Europe, leurs exportations sont largement supérieures à leurs importations limitées par une politique protectionniste.
- L'industrie des biens de consommation, comme les appareils électroménagers et surtout l'automobile, est en plein essor.
- L'industrie réalise des profits considérables grâce aux innovations (par exemple le fordisme) et à la baisse du prix des matières premières. En 10 ans, production industrielle et productivité par tête doublent, le chômage est très faible.

■ Mais des problèmes latents.

- Le redressement européen limite les exportations américaines. L'agriculture se trouve quasiment en surproduction.
- La répartition du revenu national est surtout favorable aux profits et non aux salaires.

B Les problèmes financiers

■ La spéculation boursière.

- Les années 20 sont marquées aux États-Unis par une très forte spéculation boursière *(cf. fiche 67 : Le marché financier)* et par l'accession de nombreux petits épargnants au marché financier. Cet engouement s'explique en partie par le fait qu'il est possible d'acheter des actions en ne payant que 10 % de leur valeur, et en empruntant les 90 % restants au courtier (broker), qui lui-même les emprunte aux banques, qui engagent dans cette opération les dépôts de leur clientèle.
- Cette spéculation conduit à l'augmentation des cours des actions (doublement entre 1926 et 1929), ce qui incite à spéculer encore davantage.
- Les actions ainsi sur-cotées ne sont plus représentatives de la valeur réelle des entreprises.

■ Le krach boursier.

- Pour les spéculateurs, le risque en cas de baisse des cours est élevé, car la perte de valeur des avoirs, sur la revente desquels ils comptent à la fois pour régler l'emprunt fait au courtier et réaliser une plus-value, les accule à la faillite.

- Le 29 septembre 1929, la Banque d'Angleterre relève son taux d'intérêt ; des capitaux quittent Wall Street pour Londres. Une légère baisse s'annonce.
- Le jeudi 24 octobre 1929, un phénomène de panique se produit. Face à la baisse des cours, les spéculateurs vendent ; ce qui nourrit la baisse. Les actions perdent la moitié de leur valeur en un mois.

2 La diffusion de la crise

A Les enchaînements de la crise

■ La crise monétaire.

- La cessation de paiement de nombre de spéculateurs touche les courtiers qui, eux-mêmes, ne peuvent rembourser les banques. Une grande partie de celles-ci font faillite, et les dépôts bancaires des particuliers et des entreprises sont annulés faute de liquidités, privant ainsi les déposants de leurs avoirs.
- La disparition de milliers d'établissements de crédit, la ruine des déposants et la crise boursière raréfient la monnaie ; la déflation s'installe.

■ La crise de surproduction.

- Les crises financière et monétaire induisent un effet dépressif sur la demande et rendent manifeste l'insuffisance de débouchés. Cela cause surproduction et baisse des prix. Les entreprises décident de réduire leurs capacités de production en licenciant. La déflation s'installe.
- Une spirale récessionniste est déclenchée : la baisse de la production engendre le chômage et une baisse de revenus, qui à leur tour provoquent une baisse de la demande responsable d'une nouvelle baisse de la production, donc d'une aggravation du chômage et d'une nouvelle baisse de revenus, etc.

■ De 1929 à 1932, la production industrielle baisse de plus de 40 %, retrouvant un niveau inférieur à celui de 1913. Le chômage s'amplifie, la pauvreté, voire la misère s'installent, d'autant qu'aucun dispositif cohérent de protection sociale ne vient atténuer les effets de la baisse des revenus.

B L'internationalisation de la crise

■ L'internationalisation financière de la crise.

- L'Europe connaît des difficultés boursières avant le jeudi 24 octobre, mais l'impact psychologique de l'effondrement de Wall Street accentue les difficultés.
- Face à leurs problèmes financiers, les États-Unis rapatrient une partie de leurs capitaux et limitent leurs crédits à l'Europe qui, à son tour, se retrouve dans une situation de pénurie monétaire.

■ La contraction des échanges internationaux.

- La baisse des prix américains touche les autres pays ; ainsi le commerce international diffuse la déflation.
- La récession américaine limite les importations, et donc la production de ses pays fournisseurs.
- Chaque pays, pour se protéger de la crise, prend des mesures protectionnistes ; cette situation aggrave la crise mondiale *(cf. fiche 81 : L'évolution des échanges jusqu'à la Seconde Guerre mondiale)*.

Les États interviennent pour tenter d'enrayer cette crise. Des politiques de relance ou de grands travaux seront appliquées par les États-Unis, la France ou l'Allemagne.

FICHE 14

LES CAUSES DE LA CRISE ACTUELLE

D'un cercle vertueux, fondé sur la logique de la régulation fordiste, l'économie a basculé dans un cercle vicieux de la crise de la croissance fordiste.

Le cercle vertueux était le suivant : l'augmentation de la productivité permet une augmentation du pouvoir d'achat qui, à son tour, provoque une augmentation de la consommation et donc une augmentation de l'investissement, c'est-à-dire une augmentation de la demande globale (consommation et investissement), stimulant à son tour production et productivité.

Le cercle vicieux s'explique par le fait que la suraccumulation entraîne un ralentissement des gains de productivité, qui débouche sur une faible croissance économique. Dans ce contexte, le premier choc pétrolier n'est donc que le détonateur de la crise économique. C'est pourquoi le contre-choc pétrolier n'a pas permis de l'enrayer.

1 LES CHOCS PÉTROLIERS NE SONT QU'UN RÉVÉLATEUR DE LA CRISE MONDIALE

A Les conséquences économiques des deux chocs pétroliers

■ Le choc pétrolier de 1973 :

- Le début des années 70 est marqué par une forte croissance économique mondiale qui augmente la consommation de pétrole.
- En 1973, l'Organisation des pays exportateurs de pétrole (OPEP), créée en 1960, décide d'imposer une augmentation du prix du pétrole de 3 $ le baril en 1973 à 15 $ en 1974.

Le choc pétrolier a cassé la croissance économique mondiale et provoqué une forte inflation. Il a entraîné d'importants déficits commerciaux pour les pays importateurs. Mais le choc pétrolier n'est pas seul en cause dans la crise, car dès la fin des années 60, un ralentissement de la productivité se produit.

■ Le choc pétrolier de 1979 :

- Après le premier choc pétrolier, le prix nominal du pétrole reste relativement stable entre 10 et 15 $ le baril ; en fait, le prix réel baisse en raison de l'inflation et de l'érosion monétaire. En revanche, la demande de pétrole des pays développés demeure élevée. L'OPEP décide de réviser ses prix, qui passent de 13 $ le baril en 1978, à 34 $ en 1980.
- Le second choc pétrolier frappe des pays déjà affaiblis et accroît leur facture pétrolière. Par exemple, en France, elle double. En revanche ses exportateurs voient leurs recettes commerciales augmenter fortement.

B Le contre-choc n'a pas permis d'enrayer la crise

■ Les nouvelles données au début des années 80 :

- La crise économique a permis de ralentir la consommation d'énergie et le prix élevé du pétrole a encouragé les pays à utiliser de plus en plus d'énergie de substitution (nucléaire, par exemple).

– Le prix élevé du pétrole a, en outre, rendu rentables certains gisements comme les forages off shore en mer du Nord, ce qui multiplie le nombre de producteurs et accroît fortement la production mondiale.
– Les pays de l'OPEP n'ont pas réussi à surmonter longtemps leurs différends et à maîtriser leur production en respectant les quotas qu'ils s'étaient fixés.

■ D'où un retournement :
– L'OPEP ne produit plus que 34,1 % du pétrole mondial en 1982 (contre 47,7 % en 1979) ; elle est de moins en moins en situation de monopole.
– L'offre de pétrole devient supérieure à la demande, on passe de la pénurie à l'abondance et en 1984 les prix s'effondrent. Le contre-choc favorise alors la désinflation mais ne met pas fin à la crise.

2 La crise est due à un épuisement de la norme fordiste

A L'épuisement de la norme de production

■ Une crise de la productivité :
– Dès la fin des années 60, la progression des investissements est supérieure à celle de la production, ce qui engendre une suraccumulation de capital. La productivité du capital baisse, ainsi que le taux de rentabilité des entreprises.
– Les dysfonctionnements de l'organisation du travail ralentissent la productivité du travail *(cf. fiche 52 : La crise de l'organisation fordiste du travail)*.
– La tertiairisation de l'appareil productif participe au ralentissement des gains de productivité, en raison de la productivité structurellement plus faible du secteur tertiaire.

■ La fin du compromis fordiste :
La logique selon laquelle l'accroissement continu et important de la productivité assure à la fois l'accroissement des salaires et des profits cesse. Un des fondements de la croissance fordiste disparaît donc. Au taux de croissance annuel moyen des Trente Glorieuses, supérieur à 5 %, a succédé un taux de croissance qui semble plafonner à un niveau inférieur à 3 %.

B L'épuisement de la norme de consommation

■ Les perspectives de croissance de la demande sont moindres :
– Jusqu'aux années 80, la croissance des salaires est supérieure à la croissance ralentie des gains de productivité. Il s'agit alors plus d'un accroissement inflationniste que d'une augmentation du pouvoir d'achat.
– L'accroissement de la demande est plus faible, en raison de la progression moindre du pouvoir d'achat. Depuis le début des années 90, la consommation des ménages s'accroît, en volume, à un rythme modéré d'un peu plus de 1 % en moyenne annuelle.

■ Une modification de la structure de la consommation :
– Une saturation relative de la demande se produit. Les industries de biens d'équipement des ménages (qui assurent jusqu'alors la croissance fordiste) se trouvent confrontées à une restriction de leurs débouchés, car les taux d'équipement, pour de nombreux biens durables, sont proches de 100 %.
– La consommation de services, notamment de loisirs, s'accroît, mais n'assure pas de débouchés à la production fordiste traditionnelle *(cf. fiche 39 : La consommation)*.

*Comme crise de la croissance fordiste, la crise actuelle est structurelle. Mais elle est aussi conjoncturelle. Ainsi, après l'expansion de la fin des années 80, le début des années 90 renoue avec la récession. Si l'inflation semble maîtrisée, le chômage et la précarité s'aggravent (*cf. Les trois temps de la crise actuelle*).*

LES ÉTAPES DE LA CRISE ACTUELLE

Les années 70 constituent une rupture dans l'histoire économique des pays développés. Elles marquent la fin des Trente Glorieuses qui furent caractérisées par la forte croissance de la production et de la productivité, le plein emploi et une inflation rampante. La crise que traversent les pays développés depuis 1973 prend plusieurs formes ; il est possible de différencier trois périodes principales : la crise inflationniste des années 70, la reprise et la désinflation des années 80 et le retour dans la crise malgré la désinflation dans les années 90.

1 LA CRISE INFLATIONNISTE DES ANNÉES 70

A La rupture de 1973-1974

- Les déséquilibres n'ont pas débuté en 1973 : durant les Trente Glorieuses les tensions inflationnistes étaient importantes en raison du développement du crédit et de la forte pression de la demande. De plus, à partir de la fin des années 60, les économies des pays développés connaissent une crise de la productivité qui sape la croissance fordiste.
- C'est dans ce cadre de déséquilibres latents que le choc pétrolier intervient. Son impact est brutal. En diminuant les revenus disponibles après paiement de la facture pétrolière, il casse la croissance mondiale ; en augmentant les coûts de production, il génère une forte inflation.

B Les particularités de la crise des années 70

- Les trois manifestations principales de la crise durant les années 70 sont la récession économique, c'est-à-dire la baisse de la croissance, l'inflation galopante et le début du chômage de masse. Les entreprises, voyant l'horizon économique devenir incertain, limitent l'accroissement de l'offre. En France, par exemple, le taux d'accroissement annuel moyen du PIB se réduit : de 5,7 % entre 1959 et 1973 à 3 % entre 1973 et 1979.
- La croissance de la productivité devient supérieure à celle de la production, l'économie devient une économie de sous-emploi. Le taux de chômage augmente et passe, en France, par exemple, de 2,7 % de la population active en 1973 à 6,4 % en 1980.
- En raison des habitudes keynésiennes et des pressions syndicales, les salaires augmentent, durant les années 70, à un rythme supérieur à celui de la valeur ajoutée. Ces augmentations de salaire nourrissent l'inflation et provoquent la baisse du taux de marge des entreprises (part du profit dans la valeur ajoutée) qui sont ainsi obligées de réduire leurs investissements et leur autofinancement par manque de disponibilités financières.

  Donc, malgré le maintien de la demande intérieure, les entreprises investissent et produisent peu par manque de disponibilités financières et de confiance en l'avenir.

2 LES INCERTITUDES DES ANNÉES 80 ET 90

A Les années 80 sont celles de l'assainissement monétaire, puis de la reprise

- Durant les années 80, les politiques économiques se modifient; leurs objectifs sont de restaurer la part du profit dans la valeur ajoutée afin de favoriser l'investissement par autofinancement et de lutter contre l'inflation. Ces politiques permettent un certain assainissement monétaire puisque l'inflation diminue (en France, par exemple, le taux d'inflation annuel baisse : 13,5 % en 1980, 5,8 % en 1985 et 3,4 % en 1990) et, progressivement, le crédit est remplacé par le marché financier et par l'autofinancement pour le financement de l'investissement.
- À partir du milieu des années 80, une reprise économique est largement perceptible. Cette reprise a été particulièrement forte aux États-Unis, où le taux de croissance annuel du PIB entre 1983 et 1989 avoisine 4 %, taux comparable à celui de la croissance enregistrée durant les Trente Glorieuses. La reprise américaine a stimulé l'économie mondiale qui a renoué avec l'expansion : le taux annuel moyen de croissance des pays de l'OCDE s'élève à 3,3 % pour la période 1983-1990. Cette croissance a favorisé la baisse du chômage : le taux de chômage de l'OCDE était de 5,2 % en 1978, 7,3 % en 1987 et 6,2 % en 1989.
- En 1989, la crise semble terminée. L'inflation est vaincue, la croissance est revenue et tout laisse à penser que le chômage va se résorber.

B Le retour à la crise des années 90

- À partir du début des années 90, l'économie mondiale renoue avec la crise. De nouveau, le chômage augmente et la croissance diminue. Cette nouvelle récession est très différente de celle des années 70 : l'inflation est faible et les comptes des entreprises sont assainis. À la fin des années 70, les entreprises ne pouvaient satisfaire la demande car elles manquaient de disponibilités financières pour investir; au début des années 90, les entreprises disposent de capacités de financement, mais elles investissent peu car elles manquent de débouchés du fait de l'insuffisance de la demande. Les gouvernements n'optent pas pour une franche relance de la croissance car ils sont toujours hantés par le spectre de l'inflation, ils redoutent le retour des déséquilibres monétaires et un accroissement de leurs importations.
- Une reprise s'amorce en 1997; celle-ci est incertaine, il semble que la croissance redevienne cyclique. Le même phénomène de récession puis de reprise est observable dans tous les pays développés à ce détail près que le cycle des pays de l'Europe continentale est déphasé par rapport à celui des pays anglo-saxons.

La crise de la fin du XXe siècle a donc des aspects spécifiques; elle n'est pas une dépression (baisse de la production), mais une récession (baisse de la croissance). Ses caractéristiques principales sont la forte augmentation du chômage et les déséquilibres monétaires.

FICHE 16

LES CAUSES TRADITIONNELLES DE L'INFLATION

L'inflation se manifeste par la hausse durable et généralisée des prix et se traduit par une baisse de la valeur de la monnaie qui perd ainsi une partie de son pouvoir d'achat. Lorsque les prix ne sont pas fixés autoritairement par l'État ou par une entreprise en situation de monopole, elle a comme cause une augmentation de la demande, des coûts de production ou de la quantité de monnaie en circulation.

1 L'INFLATION PAR LA DEMANDE ET PAR LES COÛTS

A L'inflation par excès de demande

- Les prix sont fixés par la confrontation entre l'offre et la demande sur le marché ; si la demande excède l'offre, les prix ont tendance à augmenter. Il y a donc un risque d'inflation lorsque la demande s'accroît et que l'offre est inélastique par rapport à celle-ci (l'offre ne suit pas les variations de la demande).
- L'offre est inélastique ou peu élastique par rapport à la demande principalement dans deux cas :
  - lorsque le plein emploi des facteurs de production (de la main-d'œuvre et des machines) empêche toute augmentation à court terme de la production.
  - lorsque les anticipations des entreprises sont mauvaises et qu'elles n'ont pas confiance en l'avenir. La politique de relance par la demande, mise en place par le gouvernement français en 1981-1982, s'est ainsi traduite par une hausse des prix, car les entreprises, pessimistes, n'ont pas augmenté leur production.

B L'inflation par la hausse des coûts de production

- La hausse du prix des biens intermédiaires importés augmente les coûts de production des entreprises nationales et donc les prix. On appelle inflation importée l'inflation qui provient d'un autre pays par le biais des importations ; l'exemple le plus frappant est celui de la hausse du prix des matières premières et particulièrement celui du pétrole. En 1973, le quadruplement des tarifs pétroliers a fortement gonflé les coûts de production et a engendré une forte inflation dans les pays consommateurs.
- Le coût le plus souvent incriminé dans les mécanismes inflationnistes est le salaire :
  - les salaires peuvent être augmentés sans risque de gonfler les coûts de production tant que leur hausse est inférieure à celle de la productivité. En revanche toute augmentation des coûts salariaux supérieure à celle de la productivité est source d'inflation. Ainsi, les gains de productivité dans le secteur tertiaire étant moins importants que ceux des autres secteurs, la tertiairisation de l'économie peut être source d'inflation lorsque les salaires de ce secteur suivent la même progression que ceux des autres secteurs.
  - l'inflation est souvent un processus auto-entretenu par la spirale inflationniste : la hausse des prix conduit généralement à une hausse des salaires à la suite des

revendications des salariés qui ne veulent pas perdre de leur pouvoir d'achat, ce qui augmente les coûts de production et mène à une hausse des prix...

2 LES CAUSES MONÉTAIRES DE L'INFLATION

A L'analyse monétaire de l'inflation

- Selon la théorie quantitative de la monnaie, toute augmentation de la quantité de monnaie supérieure à l'augmentation de la production se traduit par une hausse des prix et donc par l'inflation *(cf. fiche 62 : L'interaction des flux monétaires et réels)*. Les auteurs classiques expliquaient ainsi la hausse des prix par la découverte de nouveaux gisements d'or.
- Milton Friedman, chef de file de l'école monétariste, affirme que la cause immédiate de l'inflation est toujours et partout la même : un accroissement anormalement rapide de la quantité de monnaie par rapport au volume de la production. La faute, selon lui, revient à l'État, que ses tendances à avoir plus de dépenses que de recettes, à injecter de l'argent dans l'économie afin de lutter contre le sous-emploi, à contenir les taux d'intérêt pour favoriser l'investissement, incitent à créer trop de monnaie.
- Les politiques économiques efficaces dans la lutte contre l'inflation ne sont pas celles qui tentent de bloquer les prix mais celles qui limitent la création de monnaie en limitant le crédit.

B Les facteurs de l'augmentation de la quantité de monnaie et donc de l'inflation

- Plus il y a de monnaie, moins elle a de valeur ; d'un point de vue national, tous les facteurs d'augmentation de la quantité de monnaie sont donc sources d'inflation. Le développement du crédit, lié aux besoins de financement de l'exceptionnelle croissance des Trente glorieuses, mais aussi des déficits de l'État, a donné jour à une économie d'endettement qui est forcément inflationniste puisque c'est le crédit qui crée la monnaie *(cf. fiche 64 : La création de monnaie)*. La mise en place de politiques keynésiennes, qui diminuaient les taux d'intérêt afin de favoriser l'investissement, a joué dans le même sens.
- D'un point de vue international, le gonflement de la quantité de dollars et d'eurodollars, dû au crédit mais aussi au déficit de la balance des paiements américaine, a été facteur d'inflation internationale.

L'inflation a donc de nombreuses causes conjoncturelles mais aussi structurelles ; en effet, si une cause conjoncturelle semble avoir déclenché la forte inflation des années 70 (choc pétrolier), c'est en raison des structures de l'économie que toutes les conditions étaient réunies pour son déclenchement (économie d'endettement).

INFLATION ET DÉSINFLATION DEPUIS LES ANNÉES 70

L'inflation a accompagné la croissance des Trente Glorieuses et s'est accélérée dès la fin des années 60 et le début des années 70. C'est à la suite du choc pétrolier de 1973 qu'elle prend une ampleur considérable et dépasse les 10 % dans tous les pays riches, sauf en Allemagne. Malgré un ralentissement de l'augmentation du prix du pétrole (jusqu'en 1979, date du second choc pétrolier), l'inflation demeure importante jusqu'au début des années 80, époque où commence la désinflation.

1 L'INFLATION DES ANNÉES 70

A Une inflation latente révélée par le choc pétrolier

■ Avant même le déclenchement de la crise et le début de l'inflation galopante, les taux d'inflation ont eu tendance à augmenter. Au début des années 70, l'inflation est latente, elle ne se manifeste pas fortement et ne semble pas être source de déséquilibres. Les raisons principales de ces tendances inflationnistes sont :

- le début du déséquilibre monétaire international, dû à la trop forte augmentation de la quantité de dollars *(cf. fiche 74 : La crise du SMI de Bretton Woods)*.
- l'apparition de l'économie d'endettement du fait du développement du recours au crédit de la part des entreprises et des ménages, mais aussi de la part de l'État afin de couvrir ses déficits budgétaires *(cf. fiche 70 : Économie d'endettement et économie de marché financier)*.

■ Dans cet environnement d'inflation latente, le choc pétrolier a joué le rôle de détonateur. Il a rendu manifestes les déséquilibres qui, jusqu'alors, étaient sous-jacents. D'ailleurs, plus la situation d'une économie avant le choc est sensible, plus l'inflation révélée par le choc est importante (le taux d'inflation de la France en 1974 était de 13,7 % contre 7 % en Allemagne).

B La persistance de l'inflation

■ Les conditions ont peu changé jusqu'au début des années 80 ; l'économie est toujours une économie d'endettement, les salaires augmentent plus fortement que la productivité, les politiques restrictives ne sont pas encore mises en place. L'inflation demeure importante malgré la baisse du prix relatif du pétrole jusqu'au second choc pétrolier.

■ Mais surtout, l'inflation est un phénomène cumulatif qui s'auto-entretient ; d'une part, il est difficile de sortir de la spirale inflationniste, la hausse des prix nourrit la hausse des prix *(cf. fiche 16 : Les causes traditionnelles de l'inflation)*, d'autre part, du fait de l'internationalisation des échanges, les économies étant de plus en plus ouvertes et donc fortement interdépendantes, il est difficile pour un pays de vaincre seul ce phénomène, d'autant que les variations des taux de change conditionnent l'inflation importée.

2 La désinflation des années 80

Depuis le début des années 80 (85 pour la France), la tendance est celle de la désinflation, c'est-à-dire de la baisse de l'inflation (ne pas confondre avec la déflation qui signifie la baisse des prix).

A La désinflation a été favorisée par l'environnement international

- À partir de 1982, le contre-choc pétrolier a été le signal du retour à l'ancien rapport de force (avant le premier choc pétrolier) avec les pays producteurs de matières premières ; la baisse du prix du pétrole et de ceux de la plupart des produits de base a joué dans le sens de la désinflation en permettant la baisse, ou tout au moins le ralentissement, des coûts de production.
- Alors que la hausse du dollar, à partir de 1980 *(cf. fiche 76 : Le dollar)* a agi dans le sens de la baisse de l'inflation aux États-Unis (6,1 % en 1982 contre 13,5 % en 1980), elle a favorisé celle des autres pays en renchérissant leurs importations libellées en dollars. En revanche, la dépréciation de la monnaie américaine à partir de 1985 a été facteur de ralentissement de la hausse des prix dans ces pays.

B Elle est avant tout due à la mise en place de politiques restrictives

À la suite de la Grande-Bretagne et des États-Unis, l'ensemble des pays développés à économie de marché ont appliqué des politiques restrictives (en France à partir de 1983) :

- Des politiques monétaires restrictives : afin de ralentir la création de monnaie, les autorités monétaires ont décidé de laisser monter les taux d'intérêt et de ralentir le crédit, quitte à faire diminuer l'investissement financé par l'emprunt.
- Des politiques budgétaires restrictives : afin de diminuer les emprunts de l'État (qui conduisent à l'augmentation de la quantité de monnaie et donc à l'inflation) et de ralentir la demande publique (qui au même titre que toute autre demande sont sources de tensions inflationnistes), les gouvernements ont décidé de tenter de réduire les dépenses et les déficits budgétaires.
- Des politiques salariales restrictives : afin de modérer les tensions inflationnistes dues à la demande, et de permettre des augmentations de profit qui conduisent à la hausse de l'autofinancement et donc à la baisse de l'investissement financé par l'emprunt, les autorités politiques ont ralenti les hausses de salaires et ont modéré la redistribution.

Les politiques restrictives qui sont de nature libérale ont permis un forte désinflation, mais leur réel succès dans le domaine monétaire ne peut cacher leur incapacité à favoriser la croissance économique et à créer des emplois.

FICHE 18

INFLATION, CROISSANCE ET EMPLOI

Depuis le début de la crise, l'inflation est vivement critiquée, les gouvernements considèrent que lutter contre elle est une priorité. Pourtant, un taux d'inflation non négligeable a accompagné la croissance des Trente glorieuses et l'économie s'en est tout à fait accommodée. En effet, jusqu'à un certain seuil, l'inflation accompagne la croissance et peut même la favoriser mais une inflation trop importante est source de déséquilibre et oblige les autorités économiques à un choix entre lutter contre elle et lutter contre le chômage.

1 L'INFLATION SEMBLE, JUSQU'À UN CERTAIN SEUIL, ÊTRE SOURCE DE CROISSANCE

A L'inflation accompagne les périodes de croissance

■ Il est possible d'établir une corrélation entre les périodes d'inflation et celles de croissance. Ainsi la phase A des cycles Kondratieff se caractérise par une augmentation de la production et des prix, alors que la phase B correspond à une baisse de la production et des prix *(cf. fiche 12 : Les cycles)*.

■ L'inflation a accompagné la croissance des Trente glorieuses :

- la croissance a été permise par une demande forte, croissante et généralement supérieure à la production ; or cette situation est facteur d'inflation.
- la croissance a été dopée par le développement du crédit (qui permet d'augmenter la demande et l'investissement) qui, par le biais de la création monétaire, est la principale source de l'inflation.

B Une inflation limitée facilite la croissance

■ En diminuant la valeur de la monnaie, l'inflation facilite les remboursements et par voie de conséquence, les emprunts ; elle favorise donc les agents structurellement emprunteurs : l'inflation allège les charges financières des entreprises et peut constituer une incitation à de nouveaux emprunts, donc faciliter l'investissement. Elle allège également les charges supportées par le budget de l'État et permet la réalisation de gros investissements étatiques (construction de logements sociaux par exemple), moteurs de la croissance.

En favorisant l'investissement des entreprises et de l'État, l'inflation a soutenu la croissance des Trente glorieuses et donc l'emploi.

■ L'inflation facilite le consensus social. Elle simplifie les arbitrages sociaux et permet d'accorder des augmentations de salaires en cas de revendication de la part des salariés. Elle permet la satisfaction des revendications de chacun, même si les augmentations accordées sont en partie neutralisées par la perte du pouvoir d'achat de la monnaie.

2 TROP D'INFLATION EST UN OBSTACLE À LA CROISSANCE

A Trop d'inflation nuit à la compétitivité et aux anticipations des agents économiques

- Une inflation trop forte, et surtout un grand différentiel d'inflation par rapport aux partenaires économiques, est préjudiciable à la balance commerciale et par voie de conséquence à la croissance et à l'emploi, surtout en économie ouverte ; en effet, une inflation trop forte nuit à la compétitivité des prix.
- Une inflation importante entame la confiance en la monnaie et, peut conduire à des anticipations pessimistes de la part des entreprises. Par crainte d'une dépréciation de leurs réserves, les agents économiques peuvent être incités à moins épargner, ce qui est préjudiciable à l'investissement.
- L'inflation s'est en partie retournée contre les emprunteurs à la suite d'une montée des taux d'intérêt.

B Elle contraint les politiques économiques à un choix entre sa limitation et la relance de la croissance et de l'emploi

- La courbe de Phillips établit une relation inversement proportionnelle entre le taux de croissance des salaires et le taux de chômage. Le développement de cette théorie mène à l'établissement d'une symétrie entre l'inflation et le chômage (moins vérifiée depuis la crise), et implique un choix : opter pour un faible taux d'inflation, mais dans ce cas accepter un chômage important ou, au contraire, diminuer le chômage quitte à tolérer de l'inflation. En effet, les politiques restrictives (limitation de la création monétaire et du déficit budgétaire, modération de la demande) permettent de ralentir l'inflation, mais réduisent la croissance et favorisent le chômage alors qu'inversement, les politiques de relance de l'économie sont sources d'inflation.

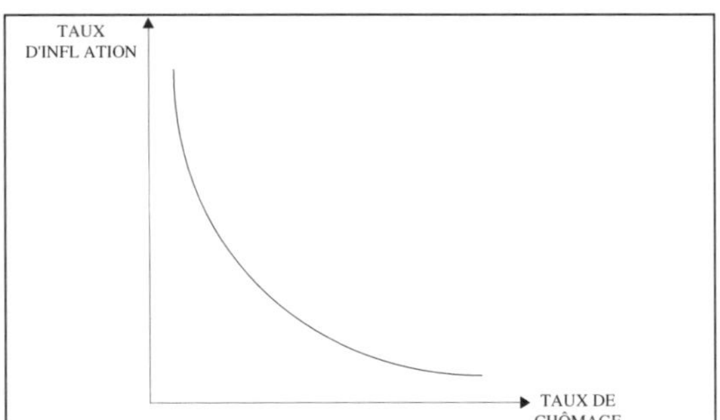

- Les gouvernements des pays développés ont opté, depuis le début des années 80, pour la lutte contre l'inflation, d'autant plus que les monétaristes, dont Milton Friedman, pensent qu'en réalité toute politique de relance ne se traduit à terme que par de l'inflation et non par une croissance. En effet, les agents économiques adaptent leurs anticipations (si la quantité de monnaie augmente, ils anticipent une hausse des prix), de plus on ne peut diminuer le chômage qui est naturel puisqu'il dépend du refus des demandeurs d'emploi à s'adapter aux conditions du marché du travail.

La lutte contre l'inflation a porté ses fruits, la période actuelle est une période de désinflation, le crédit a diminué, l'investissement autofinancé a augmenté ; mais si une trop forte inflation entravait la croissance, la désinflation n'a pas encore permis une reprise durable de celle-ci.

FICHE 19

LES ÉTATS FACE À LA CRISE

Les interventions des États face à la crise actuelle sont demeurées, dans un premier temps, classiques; des politiques de stabilisation visant à ralentir l'inflation et des politiques de relance visant à augmenter l'activité se sont succédé. Le relatif échec de ces politiques a incité les pays développés à mettre en place, dès le début des années 80 (1983 pour la France), de nouvelles politiques de longue durée, très restrictives, visant à réduire l'inflation, mais aussi à modifier les structures de l'économie, en la libéralisant.

1 Les politiques classiques ayant échoué...

A Les politiques classiques menées dans un premier temps ...

- Les politiques classiques sont des politiques de rigueur ou de relance, généralement mises en place pour une courte durée. En effet, avant le début des années 80, les politiques de rigueur n'étaient jamais menées pendant longtemps, car, à l'époque, la lutte contre l'inflation était considérée comme une atteinte à la croissance et à l'emploi; d'où la politique de *stop and go* en Grande-Bretagne (succession de politiques de rigueur et de relance) et la succession des plans de rigueur de courte durée en France (1951, 1952, 1957, 1958, 1963, 1968, 1974, 1976, 1978) ponctués de politiques de relance (moins nécessaires en période de croissance) comme celles de 1954, 1966 ou 1975.
- Avec la crise de 1973, les gouvernements se sont retrouvés face à une alternative : la lutte contre l'inflation ou la lutte contre le chômage et pour la croissance. À part la politique du gouvernement socialiste français en 1981, qui était une politique de franche relance, les politiques adoptées ont tenté de baisser l'inflation sans trop ralentir la demande ni trop augmenter les taux d'intérêt (afin de ne pas ralentir l'activité), ou de mener des timides politiques de relance (afin de ne pas trop raviver l'inflation).

B ... n'ont pas été en mesure de corriger les déséquilibres

- Ces politiques n'ont pas été en mesure de relancer l'activité économique; en effet les augmentations de salaire (souvent supérieures à celles de la productivité) se sont traduites par une baisse du taux de marge des entreprises (part du profit dans la valeur ajoutée). Cette situation a découragé les entreprises d'investir car elles avaient d'une part, moins de perspectives de profit, et d'autre part, moins de disponibilités financières; l'autofinancement a fortement baissé, les entreprises ont eu davantage recours à l'emprunt bancaire. La baisse de l'investissement a bloqué toute possibilité de reprise économique.
- Ces politiques ont été inflationnistes : le soutien de la demande, les hausses de salaire, le recours à l'emprunt de la part des entreprises ont favorisé la hausse des prix et ont nui à la compétitivité. La nécessaire lutte contre l'inflation, ravivée par le second choc pétrolier (1979), a conduit à la mise en place de nouvelles politiques.

2 ••• UNE GESTION RESTRICTIVE ET LIBÉRALE EST MISE EN PLACE DEPUIS LE DÉBUT DES ANNÉES 80

A La mise en place de politiques restrictives et de libéralisation des économies

■ À la suite de la Grande-Bretagne (M. Thatcher) et des États-Unis (R. Reagan), l'ensemble des pays développés a adopté des politiques restrictives qui ont pour objectif :

- la diminution de l'inflation grâce à la limitation du crédit et de la quantité de monnaie, et grâce à la modération de la demande et du déficit budgétaire.
- la reprise de l'investissement et surtout de l'autofinancement, grâce à l'augmentation de la part du profit dans la valeur ajoutée, due à la modération des salaires et à la baisse des impôts sur les entreprises.

■ Ces politiques, considérées comme le nouveau mode de gestion de l'économie, ne sont pas limitées en durée et sont accompagnées d'une libéralisation et d'un désengagement de l'État :

- volonté de diminution du poids relatif des budgets de l'État et des organismes sociaux grâce à une tentative de baisse des taux de prélèvements obligatoires, et à la diminution de certaines dépenses (comme les dépenses sociales censées déresponsabiliser les individus et les inciter à l'oisiveté).
- privatisations d'entreprises.
- déréglementation progressive (suppression des règles fixées par l'État pour contrôler l'économie) afin de redonner la liberté aux entreprises.

B L'inflexion des politiques économiques dans les années 90

■ La nouvelle gestion de l'économie a effectivement permis une forte désinflation et une augmentation du taux de marge. Les économies font de moins en moins appel au crédit : d'économies d'endettement, elles deviennent des économies de marché financier *(cf. fiche 70 : Économie d'endettement et économie de marché financier)*. L'augmentation du profit a permis une reprise de l'investissement et surtout une très forte hausse de l'autofinancement.

■ Mais les politiques libérales et restrictives n'ont pas réussi à faire sortir le monde industrialisé de la crise et du chômage. Depuis le début des années 90, une inflexion peut être remarquée. Certains plans de relance sont mis en place, au Japon, par exemple, et les autorités monétaires optent pour les taux d'intérêt les plus bas qui satisfont la condition de stabilité monétaire.

Le traité de Maastricht institutionnalise en Europe la lutte contre l'inflation comme objectif principal de toute intervention économique et suspend par le fait toute possibilité de retour à des politiques de relance. Pourtant, une relance concertée au niveau européen pourrait être efficace pour renouer avec la croissance.

FICHE 20

LES ÉCONOMIES EN TRANSITION

À partir de 1985, le pouvoir soviétique, suivi par d'autres en Europe de l'Est, adopte en vain un projet de perestroïka (restructuration) et de glasnost (transparence), afin de mettre en place un socialisme de marché. Mais, à partir de l'automne 1989, le monde socialiste bascule : les régimes sont renversés par la violence, comme en Roumanie, ou pacifiquement, comme en Tchécoslovaquie avant qu'elle ne se divise en deux États, et l'Allemagne se réunifie. Après une ultime tentative de perestroïka, l'URSS disparaît en décembre 1991. La fin des années 80 et le début des années 90 sont ainsi marqués par un bouleversement géopolitique mondial qui met un terme au clivage politique Est-Ouest. Depuis l'effondrement du socialisme, les économies d'Europe de l'Est sont en transition vers l'économie de marché.

1 LA CRISE DE LA RÉGULATION CENTRALISÉE

A Les dysfonctionnements de la planification

■ Au niveau de l'élaboration du plan *(cf. fiche 8 : La recherche d'un développement spécifique : le socialisme)* :
- des négociations tendues s'opèrent entre les entreprises, qui sous-estiment leurs capacités de production et surestiment leurs besoins, et le planificateur, qui raisonne à l'inverse ;
- le plan est donc le résultat de compromis qui ne peuvent déboucher sur des objectifs de production parfaitement compatibles avec les besoins de la population.

■ Au niveau de l'exécution du plan :
- une arythmie (irrégularité) de la production se produit, en raison de l'approvisionnement des entreprises difficile et incertain ;
- le comportement de passager clandestin (celui qui bénéficie du voyage sans payer) se développe dans l'entreprise, en raison de la déresponsabilisation des travailleurs ;
- le primat des indicateurs de quantité sur ceux de qualité masque la réalité d'une production défectueuse ou inadaptée aux besoins ;
- certains programmes d'investissements sont inachevés, faute de moyens suffisants, ainsi qu'en raison de la lourdeur et de l'inefficacité bureaucratiques.

B La généralisation d'une économie de pénurie

■ La baisse de la production :
- le taux de croissance de la production baisse au début des années 60 tout en restant positif, puis il devient fortement négatif, car le passage d'une croissance extensive à une croissance intensive *(cf. fiche 4 : Les facteurs de croissance)* ne s'est pas réalisé malgré différentes tentatives ;
- l'échec est explicable :
  - la technologie avancée de l'industrie de l'armement ne profite pas à l'industrie civile, en raison du secret-défense,

- la Division internationale socialiste du travail, dans le cadre du Conseil d'aide économique mutuelle (CAEM), ne modernise pas les appareils productifs ,
- dans les années 70, les économies socialistes ont recours aux transferts de technologies en provenance des pays capitalistes industrialisés. L'effort est vain, en raison d'une forte contrainte extérieure qui les conduit à l'endettement.

■ L'économie de pénurie :
- l'économie satisfait de moins en moins la demande et conduit à un rationnement drastique ;
- elle favorise l'inflation rentrée, c'est-à-dire sans augmentation généralisée des prix, puisqu'ils sont fixés administrativement. Cela se manifeste alors par le développement de l'épargne forcée ou le phénomène de file d'attente, par exemple ;
- l'économie souterraine se développe : les entreprises ont parfois recours au travail au noir pour atteindre les objectifs du plan, et les ménages s'y prêtent afin d'améliorer leur niveau de vie.

2 LA TRANSITION VERS UNE ÉCONOMIE DE MARCHÉ

A D'un mode de régulation à un autre : une transition difficile

■ Une déstabilisation :
- le mode de régulation planifiée disparaît, mais la régulation par le marché n'est pas toujours efficace, ce qui cause une absence momentanée de régulation ;
- l'ouverture aux capitaux étrangers, pour financer la modernisation, peut mettre en cause l'indépendance économique.

■ Des obstacles politiques et sociaux :
- l'existence nouvelle de contre-pouvoirs réveille les nationalismes, jusqu'à provoquer la guerre civile (Yougoslavie ou Tchétchénie, par exemple) ;
- l'absence de familiarité avec les règles du libéralisme constitue un handicap.

B L'hétérogénéité des économies en transition

■ Une relative réussite pour des pays comme la Hongrie, la Pologne, la République tchèque ou la Slovénie :

Ces économies sont parvenues à adopter un capitalisme de plus en plus normalisé. Leur croissance est soutenue (le taux de croissance annuel moyen du PIB polonais est de 5,9 % entre 1994 et 1996, par exemple) et leur inflation est maîtrisée. On peut imaginer qu'un jour leur intégration dans l'Union européenne soit envisagée.

■ Des économies menacées :
- Des pays comme la Bulgarie et la Roumanie connaissent une hyperinflation. Leurs taux d'inflation sont respectivement de 311 % et de 57 % en 1996. Si la Roumanie semble connaître une reprise de sa croissance, la Bulgarie demeure enracinée dans la dépression ;
- la Russie reste prisonnière d'une économie maffieuse qui échappe au contrôle de l'État. Le taux de croissance annuel moyen du PIB russe est d'environ – 9,25 % entre 1992 et 1996.

■ Une situation intermédiaire pour les pays Baltes ainsi que la Slovaquie :

Ces économies ont amorcé une désinflation, mais le déséquilibre de leurs comptes extérieurs demeure préoccupant.

L'expérience des économies en transition confirme que la mise en place d'une économie de marché ne s'effectue pas automatiquement et dans un sens positif. Elle exige la présence d'un État qui sache allier libéralisme et interventionnisme.

PARTIE III

LES POLITIQUES ÉCONOMIQUES

FICHE 21

POLITIQUE CONJONCTURELLE ET POLITIQUE STRUCTURELLE

La politique économique est l'ensemble des mesures prises par l'État en vue de maintenir ou de rétablir, après les avoir hiérarchisés, les objectifs d'équilibres macro-économiques (croissance de la production, stabilité des prix, plein emploi, équilibre extérieur, équilibre budgétaire).

1 LA POLITIQUE CONJONCTURELLE A UNE PORTÉE À COURT TERME

A Elle agit sur la conjoncture

■ La conjoncture :

La conjoncture économique est déterminée par les fluctuations à court terme des variables macro-économiques (PIB ou prix, par exemple).

■ La politique conjoncturelle :

- Elle cherche à agir sur les variables macro-économiques. On peut représenter et évaluer les résultats obtenus à l'aide du "carré magique" de Kaldor qui permet de représenter les quatre paramètres principaux : situation extérieure, situation budgétaire, taux d'inflation, taux de chômage sur un même graphique.
- La difficulté est que les objectifs économiques peuvent être en partie contradictoires. En fixant une priorité à l'emploi, on risque de provoquer un surcroît d'inflation, et inversement. La politique économique conjoncturelle se trouve ainsi souvent confrontée à un dilemme (*cf. fiche 22 : Les orientations de la politique conjoncturelle*).

B Les instruments de la politique conjoncturelle

■ La politique monétaire (*cf. fiche 24 : La politique monétaire*):

Une politique monétaire expansive favorise le crédit et la création monétaire. Elle stimule la consommation et l'investissement, mais elle est inflationniste. Au contraire, une politique monétaire restrictive lutte contre l'inflation en modérant le crédit et la création monétaire.

■ La politique budgétaire (*cf. fiche 25 : La politique budgétaire*):

La politique budgétaire agit principalement sur le solde budgétaire. Ainsi, un déficit budgétaire permet d'augmenter la demande globale de l'économie et de stimuler la croissance, alors que l'excédent budgétaire, généralement obtenu grâce à l'augmentation des impôts, contribue au ralentissement de la croissance et à la désinflation.

2 DANS UNE PERSPECTIVE À LONG TERME, UNE POLITIQUE STRUCTURELLE EST INDISPENSABLE

A Elle agit sur les structures

■ Les structures par rapport à la conjoncture :

Les structures sont les données fondamentales de l'économie, qui concourent à son fonctionnement (degré de la concentration, répartition en secteurs d'activité, etc...). Il est possible d'envisager que certaines structures puissent être la cause essentielle de dysfonctionnements (l'existence de monopoles, par exemple, qui peut conduire à une hausse des prix), alors que la conjoncture n'est que l'expression de fluctuations.

■ La politique structurelle :

- La politique structurelle a des incidences à long terme sur le fonctionnement économique, ce qui n'est pas le cas de la politique conjoncturelle.
- La politique économique structurelle s'attache à modifier ou à infléchir les structures en place, afin de réaliser les objectifs d'équilibres macro-économiques.
- Ces deux politiques économiques (conjoncturelle et structurelle) ne sont pas exclusives l'une de l'autre. Leur coordination doit assurer la stabilisation de la conjoncture, sans négliger la nécessité de changement.

B La politique structurelle peut modifier le fonctionnement de l'économie

■ Deux conceptions de la politique structurelle :

- La conception libérale requiert le respect de l'économie de marché. Elle cherche à assurer un fonctionnement plus sain du marché plutôt que de s'y substituer et prend donc des mesures de désengagement de l'État (déréglementation, privatisations).
- La conception keynésienne conteste l'organisation spontanée des structures par le marché. Elle remet en cause le concept de main invisible d'A. Smith et préconise l'interventionnisme de l'État (*cf. fiche 92 : Les classiques*).

■ La production – la répartition – les échanges :

- Les structures économiques déterminent de quelle façon opèrent et s'organisent ces trois sphères essentielles de l'économie.
- Il est possible de mener une politique structurelle qui agisse sur le tissu économique et industriel (nationalisations, privatisations), sur l'aménagement économique du territoire (politique de reconversion rurale, politique urbaine), sur l'organisation des marchés (législation, notamment celle du travail, planification, l'acte unique européen), sur les revenus et les inégalités (redistribution, consommation collective), etc.

Dans le contexte d'internationalisation croissante des économies, une coordination mondiale des politiques économiques, qu'elles soient conjoncturelles ou structurelles, devient indispensable.

FICHE 22

LES ORIENTATIONS DE LA POLITIQUE CONJONCTURELLE

La politique conjoncturelle (cf. fiche 21 : Politique conjoncturelle et politique structurelle) *constitue l'une des deux dimensions de la politique économique. Les deux politiques conjoncturelles traditionnelles sont la politique de relance et la politique de rigueur. Ce clivage a été mis en cause à partir des années 80 par l'application de politiques de stabilité des prix et des politiques mixtes ("policy mix").*

1 LE CLIVAGE TRADITIONNEL ENTRE POLITIQUE DE RIGUEUR ET POLITIQUE DE RELANCE

A La politique de relance

■ Cette politique accorde une priorité à l'emploi :

- Elle est d'inspiration keynésienne (*cf. fiche 95 : Keynes*) mais aujourd'hui elle n'est plus prisée par les gouvernements : la dernière expérience française de politique de relance date de 1981 et 1982 sous le gouvernement de P. Mauroy.
- Les mesures prises par l'État interventionniste afin de relancer la demande effective, cause de la crise : déficit budgétaire, relèvement des bas revenus, hausse des prestations sociales, baisse des taux d'intérêt, création d'emplois publics, visent à relancer la demande effective et à provoquer ainsi une augmentation de l'offre. Les dépenses publiques sont susceptibles de provoquer un accroissement plus que proportionnel de la production nationale grâce à un effet multiplicateur (*cf. fiche 95 : Keynes*). De cette façon, la croissance du PIB doit être stimulée, et le taux de chômage abaissé.

■ Mais la politique de relance entraîne des effets pervers qui expliquent qu'elle ait été abandonnée :

- Une économie ouverte et trop fortement dépendante de ses échanges extérieurs voit sa balance des paiements courants se dégrader (*cf. fiche 89 : La contrainte extérieure*), et cela d'autant plus si, comme ce fut le cas en 1981, une politique économique de rigueur est adoptée dans l'ensemble des autres économies.
- Si le taux d'utilisation des capacités de production est trop élevé, l'offre ne peut pas augmenter à court terme. Cela engendre un regain d'inflation sans accroissement notable du PIB.

B La politique de rigueur

■ Cette politique accorde une priorité à la lutte contre l'inflation :

- La recherche d'un équilibre budgétaire, une politique de crédit restrictive, une politique de ralentissement de la croissance des revenus doivent restreindre la croissance de la demande. De cette façon, il est possible d'éviter le désajustement de la demande par rapport à l'offre. L'inflation recule (désinflation) et les comptes extérieurs peuvent s'améliorer.
- Mais la politique de rigueur peut induire une récession de la demande en pesant principalement sur la consommation. Cela tend alors à accroître le chômage.

2 Les nouvelles orientations depuis le début des années 80

A Des politiques restrictives de lutte contre l'inflation sont menées

■ Depuis le début des années 80, la politique conjoncturelle semble en partie abandonnée au profit d'une nouvelle gestion restrictive de l'économie. Celle-ci consiste en la lutte contre l'inflation par la hausse des taux d'intérêt, la recherche de l'équilibre budgétaire et la modération de la demande. L'objectif est aussi de restaurer les profit au détriment des salaires.

■ Cette politique restrictive de stabilité des prix est proche de l'ancienne politique conjoncturelle de rigueur, mais elle s'en distingue par quatre points principaux :

– elle est durable et non temporaire comme la politique de rigueur ;

– elle est mise en place dans un contexte de chômage ;

– elle cherche à diminuer les impôts alors que l'ancienne politique de rigueur les visait à les augmenter ;

– elle est d'inspiration libérale alors que les politiques de régulation par la demande (politiques de relance et de rigueur traditionnelles) sont d'inspiration keynésienne.

B Les politiques mixtes

■ La première politique mixte est apparue aux États-Unis au début des années 80 sous la présidence républicaine de R. Reagan :

Le gouvernement américain avait la volonté de mener une politique de l'offre et la Federal Reserve (FED) menait une politique monétariste (*cf. fiche 96 : Les néolibéraux*). La politique du gouvernement américain nécessitait une rigueur budgétaire consistant à réduire les dépenses publiques. En fait, les dépenses de défense se sont considérablement accrues, en raison des tensions Est-Ouest de l'époque. L'époque était marquée par la course à l'armement, comme en a témoigné l'instauration du programme IDS (initiative de défense stratégique), familièrement appelé " guerre des étoiles" abandonné depuis.

Le déficit budgétaire, qui devait se réduire, s'est considérablement accru. Il s'en est suivi une relance keynésienne fortuite, avec comme résultats la désinflation et la reprise de la croissance.

■ Une nouvelle politique mixte a été adoptée pour faire face à la récession des années 90 :

L'arrivée au pouvoir de Bill Clinton, en 1992, montre que la présidence démocrate a été amenée elle aussi à adopter une politique mixte, avec des priorités inversées. L'État américain a en effet depuis assoupli sa politique monétaire et accompli un effort de rigueur budgétaire. Cela a été rendu possible par la maîtrise de l'inflation et par la disparition des tensions Est-Ouest. Il en a résulté une croissance soutenue depuis 1992, créatrice d'emplois et sans dérapage inflationniste.

L'Europe a encore comme objectif principal la stabilité des prix. À cette fin, la plupart des pays de l'Union européenne optent pour la rigueur budgétaire et ne diminuent les taux d'intérêt que dans la mesure où cela ne nuit pas à la valeur interne et externe de la monnaie.

LA PLANIFICATION FRANÇAISE

Bien qu'elle soit une "ardente obligation" selon de Gaulle, la planification mise en place en France après la Seconde Guerre mondiale n'est pas une planification impérative, à l'image de celle d'une économie socialiste; indicative, elle a comme ambition d'orienter les initiatives privées : elle éclaire le marché mais ne s'y substitue pas.

1 LA PLANIFICATION ORIENTE L'ÉCONOMIE DE MARCHÉ

A La planification pallie les déficiences du marché

■ Le marché n'est pas toujours efficace :

- L'économie de marché peut faire preuve d'inefficience. Les situations macroéconomiques qui résultent de l'agrégation des rationalités individuelles ne sont pas obligatoirement les meilleures.
- Ainsi la planification et l'intervention de l'État se justifient ; l'État est un agent supposé impartial, il veille au respect de l'intérêt général.

■ Les défauts du marché peuvent nécessiter une planification : l'information diffusée par le marché est incomplète ou biaisée, ce qui peut induire de mauvaises décisions. Le marché se soucie plus du court terme, ce qui peut faire perdre dangereusement de vue le long terme. Le marché ne tient pas compte des coûts externes induits par la production (nuisances et coûts sociaux). En tentant d'assurer une économie moderne et performante, la planification n'est pas contraire à la satisfaction des intérêts privés.

B Les modalités de planification

■ La planification est indicative :

- Après avoir mené des études prospectives, l'État établit en concertation avec les partenaires sociaux les mesures à prendre pour atteindre des objectifs de croissance et de développement (les plans sont à moyen terme et quinquennaux).
- Des modèles économétriques simulent les mesures préconisées par la planification, et en mesurent les effets.

■ Les orientations de la planification sont peu contraignantes :

- La planification propose des orientations à suivre, mais les décisions relèvent toujours de l'initiative privée. Seul le secteur public est tenu d'adopter les recommandations du plan. La présence d'entreprises publiques, suite aux trois vagues de nationalisations (Front populaire en 1936, Libération en 1945, alternance politique en 1981), permet à l'État de disposer d'instruments industriels et financiers.
- Des mesures incitatives, fiscales, notamment, ont pour objectif d'influencer les choix de l'initiative privée.

2 La crise de la planification

A Les plans sont parfois perturbés par la conjoncture économique et l'alternance politique

■ La planification, instrument ambitieux de politique structurelle, accompagna la croissance exceptionnelle des Trente Glorieuses :
- Ier plan (1947 – 1951) puis IIe plan (1952 – 1956) et IIIe plan (1957 – 1959) : reconstruction – modernisation – ouverture de l'économie française.
- IVe plan (1960 – 1965) puis V[e] plan (1966 – 1970) et VIe plan (1971 – 1975) : croissance – priorités sociales – impératifs industriels et compétitivité.

■ Mais la crise économique modifia la nature de la planification et la fit tomber en désuétude en raison des difficultés croissantes de la prospective et des décalages de plus en plus flagrants entre les objectifs du Plan et la réalité économique.
- Après avoir étendu son domaine d'action, la planification est réduite à des programmes prioritaires.
- VIIe plan (1976 – 1980) : dans un contexte de crise, seules des orientations à court terme sont définies, ce qui tend à dénaturer le sens de la planification.
- VIIIe plan (1980 – 1981) : même optique que le plan précédent, l'alternative politique de 1981 nécessite son changement.
- IXe plan (1983 – 1988), après un vague plan intérimaire qui remplace le VIIIe plan de 1982 à 1983 : le court terme est encore privilégié en raison des impératifs conjoncturels; la décentralisation y est programmée. Ce plan est en grande partie inactivé en raison de l'adoption de la politique de rigueur, puis en raison des changements de majorité en 1986 (privatisation et désengagement de l'État).
- X[e] plan (1989 – 1993), puis XIe plan : des plans formels, censés orienter l'économie française dans la perspective du marché unique européen.
- Les plans se sont réduits à des documents présentant les orientations des pouvoirs publics. Seuls les deux premiers plans ont atteint réellement leurs objectifs.

B La remise en cause de la nécessité de la planification et le retour aux vertus du marché

■ La résurgence des thèses libérales :
- Au début des années 80, est établi le constat d'impuissance de l'État et de la planification face à la crise.
- L'État tend à devenir un État minimal, un "État moderne, État modeste" selon l'expression de M. Crozier, au sein duquel la planification n'a pas sa place (*cf. fiche 7 : De l'État-gendarme à la crise de l'État-providence*).

■ Dans ce contexte, les Xe et XIe plans sont critiqués :
- La déréglementation, le désengagement de l'État, les privatisations totales ou partielles ou l'ouverture du capital d'anciennes entreprises publiques au secteur privé (France Telecom, par exemple), marquent le retour en force de l'éco-nomie de marché.
- De plus, le processus de mondialisation rend plus difficile et moins pertinente la planification nationale (*cf. fiche 80 : La globalisation financière et fiche 90 : La globalisation de l'économie mondiale*).

L'échec de la planification impérative et centralisée dans les anciens pays socialistes et la désuétude dans laquelle est tombée la planification indicative française témoignent de la résurgence du marché et de l'abandon des idées planificatrices. Pourtant les pouvoirs publics n'ont pas renoncé à toute intervention ; ainsi, au Japon, le MITI (ministère de l'Industrie et du Commerce extérieur) tient encore une place importante dans l'orientation économique.

FICHE 24

LA POLITIQUE INDUSTRIELLE

La politique industrielle est l'ensemble des mesures, prises par l'État, destinées à développer l'industrie et, au-delà, l'ensemble de l'appareil productif.

1 LES RESTRUCTURATIONS INDUSTRIELLES SONT NÉCESSAIRES

A Adapter l'industrie et l'appareil productif

■ Une adaptation face à la crise :
La crise économique est principalement une crise industrielle. La croissance de la demande adressée à l'industrie se ralentit. Certaines branches industrielles sont même menacées de disparition (exemple de la sidérurgie).

■ Une adaptation aux mutations technologiques :
Les mutations technologiques rendent certaines branches obsolètes. Des produits de substitution se diffusent (exemple de la sidérurgie face aux matériaux plastiques ou de synthèse).

■ Une adaptation à la concurrence :
La concurrence sur le marché international est exacerbée, car la crise réduit les perspectives de croissance. Les Nouveaux Pays Industrialisés (NPI) plus compétitifs deviennent des concurrents (textile et certains biens d'équipement des ménages, informatique ou automobile, par exemple).

B La politique industrielle : de l'intervention au désengagement de l'État

■ Une politique industrielle directe fondée sur une stratégie d'action :

- L'interventionnisme de l'État doit induire une réaction ou/et une adaptation de l'appareil productif. Les mesures peuvent prendre les formes suivantes :
  - élaboration d'une législation et/ou d'une réglementation contraignante pour les entreprises (par exemple, dans le domaine de la concurrence ou des investissements), pouvant aller jusqu'à la nationalisation ;
  - orientation de l'industrie à l'aide de marchés publics, par l'intermédiaire des entreprises publiques, par une stratégie de grands projets ;
  - prise en charge d'une partie des dépenses de recherche et développement que les entreprises ne pourraient assumer seules.
- Ces mesures présentent un caractère peu libéral et comportent certains risques ; indépendamment du marché, elles peuvent ne pas être efficientes : par exemple, en prolongeant artificiellement une activité qui devrait disparaître, elles peuvent empêcher une reconversion industrielle pourtant indispensable.

■ Une politique industrielle indirecte fondée sur une stratégie d'environnement :

- Ces mesures se développent depuis les années 80, dans le contexte de résurgence du libéralisme.

  Il s'agit d'offrir au marché un environnement favorable, pour induire les restructurations nécessaires, en encourageant l'initiative privée et l'esprit d'entreprise. Ces mesures peuvent prendre les formes suivantes :

- privatisations ou ouverture du capital d'anciennes entreprises publiques aux investisseurs privés afin de restituer les entreprises publiques au secteur privé ;
- déréglementation pour instaurer une émulation par la concurrence et éliminer les rigidités ;
- incitations à la création d'entreprises, à l'investissement, à la concentration ou à l'implantation d'entreprises dans certaines régions pour stimuler l'offre (exonérations ou réductions dans le domaine de la fiscalité ou dans celui des charges sociales éventuellement). Ces mesures, à caractère libéral, peuvent être lentes à induire leurs effets et leur efficacité demeure incertaine puisqu'elles ne sont qu'incitatives.

2 Les différentes orientations de la politique industrielle

A Le choix de la politique des créneaux...

■ Les principes :

- La politique de créneaux, choisie par la France, par exemple, se traduit par une volonté de spécialisation dans des produits ou groupes de produits porteurs. Elle est fondée sur la théorie des avantages comparatifs de D. Ricardo (*cf. fiche 92 : Les classiques*).
- La politique des créneaux vise à instaurer une position dominante sur un ou plusieurs créneaux. À cette fin, il faut atteindre une masse critique sur un créneau, c'est-à-dire une part dominante du marché mondial.

■ Les effets pervers :

- Certaines branches sont absentes de l'appareil productif, ce qui nécessite d'importer et peut finalement accroître la contrainte extérieure.
- Une économie duale peut se développer. Une activité compétitive et ouverte peut coexister avec une activité plus archaïque et fermée. De ce fait, des inégalités sociales peuvent se créer entre les actifs de ces deux types d'activités.
- Le chômage se développe lorsque des branches grandes utilisatrices de main-d'œuvre sont abandonnées, au profit de branches plus capitalistiques.
- Toute spécialisation dans un créneau n'est pas profitable ou durable : les ressources en facteurs de production peuvent être limitées ou inadaptées, la demande peut devenir inélastique, l'économie nationale peut souffrir d'un manque de compétitivité. Il faut alors abandonner ce créneau, et se reconvertir en fonction des potentialités et de la demande.

B ... n'est pas exclusif du choix de la politique de filière

■ Les principes :

- La filière, choisie par l'Allemagne, par exemple, est une chaîne d'activités complémentaires et interdépendantes en amont et en aval d'une activité principale (exemple, la filière agroalimentaire).
- La politique de filière a pour objectif de maîtriser une filière en procédant à une intégration verticale (*cf. fiche 44 : La concentration technique et économique*). Une filière intégrée, grâce à sa compétitivité, se libère en partie de la contrainte extérieure.

■ La politique des créneaux et celle de filière ne sont pas incompatibles :

Une politique de créneaux développe des activités qui sont les pôles de compétitivité de l'appareil productif (taux de couverture supérieur à 120 %). À partir de ces pôles, un effet d'entraînement, en amont ou/et en aval le long de la filière, peut se produire (cas de l'Allemagne et du Japon).

La restructuration industrielle s'accompagne d'une restructuration des emplois. L'inadéquation des qualifications des actifs à celles des nouveaux emplois nécessite la mise en place d'une politique de l'emploi.

FICHE 25

La politique monétaire

*La politique monétaire est l'ensemble des mesures prises par l'État et les autorités monétaires pour réguler le crédit et la masse monétaire (*cf. fiche 64 : La création de monnaie*).*

1 Le choix d'un instrument de régulation

A L'intervention directe sur le crédit par les quantités

■ L'encadrement du crédit est une mesure directe et globale :

– Elle consiste à déterminer autoritairement la croissance de l'encours de crédits que les banques peuvent accorder (en général d'une année sur l'autre).

L'encadrement du crédit frappe indifféremment toutes les catégories de crédits, quels que soient leurs enjeux.

– La politique sélective du crédit est une mesure directe et différenciée :

Selon les objectifs que se donnent les pouvoirs publics, ils font peser les restrictions sur des catégories différentes de crédits (consommation, investissement, exportation).

■ Non conforme au libéralisme économique qui s'est développé depuis le début des années 80, l'intervention directe sur le crédit est abandonnée.

B L'orientation indirecte du crédit par les taux et les liquidités bancaires

■ Le principe de l'orientation indirecte :

– En influençant la fixation des taux d'intérêt, on agit sur la demande de crédit, et donc sur le volume des crédits. En effet le volume des crédits varie inversement aux taux d'intérêt.

– En agissant sur le volume des liquidités bancaires, on agit sur l'offre de crédit des banques.

■ La prise en compte du besoin de refinancement des banques :

– Politique du réescompte (appelée aussi politique de l'escompte).

Pour se refinancer en liquidités, une banque peut réescompter des effets de commerce avant échéance auprès de la banque centrale. La banque paie un intérêt, l'escompte, déterminé par le taux de réescompte fixé par la banque centrale. L'importance du taux de réescompte se répercute sur les taux d'intérêt pratiqués par les banques.

La politique de l'escompte n'est plus pratiquée depuis 1971. Le marché monétaire donne désormais la possibilité aux banques de se refinancer, sans passer obligatoirement par la Banque de France.

– Politique des réserves obligatoires.

Les banques ont l'obligation de détenir en monnaie centrale, sur un compte non rémunéré à la Banque de France, un pourcentage de leurs dépôts, qui constitue les réserves obligatoires. La variation du taux de réserves obligatoires agit sur le besoin de refinancement des banques et sur le volume des crédits qu'elles accordent.

– L'intervention sur le marché monétaire (ou politique d'open market) est la politique monétaire la plus utilisée actuellement.

Les deux compartiments du marché monétaire sont concernés : le marché interbancaire, sur lequel se rencontrent l'offre et la demande de liquidités des banques, et le marché monétaire, sur lequel banques mais aussi entreprises et États échangent des titres à court terme. La Banque de France peut intervenir en ponctionnant ou en injectant des liquidités, elle fait ainsi monter ou descendre le taux d'intérêt, facilitant ou entravant le refinancement des banques et par conséquent le crédit.

2 Le choix d'une priorité dans une politique monétaire

A Lutter contre le chômage ou lutter contre l'inflation

■ La vision keynésienne de la lutte contre le chômage :

– La baisse des taux d'intérêt permet d'encourager la demande et l'investissement en facilitant l'accès au crédit. Un effet de levier (*cf. fiche 35 : Les facteurs de l'investissement*) stimule la croissance économique et le retour au plein emploi.

– Mais l'accroissement de la demande sans accroissement de l'offre peut induire de l'inflation et une plus grande contrainte extérieure du fait de la perte de compétitivité-prix.

■ La vision monétariste de la lutte contre l'inflation :

– L'excès de la croissance de la masse monétaire par rapport à celle de la production engendre l'inflation (*cf. fiche 96: Les néolibéraux*). En effet, l'illusion monétaire n'existe pas ou est éphémère : les agents économiques ne se laissent pas aveugler par l'accroissement de leurs revenus nominaux provoqué par l'accroissement de la masse monétaire, et anticipent un regain d'inflation. La restriction de la croissance de la masse monétaire doit permettre d'ajuster à la baisse les anticipations inflationnistes, d'éliminer le comportement de fuite devant la monnaie, et d'aboutir à une saine désinflation.

– Mais cette lutte contre l'inflation peut freiner la croissance et renforcer le chômage. L'augmentation des taux d'intérêt peut limiter l'investissement, ou bien accroître les coûts de production et donc les prix pratiqués par les entreprises qui investissent.

– La volonté de mener une politique monétaire volontariste, protégée du risque de laxisme des gouvernements, contraints par des exigences électorales, a conduit à modifier le statut de la Banque de France. Elle a acquis une indépendance relative à l'égard du gouvernement (loi du 10 mai 1993) conforme aux exigences de l'Union européenne (*cf. fiche 79 : Une étape vers l'union économique et monétaire (UEM) : le traité de Maastricht.*).

B Le choix du niveau des taux d'intérêt nationaux n'est pas indépendant

■ La fuite des capitaux :

– Une économie ne peut pas pratiquer, indépendamment des autres, une baisse de ses taux d'intérêt, car elle craint de provoquer une fuite des capitaux.

– Les capitaux flottants cherchent à se placer là où les taux sont les plus rémunérateurs. Cela est d'autant plus grave lorsque l'économie cherche à financer un déficit budgétaire par l'emprunt.

■ L'aggravation du déficit extérieur :

Lorsqu'elle se produit, la fuite des capitaux détériore la balance des paiements, ce qui tend à diminuer le taux de change. Cette baisse peut à son tour dégrader le solde commercial (*cf. fiche 27 : La politique des taux de change*).

Le choix d'une politique monétaire est rendu difficile par la présence d'exigences contradictoires qui nécessitent souvent un arbitrage entre croissance et inflation.

FICHE 26

LA POLITIQUE BUDGÉTAIRE

La politique budgétaire est l'ensemble des mesures qui déterminent le budget de l'État, c'est-à-dire aussi bien son montant que sa structure ou son solde. Le but est de contribuer à la réalisation d'équilibres macro-économiques.

1 LES DÉTERMINANTS BUDGÉTAIRES

A Le budget reflète toujours un choix politique

■ Le poids du budget :

Si la part des dépenses budgétaires dans le PIB demeure élevée (25,4 % en 1950 – 20,1 % en 1974 – 23,4 % en 1983 – 19,7 % en 1996).

■ La structure du budget :

– Le budget et l'impôt :

Le financement budgétaire s'effectue essentiellement par la fiscalité (environ 92 % en 1996). La fiscalité indirecte représente en 1995 62,2 % des recettes fiscales, et la fiscalité directe 37,8 %. Cette disproportion s'est accentuée au cours du temps.

– La structure des dépenses reflète les priorités.

La structure des dépenses fait l'objet de présentations diverses. La présentation par fonctions exprime le plus clairement les orientations politiques d'un gouvernement, les choix économiques et sociaux qui en découlent ainsi que les contraintes qui s'imposent. En 1994, les dépenses de l'État se répartissent ainsi : 22,4 % à l'éducation, la formation, la culture et la recherche ; 15,1 % à la défense ; 13,2 % à l'action sociale, la santé, l'emploi et le logement ; 11,6 % au paiement des intérêts de la dette publique ; 10,9 % aux missions régaliennes comme la sécurité et la justice ; 10,5 % à l'action économique ; 5,4 % à la contribution au budget européen.

B Le budget subit la conjoncture

■ En période de récession :

La récession induit une réduction des recettes fiscales ou un ralentissement de leur augmentation, tandis que les dépenses, notamment celles à caractère social, ont tendance à augmenter. Cela peut conduire à l'aggravation du déficit budgétaire qui, par ailleurs, contribue éventuellement à soutenir la demande et la croissance.

■ En période d'expansion :

Le montant des recettes de l'État augmente, ce qui permet d'équilibrer le budget, de se rapprocher de l'équilibre en réduisant le déficit budgétaire.

2 LA POLITIQUE BUDGÉTAIRE DÉTERMINE UN SOLDE BUDGÉTAIRE

A La politique keynésienne préconise un déficit budgétaire accompagné d'une redistribution des revenus

■ Relancer la demande effective :

– En cas de récession, l'État peut recourir à un déficit budgétaire. Il accroît ses dépenses sans augmenter ses recettes, ce qui accroît la demande publique sans réduire la demande privée. Il pallie partiellement l'insuffisance des investissements privés en investissant lui-même.

– Le déficit est ponctuel, il doit être couvert *ex post* par le surcroît de recettes que la croissance, qu'il aura contribué à relancer, doit assurer.

■ Le multiplicateur budgétaire :

– L'accroissement autonome des dépenses budgétaires, sans que les recettes ne s'accroissent, induit une augmentation plus que proportionnelle de la production nationale.

– L'accroissement des dépenses budgétaires accroît la demande, qui accroît la production. Cela induit une distribution de revenus supplémentaires qui, utilisés à raison de la propension marginale à consommer, donnent lieu à une production supplémentaire, etc.

La valeur du multiplicateur budgétaire est égale à l'inverse de la propension marginale à épargner. Il s'agit d'un coefficient supérieur à 1 par lequel on multiplie la variation initiale des dépenses budgétaires pour déterminer la variation de la production que cela induit.

■ La redistribution favorise la croissance de la demande, en augmentant les bas revenus qui ont la plus forte propension à consommer et en réduisant les hauts revenus dont la propension à épargner est la plus élevée (*cf. fiche 95 : Keynes*).

B La politique libérale préconise la rigueur budgétaire

■ Supprimer ou réduire le déficit budgétaire :

– L'économie ouverte réduit l'effet multiplicateur, en raison d'une plus grande contrainte extérieure. Ainsi un solde budgétaire déficitaire risque de détériorer la balance commerciale.

– Si l'offre ne s'adapte pas à l'accroissement de la demande, à cause d'anticipations des producteurs à la récession, ou d'un taux d'utilisation des capacités de production proche de la saturation, cela relance l'inflation, non la croissance.

– Un effet d'éviction se produit pour financer le déficit, car l'État draine de l'épargne qui est évincée du financement de l'économie privée.

– Le recours au crédit, pour financer le déficit, entraîne un surcroît d'inflation par le mécanisme de la création monétaire.

■ Réduire la pression fiscale :

Au-delà d'un certain seuil, le taux d'imposition a un effet dissuasif ; il encourage l'évasion fiscale, la fraude fiscale, et provoque une désincitation au travail. Ainsi, passé ce seuil, les recettes fiscales diminuent, comme le montre la courbe de Laffer (*cf. fiche 96 : Les néolibéraux*) ; il faut donc réduire la pression fiscale afin de relancer le travail et la production.

Dans un contexte de crise, la marge de manœuvre budgétaire est limitée. En effet, les recettes budgétaires sont rigides à la hausse, tandis que les dépenses budgétaires sont rigides à la baisse.

FICHE 27

LA POLITIQUE DES REVENUS ET DES PRIX

La politique des revenus et des prix est l'ensemble des mesures, prises par l'État, qui agissent sur les conditions de formation des prix et des revenus. Elle participe à la réalisation des objectifs d'équilibres macro-économiques.

1 L'ÉTAT PEUT INTERVENIR DANS LA FORMATION INITIALE DES REVENUS ET DANS LA DÉTERMINATION DES PRIX...

A L'intervention de l'État sur la répartition des revenus

■ Deux objectifs sont possibles :

– Un objectif de justice sociale.

Les keynésiens et même certains libéraux (économie du bien-être) admettent que le marché ne garantit pas une juste répartition, ni une efficience sociale (fortes inégalités).

– Un objectif économique.

La main invisible (*cf. fiche 92 : Les classiques*), régulateur supposé, peut ne pas conduire à une efficacité économique maximale. Rien n'assure que le fonctionnement du marché rende tous les intérêts privés compatibles tout en satisfaisant l'intérêt général.

■ Il faut stimuler la croissance :

– Par les revenus, il doit être possible d'accroître la demande.

– Il ne s'agit pas seulement de mettre en place la redistribution. La réduction des inégalités peut être préconisée au sein des opérations de répartition (*cf. fiche 37 : Les revenus primaires et fiche 38 : Le revenu disponible*) en fixant un salaire minimum par exemple, ou en indexant certains salaires sur les prix.

B L'intervention de l'État sur la fixation des prix

■ Elle peut être de type structurel : prix administrés.

– Les prix administrés sont fixés impérativement par l'État. Ils s'écartent des prix de marché, donc de la vérité des prix.

– Des priorités sociales les justifient parfois (alimentation, loyers par exemple), mais aussi des priorités économiques pour favoriser l'activité productrice (prix des transports ferroviaires par exemple).

■ Elle peut être de type conjoncturel : blocage des prix.

– Le blocage des prix s'attaque à la manifestation de l'inflation, c'est-à-dire l'augmentation généralisée des prix.

– Le blocage des prix fut utilisé ponctuellement et fréquemment jusqu'en 1983, généralement associé à un blocage des salaires pour éviter une résurgence de l'inflation par la demande, et pour éviter de peser sur les coûts salariaux.

– Le regain de libéralisme au cours des années 80 a mis fin à la pratique du blocage des prix qui était relativement courante.

2 … MAIS L'ÉTAT TEND DEPUIS LES ANNÉES 80 À DÉRÉGLEMENTER

La déréglementation tend à instaurer la fixation des prix et des revenus par les mécanismes de marché.

A Le retour à la vérité des prix

- Les risques du blocage des prix :
  - Il peut masquer les déséquilibres inflationnistes sans enrayer leur cause.
  - Il peut être vain, lorsque le rattrapage des prix intervient lors de leur libération.
  - Il peut mettre en danger certaines entreprises qui ne peuvent plus répercuter l'augmentation de certains de leurs coûts sur leurs prix, cela fausse la concurrence.
  - Il pénalise surtout les entreprises en situation de concurrence dont les prix et les marges bénéficiaires sont calculés au plus juste.
- Le retour à des prix fixés par les conditions de marché :
  - Ainsi, depuis 1986, les prix ont été libérés mais l'État conserve le droit d'intervenir en cas de nécessité impérieuse ou de circonstances exceptionnelles.
  - Les prix de marché assurent le rationnement de la demande et l'orientation de l'offre, ce qui amène l'équilibre.
  - La pratique des prix administrés tend à être corrigée. Ainsi, même les prix des services publics (EDF/GDF ou France Telecom par exemple) acquièrent une flexibilité, qui tient compte de la confrontation de l'offre et de la demande, ainsi que des coûts de production. La vérité des prix est toutefois difficile à mettre en place dans le cas de biens collectifs.

B La désindexation des salaires sur les prix

- Le lien revenu – production – prix :
  - Il faut que la croissance des revenus nominaux (salaires et profits) soit proportionnelle à celle de la production. Dans le cas où elle est plus que proportionnelle, l'inflation est amplifiée.
  - Seuls les gains de productivité permettent une augmentation non inflationniste des revenus salariaux.
- Briser la spirale inflationniste :
  - Le ralentissement de la croissance des salaires nominaux freine la croissance du pouvoir d'achat et l'augmentation des coûts de production. Cela doit favoriser la désinflation et la restauration de la compétitivité.
  - Depuis le plan Delors, en France, en 1982, la désindexation est pratiquée comme dans l'ensemble des pays développés. Il s'agit de ne plus rendre automatique l'ajustement à priori des salaires sur l'inflation. Par ailleurs l'État ne réajuste les salaires administrés (SMIC et salaires de la Fonction publique) qu'avec retard et dans des proportions éventuellement moindres que celles de l'inflation.

Une politique des revenus et des prix est subordonnée à l'existence d'un consensus.

Le consensus est facile à réaliser dans le contexte de croissance, mais la récession ravive la confrontation d'intérêts antagonistes (cf. fiche 34 : Le partage de la valeur ajoutée).

FICHE 28

LA POLITIQUE DES TAUX DE CHANGE

Le marché des changes réalise les opérations de change, qui définissent le prix d'une devise en monnaie nationale (taux de change).

La politique des taux de change est l'ensemble des mesures prises par l'État dans le but de faire varier le taux de change, pour faciliter la réalisation des objectifs d'équilibres macro-économiques. Elle nécessite l'achat ou/et la vente de devises et de monnaie nationale sur le marché des changes.

1 LA BAISSE DU TAUX DE CHANGE PEUT ÊTRE TENTANTE

A Pour améliorer la situation extérieure

- Une baisse du taux de change a pour objectif de contrecarrer le déficit commercial : grâce à une dévaluation (dans le cadre d'un système de parités fixes comme le SME) ou à une dépréciation (dans le cadre d'un système de taux de change flottants comme le SMI), les prix des exportations sont réduits, tandis que ceux des importations sont plus élevés. Cet effet prix qu'induit la baisse du taux de change tend à provoquer un effet volume en augmentant les quantités exportées et en réduisant les quantités importées. L'excédent de la balance commerciale augmente, ou son déficit se réduit.
- La politique de baisse du taux de change induit ainsi un surcroît de compétitivité-prix qui devrait favoriser la croissance et donc l'emploi. Cela peut déclencher un effet multiplicateur du commerce extérieur (*cf. fiche 84 : Commerce international et croissance*). Il est tout de même nécessaire que l'ampleur de la baisse du taux de change soit suffisante pour induire ce type d'effet.

B La réussite d'une baisse du taux de change est aléatoire

- La "courbe en J" :

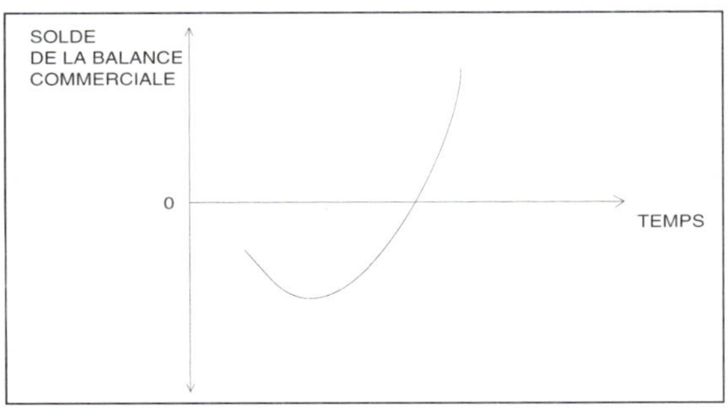

L'incidence d'une baisse du taux de change sur le solde commercial supposé déficitaire se produit en deux temps.

À court terme le solde se dégrade, car le volume des importations ne diminue pas automatiquement, en raison des délais d'adaptation de l'appareil productif. Quant aux exportations, il faut que les clients étrangers aient le temps de prendre la décision d'augmenter le volume de leurs commandes. L'économie doit supporter une dégradation prévisible du commerce extérieur. Puis le redressement du solde se produit avec un temps de retard. Ainsi le solde commercial dessine-t-il une courbe en forme de J.

■ Les effets pervers de la baisse du taux de change :

– Les entreprises peuvent profiter de l'augmentation artificielle de leur compétitivité-prix, pour accroître leur marge et réduire l'effet positif éventuel de la baisse du taux de change.

– La baisse du taux de change peut ne pas suffire à compenser l'existence d'un différentiel d'inflation défavorable avec ses partenaires, ou l'existence d'une mauvaise compétitivité (compétitivité-prix ou structurelle).

– L'augmentation des prix des importations provoque de l'inflation importée et réduit à nouveau la compétitivité.

■ La détérioration des termes de l'échange :

En renchérissant le prix des importations et en diminuant celui des exportations, la baisse du taux de change a un effet de dégradation des termes de l'échange (*cf. fiche 1 : De la notion de croissance à celle de développement*).

Certaines importations ne sont pas substituables et sont donc incompressibles (pétrole par exemple), de plus les exportations peuvent être inélastiques par rapport au taux de change. Le solde de la balance commerciale peut donc se dégrader durablement au lieu de s'améliorer à la suite de la baisse du taux de change.

2 UN TAUX DE CHANGE ÉLEVÉ EST PRÉFÉRABLE, MAIS DIFFICILE À OBTENIR PAR LA SEULE POLITIQUE DES TAUX DE CHANGE

A Une monnaie forte est nécessaire…

■ Les vertus d'une monnaie forte :

– Grâce à la baisse du prix des produits importés qu'elle induit, elle a des effets désinflationnistes et tend à améliorer le pouvoir d'achat des ménages.

– Elle permet de maintenir ou de restaurer la confiance dans la monnaie nationale, ce qui lui confère une réputation solide sur les marchés.

■ Dans le cadre du SME, les pays membres sont tenus de ne pas s'éloigner de leur parité avec l'Ecu (tant que l'Euro, monnaie unique européenne n'est pas instituée). Or celui-ci étant surtout composé du mark, monnaie forte, cela les oblige à mener une politique de taux de change élevé. C'est ainsi que le franc est maintenant une monnaie forte. Un taux de change élevé est un préalable à la diminution des taux d'intérêt.

B … mais impose d'autres conditions qu'une politique des taux de change

■ L'erreur est de croire que le taux de change détermine la situation du commerce extérieur, alors que c'est en réalité la balance commerciale et la balance des paiements qui déterminent le taux de change. Le taux de change n'améliore pas la compétitivité d'un pays, mais c'est lorsque le pays est compétitif que son taux de change est élevé.

■ Plus qu'une politique du taux de change, il est nécessaire de mener :

– Une politique industrielle destinée à améliorer la compétitivité, surtout structurelle.

– Une politique de désinflation et de rigueur dont l'objet est d'accroître la compétitivité-prix.

Dans le contexte de mondialisation, la maîtrise des taux de change échappe en partie aux prérogatives de la politique économique nationale et nécessite une plus grande concertation internationale.

FICHE 29

LA POLITIQUE DE L'EMPLOI

La politique de l'emploi est l'ensemble des mesures prises par l'État à propos du marché du travail et de son fonctionnement, pour réduire le chômage et le rendre plus tolérable.

1 LE CHOIX D'UNE POLITIQUE DE L'EMPLOI

A Une politique passive et active

■ Les dépenses passives (48 % des dépenses pour l'emploi en 1995 contre 58 % en 1980) :

- Ces dépenses se donnent pour objectif d'accompagner socialement le chômage et de réduire l'offre de travail, en considèrant la demande de travail des entreprises et des administrations comme constante.
- Le versement d'une indemnisation évite la chute de la consommation et certains dégâts sociaux, ce qui peut limiter la gravité de la crise (contrairement à ce qui s'est passé durant la crise des années 30).
- Des incitations à la cessation d'activité tentent de réduire l'offre de travail : mesures de préretraites, d'exemption de recherche d'emploi pour certains actifs âgés par exemple.

■ Les dépenses actives (52 % des dépenses pour l'emploi en 1995 contre 42 % en 1980) :

- Elles ont une influence sur le niveau d'emploi en facilitant l'augmentation de la demande de travail, ainsi qu'en assurant un meilleur fonctionnement du marché du travail, pour réaliser l'ajustement entre l'offre et la demande de travail.
- Elles favorisent la création d'emplois, elles accroissent le niveau de la demande de travail grâce à des exonérations ou à des réductions d'impôts et de cotisations sociales qui réduisent les coût salariaux. Elles adoptent des mesures réglementaires qui améliorent la flexibilité nécessaire à l'emploi.
- Elles améliorent l'ajustement entre l'offre et la demande de travail, grâce à des mesures améliorant la formation et la qualification des actifs, afin d'accroître leur employabilité.

B La nécessité d'un traitement social du chômage différencié

■ Le chômage est sélectif (*cf. fiche 59 : Les caractéristiques et l'évolution du chômage*) :
Il serait inefficace et coûteux d'opter pour des mesures indifférenciées quelle que soit la catégorie d'actifs. Les efforts doivent peser sur les catégories les plus touchées.

- Les jeunes actifs (âgés de moins de 25 ans).
  Leur handicap est de subir l'inadéquation de leur qualification à celle des emplois. La lutte contre l'échec scolaire, l'élévation du niveau de formation, les stages, peuvent réduire leur vulnérabilité et éviter leur marginalisation.
- Les chômeurs de longue durée (depuis plus d'un an).
  L'augmentation de la part de chômeurs de longue durée, depuis le déclenchement de la crise, est signe d'un chômage d'exclusion. Il faut

augmenter leur employabilité et dans la mesure où les actifs âgés sont les plus touchés, il faut parfois favoriser leur départ anticipé du marché du travail.

- La différenciation du traitement social :
  - Les situations des chômeurs sont diverses, il importe de proposer des formules de plus en plus différenciées.
  - On a pu remarquer que certains stages de qualification ne sont pas toujours suivis par les chômeurs auxquels ils sont pourtant destinés, parce que ceux-ci ne maîtrisent pas des savoir-faire ou des connaissances élémentaires (les illettrés par exemple).

2 L'efficacité de la politique de l'emploi est relative

A L'ambition de la politique de l'emploi est limitée

- L'évolution de la politique de l'emploi :
  - La part des dépenses pour l'emploi en France dans le PIB augmente : 0,9 % en 1973 – 2,31 % en 1980 – 3,79 % en 1995.
  - La part des dépenses finançant les interventions actives a tendance à augmenter, en raison de leur plus grande efficacité.
- Une réduction significative du chômage ne semble pas à la portée de la seule politique de l'emploi : seule une croissance forte du PIB, supérieure à l'augmentation de la productivité du travail par tête, peut créer suffisamment d'emplois.

B Les effets pervers de la politique de l'emploi

- Un effet de substitution entre catégories d'actifs :
  - Les politiques d'emploi renforcent la concurrence entre différents groupes d'actifs. Les entreprises sont encouragées à embaucher, même par des contrats de courte durée, des chômeurs qui bénéficient d'un traitement social et dont le coût salarial est plus faible. Cela défavorise d'autres actifs vulnérables et peu employables qui ne bénéficient pas de telles mesures. Le chômage se reporte sur eux par un effet de substitution.
  - Elles peuvent inversement conduire à une discrimination. Les chômeurs qui bénéficient d'un traitement social peuvent être dévalorisés et marginalisés aux yeux des employeurs qui ne les embauchent pas. Leur sentiment est que s'ils bénéficient de tels avantages, c'est en raison de leurs compétences et de leur productivité moindres.
- Un effet d'aubaine :

  Les employeurs bénéficient d'avantages offerts par l'État lorsqu'ils créent des emplois dont certains avaient été crées quelle que soit l'attitude des pouvoirs publics.
- Un risque de regain du chômage :
  - La politique de l'emploi peut éventuellement provoquer une désincitation à travailler. D'après la théorie du *Job search,* les allocations peuvent rendre exorbitantes les exigences formulées par les demandeurs d'emploi, au point que les entreprises renoncent à les embaucher, ce qui entretient la persistance du chômage.
  - Cela peut empêcher les mutations structurelles. L'activité de branches en déclin peut être artificiellement prolongée, en compensant leurs difficultés structurelles par la réduction du coût de la main-d'œuvre. Ainsi les désinvestissements et le passage de la main-d'œuvre d'une branche en déclin à une branche dynamique ne se produisent pas.

Afin de faire face à la concurrence extérieure, il est nécessaire que la productivité horaire continue d'augmenter. Pour créer des emplois, il faut compenser ces gains de productivité par une reprise de la croissance du PIB, mais aussi par une réduction de la durée du temps de travail.

La politique sociale

La politique sociale est l'ensemble des mesures prises par l'État et les administrations publiques pour mettre en place la protection sociale, la législation sociale et organiser les services publics.

1 La politique sociale a une fonction économique

A La politique sociale s'est créée sur le principe de solidarité nationale

■ Le concept de solidarité nationale :
- Il faut soustraire certaines priorités sociales à la logique de marché. Parfois, la maximisation de l'utilité économique minimise l'utilité sociale.
- En France, le principe retenu lors de la création de la Sécurité sociale en 1946, est celui d'une "couverture sociale des risques individuels".
- Le Revenu minimum d'insertion (RMI), créé en 1988, pallie partiellement les insuffisances de la protection sociale dans un contexte de crise et d'exclusion. Il s'agit d'une prestation différentielle et dégressive censée faciliter l'insertion sociale et professionnelle des personnes sans ressources âgées de plus de 25 ans.

■ Une prise en charge socialisée des individus :
- Les risques que couvre la Sécurité sociale depuis sa mise en place en France en 1946 sont ceux liés à la maladie, à la famille ou à la vieillesse. À cela s'ajoute la prise en charge du risque lié à l'emploi (chômage) par les Associations pour l'emploi dans l'industrie et le commerce (ASSEDIC), regroupées en une Union nationale pour l'emploi dans l'industrie et le commerce (UNEDIC). ASSEDIC et UNEDIC ont été créées en 1958.
- Au-delà, il s'agit, pour l'État, de garantir la satisfaction des besoins fondamentaux de la population, pour atteindre un état sanitaire et social correct (politique du logement, politique de l'éducation, services collectifs gratuits).

■ Un double héritage :
Le système français de protection sociale bénéficie de l'expérience du système d'assurance sociale de l'Allemagne sous Bismarck (lois de 1883 et 1889) : co-financement des salariés et des employeurs, gestion paritaire. Il s'inspire également du rapport Beveridge de 1942 en Grande-Bretagne qui, fondé sur la théorie keynésienne, préconise la mise en place d'un système universel bénéficiant à l'ensemble de la population.

B La politique sociale est un régulateur économique et social

■ Un soutien de la conjoncture :
- La politique sociale décharge les ménages de certains risques et de certaines dépenses, ce qui desserre leur contrainte budgétaire et permet d'éviter qu'ils ne constituent des encaisses de précaution exorbitantes (*cf. fiche 95 : Keynes*).
- En période de récession, le versement de prestations, d'une indemnisation chômage, par exemple, soutient la demande, ce qui évite une aggravation de la crise par insuffisance de la consommation.

- Les dépenses sociales ne nuisent pas à la croissance :
  Les pays dont la politique sociale est d'un haut niveau enregistrent des performances économiques appréciables. Cela tendrait à montrer qu'il existe une corrélation entre politique sociale et performances économiques, ou au moins que la politique sociale n'est en rien un handicap.

2 La politique sociale est fréquemment remise en cause

A La politique sociale semble aujourd'hui moins efficace...

- Une remise en cause par les faits :
  - En raison de la récession et de l'augmentation du chômage, l'assiette des revenus, sur laquelle sont appliqués les taux de cotisations sociales, augmente plus faiblement ; cela ralentit la croissance des recettes sociales. En revanche, la crise engendre une augmentation importante des dépenses à caractère social. Cet effet de tenaille compromet l'équilibre financier des organismes sociaux dont la gestion s'avère de plus en plus difficile.
  - Le vieillissement de la population va faire baisser à terme le rapport démographique (nombre d'actifs/nombre d'inactifs). Cela ajouté à l'allongement de la durée de vie compromet la gestion des retraites fondée sur le système de répartition, dans lequel les cotisations des actifs occupés sont immédiatement reversées aux retraités sous forme de pensions. Si le rapport démographique est trop faible, il peut être envisagé la mise en place du système par capitalisation qui prévoit le versement de pensions de retraite financées préalablement par la constitution d'un capital tout au long de la vie active.
- Une remise en cause due à l'existence d'effets pervers :
  - La politique sociale définit des priorités sociales, telle celle du logement par exemple. Cela peut conduire l'État à faire bénéficier les locataires d'une protection et d'une certaine garantie de loyer, ce qui comporte le risque d'un ralentissement d'activité dans le secteur de la construction.
  - Le comportement de "passager clandestin" est toujours à redouter dans la mesure où la rationalité individuelle peut conduire à profiter et à abuser de ce qui est proposé gratuitement à la collectivité.

B ... D'autres systèmes doivent éventuellement s'y substituer

- Une alternative par l'existence d'autres solidarités :
  L'État pourrait se décharger d'une partie de la politique sociale si d'autres réseaux de solidarité prenaient le relais. Ainsi, les solidarités privées (famille, voisinage, communauté), qu'elles soient formelles, dans le cadre du mouvement associatif par exemple, ou informelles, peuvent assumer pour une part la protection sociale.
- Une autre alternative par le recours au marché (*cf. fiche 7 : De l'État-gendarme à la crise de l'État-providence*) :
  Il est possible de revenir à la conception libérale selon laquelle les ménages doivent se prendre en charge rationnellement.

Le débat idéologique autour de la politique sociale s'est durci en même temps que s'aggravaient les difficultés financières de la protection sociale. Le retour à la croissance en atténuerait la portée.

PARTIE IV

PRODUCTION ET RÉPARTITION

FICHE 31

LA MESURE DE LA PRODUCTION

La production est l'activité socialement organisée consistant à créer des biens et des services propres à satisfaire les besoins individuels ou collectifs.

Différents agrégats calculés par la Comptabilité nationale permettent de mesurer cette activité économique.

1 LES AGRÉGATS MESURANT L'ACTIVITÉ ÉCONOMIQUE

A La somme des valeurs ajoutées : le PIB et le PNB

- La valeur ajoutée est la contribution productive de l'entreprise : elle est mesurée par la différence entre la valeur de la production finale et celle des biens (en dehors des biens d'équipement professionnels) et des services utilisés pour produire, c'est-à-dire la consommation intermédiaire. Il est nécessaire, pour déterminer la production d'un pays, de calculer la somme des valeurs ajoutées et non la somme des productions, afin de ne pas comptabiliser plusieurs fois les mêmes produits.
- Les deux agrégats essentiellement utilisés sont le Produit intérieur brut (PIB) et le Produit national brut (PNB) :
  - Le PIB mesure la création de richesses des agents économiques résidant sur le territoire national quelle que soit leur nationalité.

    PIB = Somme des valeurs ajoutées brutes + TVA + droits de douane – subventions à l'importation.
  - Le PNB est utilisé moins fréquemment que le PIB, il mesure la somme des revenus de facteurs perçus par les agents économiques résidents.

    PNB = PIB + revenus de facteurs versés par le reste du monde – revenus de facteurs versés au reste du monde.

B Les autres agrégats utilisés

- PIB = PIB non marchand + PIB marchand
  - Le PIB non marchand comptabilise uniquement les valeurs ajoutées réalisées par les administrations publiques (l'État) ou privées (associations par exemple).

    Les administrations offrent à la collectivité, à titre gratuit ou quasi gratuit, des services non marchands, c'est-à-dire ne faisant l'objet d'aucun échange sur le marché.
  - Le PIB marchand comptabilise uniquement les valeurs ajoutées réalisées par les branches marchandes (sociétés non financières, institutions financières, entreprises d'assurances, ménages pour ceux qui sont aussi entreprises individuelles), c'est-à-dire hors administrations.
- Le calcul d'un agrégat quel qu'il soit s'effectue à partir de l'unité monétaire. On distingue ainsi l'agrégat en valeur ou en volume selon que l'unité monétaire a été déflatée (corrigée des effets de l'inflation) ou non. Les comparaisons internationales des PIB ou PIB par habitant nécessitent qu'ils soient libellés en une même unité monétaire, le dollar, le plus souvent, en fonction du taux de

change en vigueur. Cependant, si l'on considère que le coût de la vie est inégal d'un pays à l'autre, il est préférable d'effectuer des conversions, en dollar, par exemple, à partir d'un taux de change ajusté par la méthode des parités des pouvoirs d'achat (PPA).

- Le PIB (ou le PNB) en valeur (ou PIB en valeur nominale ou PIB en francs courants) est exprimé en unité monétaire dont la valeur varie selon l'inflation.

  En période d'inflation, le PIB en valeur ne s'accroît pas seulement en raison d'une augmentation des richesses créées, mais aussi en raison d'une augmentation des prix.
- Le PIB (ou le PNB) en volume (ou PIB en valeur réelle ou PIB en francs constants d'une année de base donnée) est exprimé en unité monétaire déflatée. Il s'agit alors de corriger les données en valeur nominale des effets de l'inflation, c'est-à-dire de les ramener à des prix constants. On n'enregistre alors plus que les créations de richesses (si aucune indication n'est donnée, on considère par convention qu'il s'agit de données en valeur ou francs courants).

■ Le Revenu national :

- La production, lorsqu'elle est vendue, se transforme en revenus ; évaluer le Revenu national permet de mesurer la production de façon indirecte.
- Le Revenu national aux prix du marché correspond au PNB déduction faite des amortissements, c'est-à-dire des dépenses consacrées à la reconstitution du capital déprécié par usure ou obsolescence, qui correspondent à une valeur qui n'a pas été créée.

2 La relativité et les limites des agrégats

A Une certaine surévaluation des agrégats

■ Ces agrégats sont surévalués dans la mesure où ils ne prennent pas en compte les effets externes négatifs (pollution par exemple). Ils sont provoqués par l'activité économique et son développement, cela ne donne pourtant pas lieu à un enregistrement négatif dans le calcul d'un agrégat.

■ Ces agrégats sont également surévalués dans la mesure où ils enregistrent positivement l'activité productrice qui remédie aux nuisances (construction d'un mur anti-bruits ou d'une station d'épuration des eaux usées par exemple).

B Une certaine sous-estimation des agrégats

■ Le travail domestique n'est pas pris en compte. Le travail effectué par les ménages pour eux-mêmes (entretien, bricolage, jardinage, garde d'enfants par exemple) permet pourtant une création de richesses non négligeable puisque l'on estime que le nombre d'heures consacrées au travail domestique est 17 % plus élevé que celui consacré au travail rémunéré.

■ L'économie parallèle est ignorée. L'économie parallèle (appelée aussi souterraine ou informelle) crée des richesses qui ne font l'objet d'aucune déclaration auprès des organismes officiels, afin d'échapper aux prélévements obligatoires et aux contraintes de la loi. On évalue approximativement entre 10 % et 20 % du PIB cette création de richesses dont bien évidemment la Comptabilité nationale ne peut tenir aucun compte.

Un agrégat se présente sous la forme d'une valeur absolue (le PIB en France par exemple était de 7 861 milliards de francs en 1996). Pour visualiser la croissance économique, il est toutefois plus intéressant de connaître le taux de variation annuel de cet agrégat (le taux de croissance du PIB en volume en France par exemple est de 1,2 % en 1996).

FICHE 32

LES COÛTS DE PRODUCTION

Les coûts de production sont la somme des dépenses engagées au cours de l'activité productive.

Le calcul économique prend en compte les coûts de production en vue de les maîtriser et de minimiser le coût par unité produite, afin de renforcer la compétitivité.

1 LES COMPOSANTES DES COÛTS DE PRODUCTION

A Le coût total est constitué des coûts fixes et des coûts variables

■ Notion de coûts fixes :

- Les coûts en capital fixe sont constants à court terme, c'est-à-dire tant que la quantité produite ne dépasse pas un certain seuil : il s'agit essentiellement du coût des machines et des bâtiments.
- Au-delà d'un certain seuil, si la quantité produite s'élève, ne serait-ce que d'une seule unité, il est nécessaire de procéder à de nouveaux investissements. La fonction des coûts fixes n'est donc pas continue, sa représentation graphique est dite "en escalier" car elle présente plusieurs niveaux ou "marches".

■ Notion de coûts variables :

- Ce sont les coûts qui varient plus ou moins proportionnellement à la quantité produite. Ces coûts sont essentiellement constitués par les salaires et les consommations intermédiaires.
- Trois possibilités se présentent :

les coûts variables peuvent être proportionnels (biens intermédiaires), plus que proportionnels (coûts d'organisation au-delà d'un certain niveau de production), moins que proportionnels (coûts de transport).

B Coût moyen et coût marginal

■ Le coût moyen (ou coût unitaire) est le coût par unité produite : c'est le rapport entre le coût total et le nombre d'unités produites. Alors que dans un premier temps, lorsque la quantité produite augmente, le coût moyen diminue, dans un deuxième temps, du fait de l'augmentation des coûts variables, il devient croissant.

■ Du coût total au coût marginal :

Le coût marginal est le coût induit par la production d'une unité supplémentaire. Il se mesure en soustrayant le coût total pour n unités au coût total pour $n+1$ unités. Le coût marginal est fonction de la quantité produite et connaît les mêmes phases que le coût moyen : diminution, puis augmentation.

2 L'ENTREPRISE EN SITUATION DE "PRICE TAKER" EXERCE UNIQUEMENT SON CONTRÔLE SUR SES COÛTS

A La détermination de la quantité à produire en courte période

- Le bénéfice unitaire le plus grand est obtenu lorsque le coût moyen est à son minimum. Ce niveau de production permet de maximiser le bénéfice unitaire mais pas le profit total. En effet, il est éventuellement possible qu'en produisant plus, chacune des unités additionnelles rapporte plus que ce qu'elle coûte à l'entreprise.
- Si les conditions de la concurrence pure et parfaite (*cf. fiche 93 : Les néoclassiques*) sont respectées, l'entreprise est en situation de "price taker" (preneur de prix) : l'entreprise ne contrôle pas la fixation du prix unitaire qui est réalisée par la loi de marché. Elle peut par contre déterminer la quantité produite pour laquelle le coût marginal est égal au prix unitaire.

  Pour maximiser son profit total, si elle est en situation de monopole temporaire (absence de concurrence pour une courte période), l'entreprise a tout intérêt à augmenter la quantité produite, tant que le coût marginal est supérieur au prix unitaire, c'est-à-dire tant qu'un profit marginal est obtenu.

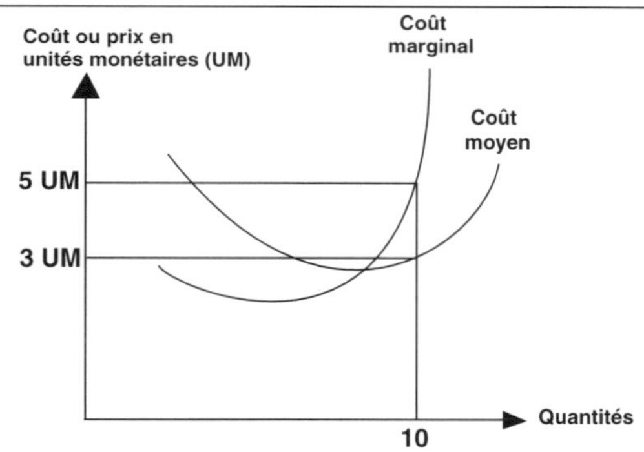

Profit = (5 – 3) x 10 = 20 UM

B La situation de l'entreprise en longue période

- Si les conditions de concurrence pure et parfaite sont respectées, le profit réalisé à court terme en situation de monopole temporaire, disparaît à plus long terme. En effet, des concurrents sont attirés par la perspective des gains à réaliser, ce qui accroît l'offre et réduit le prix unitaire. L'arrivée de nouveaux concurrents est stoppée lorsque le prix unitaire est tel que chaque entreprise ne peut produire qu'une quantité plus faible pour laquelle le coût marginal (toujours égal au prix unitaire) est identique au coût moyen. Il est inconcevable que l'entreprise réduise sa production en-dessous de ce seuil, car le coût moyen serait supérieur au prix unitaire, ce qui causerait une perte pour l'entreprise. Le profit qui disparaît ainsi n'est qu'un "sur-profit", cela ne met pas en péril le bénéfice qui demeure la juste rémunération du capital.
- À plus long terme, il est possible d'augmenter la dimension de l'entreprise en investissant. Les coûts fixes s'élèvent d'une ou de plusieurs "marches", ce qui alourdit le coût total mais rend possible une production à une plus grande échelle. La quantité produite peut donc s'accroître plus que proportionnellement au coût total, ce qui réduit le coût unitaire et permet de réaliser des économies d'échelle.

L'entreprise peut chercher à devenir "price maker" (faiseurs de prix) en s'imposant comme monopole, grâce à l'instauration de barrières à l'entrée de nouveaux concurrents sur le marché.

FICHE 33

De la combinaison productive à la fonction de production

Les deux facteurs de production qui, combinés, concourent à l'activité productive sont :

- *le travail qui est l'ensemble des capacités physiques et intellectuelles que le personnel de l'entreprise apporte ;*
- *le capital fixe qui est composé essentiellement des biens d'équipement professionnels (biens durables d'une durée de vie supérieure à un an) et des locaux.*

La combinaison productive est l'association, dans des proportions variables, des deux facteurs de production en vue d'atteindre un niveau de production.

La fonction de production (notée f) est la relation entre la quantité produite ou outputs *(notée Q) et les quantités de facteurs de production utilisées ou* inputs *(notées L pour le travail et K pour le capital).*

1 Le choix d'une combinaison productive

A L'intensité capitalistique

- Les caractéristiques des deux facteurs de production :
  - Ils sont soit complémentaires, une seule combinaison productive est alors possible ; soit substituables, le choix entre plusieurs combinaisons est alors possible.
  - En fait, dans la réalité, ils ne sont jamais totalement complémentaires ou substituables ; il s'agirait alors plutôt d'une substituabilité partielle.
- Une combinaison productive se définit par son intensité capitalistique (inverse de l'intensité de travail dans la combinaison productive).
  - L'intensité capitalistique peut être définie comme le rapport K/L.
  - La substitution du capital au travail est le phénomène courant par lequel l'intensité capitalistique de la combinaison productive s'élève.

B Les déterminants de la combinaison productive

- La recherche de la plus grande compétitivité :
  - En fonction du coût relatif du travail et du capital

  L'entreprise opte pour l'intensité capitalistique qui minimise ses coûts de production (*cf. fiche 32 : Les coûts de production*).
  - Augmenter la productivité

  L'augmentation de l'intensité capitalistique permet d'augmenter la productivité globale des facteurs et de diminuer les prix réels.
- Le type d'entreprise :
  - Plus une activité nécessite une technologie avancée, plus l'intensité capitalistique s'élève.
  - L'accroissement de la dimension et la recherche d'économie d'échelle font varier l'intensité capitalistique dans le même sens.

- Les rendements d'échelle :
  - La mesure de la variation des rendements de la combinaison productive est déterminée par le rapport du taux de variation de la quantité produite (*outputs*) sur le taux de variation de la quantité des facteurs de production utilisée (*inputs*). Il est donc important d'adopter la combinaison qui assure les rendements les plus élevés et si possible croissants (rapport supérieur à 1).
  - Les rendements sont généralement croissants dans un premier temps, puis décroissants. Il faut repousser toujours plus loin le seuil des rendements décroissants (rapport inférieur à 1) et ne pas se contenter de rendements constants (rapport égal à 1). Le progrès technique, notamment, permet d'obtenir des rendements croissants.

2 Les fonctions de production

A La fonction de production en courte période

- L'hypothèse :
  - En courte période, les coûts en capital sont fixes. Il est impossible, à court terme, de les modifier.
  - Le travail et les consommations intermédiaires sont au contraire des coûts variables dont le montant est fonction de la quantité produite.
- On pose $Q = f(L, K^0)$; la puissance 0 de K signifie que le capital est un coût fixe ($K^0 = 1$).
  - La quantité produite n'est alors fonction que de la quantité de facteur travail utilisée.
  - Le rendement factoriel du travail (appelé aussi productivité marginale du travail) est la production réalisée par le dernier salarié embauché. Il est d'abord croissant, puis décroissant, car une trop forte quantité de travail, par rapport à la quantité de capital, déséquilibre la combinaison productive.

B La fonction de production en longue période

- L'hypothèse :

  En longue période, tous les coûts sont variables, il est donc possible de modifier l'intensité capitalistique de la combinaison productive.
- La fonction Cobb – Douglas est la fonction de production en longue période la plus fréquemment utilisée. Elle porte le nom des deux économistes nord-américains qui l'ont mise en évidence.

  $Q = L^{\alpha} \times K^{1-\alpha}$

  α et donc $1-\alpha$ sont deux constantes telles que :

  $0 < \alpha < 1$ et $\alpha + (1-\alpha) = 1$
  - Les deux facteurs de production sont substituables.
  - Les valeurs de α et de $(1-\alpha)$ expriment l'intensité capitalistique de la combinaison productive.

Pour maximiser le profit, il faut maximiser la quantité produite en minimisant la contrainte des coûts.

Pour des économistes comme Solow aux États-Unis relayé en France par Carré, Dubois et Malinvaud, les quantités produites ne peuvent être fonction des seules quantités de travail et de capital. Il existerait un autre facteur, baptisé facteur résiduel, au sein duquel figureraient notamment le progrès technique et les savoir-faire. En intégrant le facteur résiduel (noté R), la fonction de production deviendrait : Q = f(L, K, R).

FICHE 34

LE PARTAGE DE LA VALEUR AJOUTÉE

La valeur ajoutée (ou richesse créée) est égale à la valeur de la production diminuée de la valeur des consommations intermédiaires utilisées (ou richesses transformées). Après avoir été créée par l'activité productive de l'entreprise, la valeur ajoutée est ensuite répartie entre différents bénéficiaires qui perçoivent ainsi des revenus.

1 LES PRINCIPES DU PARTAGE DE LA VALEUR AJOUTÉE

A Les bénéficiaires du partage de la valeur ajoutée

- Ils sont au nombre de cinq, répartis en trois catégories :
  - Les salariés :
    Ils fournissent le facteur travail dans la combinaison productive.
  - Les apporteurs de capitaux :
    - L'entreprise opère un financement interne des investissements et met en œuvre la combinaison productive.
    - Les prêteurs de capitaux assurent une partie du financement externe des investissements. Ils sont des créanciers et non des propriétaires de l'entreprise.
    - Les actionnaires sont propriétaires de parts du capital de l'entreprise (s'il s'agit d'une société anonyme), appelées actions. L'émission d'actions permet un financement externe de nouveaux investissements.
  - L'État fait bénéficier l'entreprise d'une externalisation d'une partie des coûts (*cf. fiche 7 : De l'État-gendarme à la crise de l'État-providence et fiche 32 : Les coûts de production*). L'externalisation de certains coûts, comme ceux d'infrastructure (routes, ports, aéroports par exemple), provient de ce que l'État prend à sa charge les dépenses correspondantes.

B Le "partage salaires-profits" de la valeur ajoutée

- La participation des salariés et des apporteurs de capitaux à l'activité productrice doit être rémunérée ; quant à l'État, il doit financer son budget.
- Les différentes parts perçues :
  - Les salariés reçoivent les salaires, des primes éventuelles, mais le coût salarial inclut aussi les charges sociales.
  - Les prêteurs du capital perçoivent les intérêts. Le taux d'intérêt ne varie pas en fonction des résultats de l'entreprise.
  - L'État perçoit les impôts liés à la production, la TVA ou la taxe professionnelle par exemple.
  - Les actionnaires perçoivent les dividendes (ou bénéfice distribué). Ceux-ci sont variables, ils dépendent des résultats de l'entreprise.
  - L'entreprise perçoit, d'une part, les dotations aux amortissements prélevées sur la valeur ajoutée brute et, d'autre part, le bénéfice mis en réserve (ou bénéfice non distribué).

    Bénéfice brut – amortissements = bénéfice net

    Bénéfice net = bénéfice mis en réserve + bénéfice net distribué

■ L'expression "partage salaires-profits" n'est pas tout à fait rigoureuse. En fait il ne s'agit pas des salaires mais du coût du travail (salaires et charges). Quant au profit qui n'existe pas en comptabilité, il s'agit de l'excédent brut d'exploitation (EBE). L'EBE rémunère les différents apporteurs de capitaux, il se répartit en intérêts financiers et bénéfice brut.

■ La part des profits dans la valeur ajoutée est le taux de marge (EBE/valeur ajoutée), il est l'indicateur du "partage salaires-profits". Si on lui ajoute la part du coût salarial dans la valeur ajoutée, on obtient un pourcentage de 94,5 % en 1970 et de 91,8 % en 1995. (Reste la part des impôts liés à la production).

2 L'ÉVOLUTION DU PARTAGE "SALAIRES-PROFITS" DANS LA VALEUR AJOUTÉE DEPUIS LE DÉBUT DE LA CRISE ÉCONOMIQUE

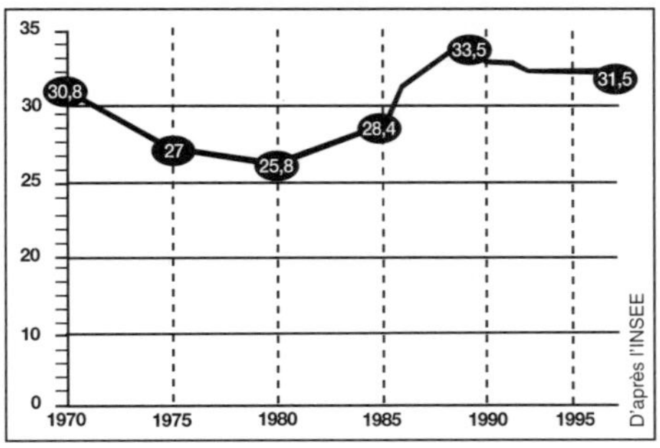

Taux de marge (excédent brut d'exploitation des sociétés et quasi-sociétés non financières, et intérêts versés en % de la valeur ajoutée).

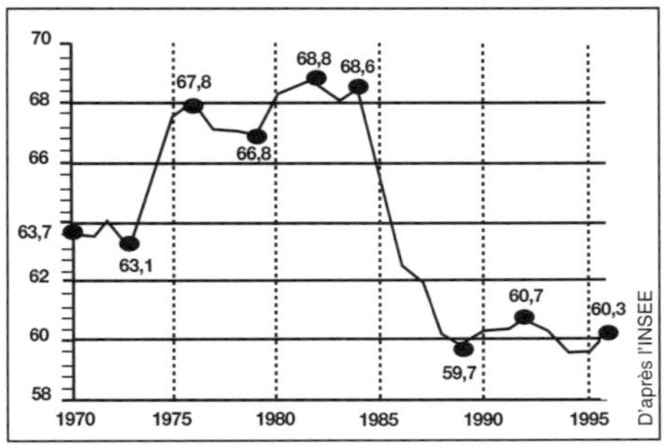

Part du coût du travail ou des salaires et des charges sociales dans la valeur ajoutée des sociétés et quasi-sociétés non financières, en % de la valeur ajoutée.

A L'effondrement du taux de marge, de la crise jusqu'au début des années 80

■ Le compromis fordiste a rendu les augmentations massives de salaires habituelles. Celles-ci étaient fondées tant que la productivité et la valeur ajoutée augmentaient plus que proportionnellement, mais elle ne le sont plus lorsque les gains de productivité et la croissance de la valeur ajoutée se réduisent. Ce sont ceux qui perçoivent des profits qui supportent alors les effets de la crise.

■ La politique économique a encouragé cette évolution. En effet la tradition keynésienne la justifiait, sous couvert de politique de relance.

Cependant, cette évolution amplifie la récession car la baisse du taux de marge (*cf. fiche 36 : Les formes d'investissement*) exerce un effet dissuasif sur les investisseurs potentiels.

B Le redressement du taux de marge depuis le début des années 80

■ Au début des années 80, un regain de libéralisme privilégie la restauration du taux de marge, au détriment de la part des coûts salariaux. Depuis 1988, les parts se sont légèrement modifiées en sens inverse sans remettre en cause la priorité accordée aux profits.

■ L'amélioration du taux de marge est censée permettre une augmentation du taux d'investissement, et donc une reprise de la croissance et de l'emploi (*cf. fiche 19 : Les États face à la crise*).

Le redressement du taux de marge a été évoqué comme une nécessité pour qu'une reprise économique s'amorce. La récession de la première moitié des années 90 montre que cette condition n'est pas suffisante.

FICHE 35

LES FACTEURS DE L'INVESTISSEMENT

L'investissement, au sens strict, est l'investissement matériel. Il est égal à la formation brute de capital fixe (FBCF) qui inclut la valeur de l'amortissement (c'est-à-dire de l'investissement de remplacement).

L'effort à l'investissement est mesuré par le taux d'investissement, c'est-à-dire la part du PIB affectée à l'investissement.

*Dans une acceptation plus large, l'investissement peut être immatériel (*cf. fiche 36 : Les formes d'investissement*).*

1 LES DÉTERMINANTS DE L'INVESTISSEMENT

A En amont et en aval de la production

■ Le coût relatif du capital et du travail :

L'augmentation des coûts salariaux et/ou des perspectives de gains de productivité grâce au progrès technique peuvent justifier l'augmentation de l'intensité capitalistique de la combinaison productive (*cf. fiche 33 : De la combinaison productive à la fonction de production*), et susciter de nouveaux investissements.

■ La demande anticipée :

La stratégie d'investissement est conditionnée par l'existence et/ou la perspective d'existence de débouchés suffisants et durables.

B La rentabilité des investissements

■ La rentabilité économique : l'investissement doit être rentable, c'est-à-dire assurer un taux de profit suffisant.

Le taux de rentabilité économique ou taux de profit est le rapport entre le profit et le capital engagé.

■ La rentabilité financière de l'investissement :

- Le financement interne de l'investissement est assuré par les capacités d'autofinancement provenant des dotations aux amortissements et des bénéfices mis en réserve. Il ne suffit généralement pas pour investir. Il faut alors recourir au financement externe qui s'effectue, soit par l'émission de nouvelles actions, soit par l'emprunt (*cf. fiche 69 : Le financement des entreprises*).
- Si le financement se fait par l'emprunt, l'emprunteur doit s'acquitter du paiement d'un intérêt. Le montant de l'intérêt dépend du volume de capital emprunté et du taux d'intérêt, prix du service financier. La charge financière est à imputer sur les profits obtenus.
- Le taux d'intérêt réellement supporté n'est pas le taux d'intérêt nominal. En effet, l'inflation minore la charge que représente le taux d'intérêt. Le taux d'intérêt réel est le taux nominal déflaté (on ôte l'effet d'inflation).

■ Pour que l'investissement soit rentabilisé, il faut que le taux de rentabilité économique soit supérieur au taux d'intérêt réel.

– Si cette condition est respectée, un effet de levier se déclenche : l'endettement accroît la rentabilité des capitaux propres. Cela suscite d'autres emprunts, qui financent d'autres investissements, ce qui est un facteur (un levier) de l'endettement et donc de la croissance.

– Si au contraire le taux de rentabilité économique est inférieur au taux d'intérêt réel, on parle alors d'effet boomerang. Cela signifie que la décision d'investir se retourne financièrement contre l'investisseur, à la manière d'un boomerang, puisque dans ce cas l'endettement diminue la rentabilité des capitaux propres.

2 L'EFFORT À L'INVESTISSEMENT EST FONCTION DE LA CONJONCTURE ÉCONOMIQUE

A Après avoir fortement diminué en raison de la crise, le taux d'investissement se redresse dans les années 80

- Dans la mesure où l'investissement doit être rentabilisé, l'effort à l'investissement varie en fonction du taux de marge.
- La baisse du taux d'investissement depuis la crise jusqu'à la deuxième moitié des années 80 correspond à une baisse du taux de marge ; tandis que le redressement fragile du taux d'investissement durant la deuxième moitié des années 80 correspond à une amélioration du taux de marge (*cf. fiche 69 : Le financement des entreprises* et *fiche 34 : Le partage de la valeur ajoutée*).

B Le taux d'investissement chute à nouveau dans les années 90

- Le taux d'investissement subit l'effet de la récession des années 90. Il baisse de façon quasi continue depuis 1990.
- Pourtant le taux de marge reste élevé même s'il a baissé légèrement depuis 1988. Ainsi il faut admettre que la faiblesse du taux d'investissement est due au manque de confiance des entreprises, lié à l'insuffisance de la demande.
- Il résulte de cette évolution un taux d'autofinancement (épargne brute/FBCF) supérieur à 100 % depuis 1993. Les entreprises épargnent plus qu'elles n'investissent, ce qui est un comportement défavorable à la croissance. Elles consacrent alors une part croissante de leur épargne brute au désendettement, à la spéculation ou à leur croissance externe par des opérations d'achats d'entreprises concurrentes.

L'investissement est à la fois un facteur déterminant de la croissance économique et un facteur déterminé par la croissance économique.

*Le concept de multiplicateur d'investissement développé par Keynes met l'accent sur le fait qu'un accroissement initial de l'investissement induit un accroissement plus que proportionnel du revenu national (*cf. fiche 25 : La politique budgétaire*).*

LES FORMES D'INVESTISSEMENT

Quelle que soit la forme d'investissement, il s'agit toujours d'un pari sur l'avenir qui engage l'entreprise et, au-delà, l'appareil productif. Au sens strict, l'investissement est une acquisition de capital fixe mais au sens large il peut prendre d'autres aspects : investissement immatériel ou investissement financier.

1 L'investissement est, au sens de la Comptabilité nationale, la formation brute de capital fixe

A La FBCF est l'investissement matériel

■ La FBCF comprend l'investissement productif des entreprises, ainsi que l'investissement des ménages et des administrations. La FBCF se distingue des placements financiers comme les achats de valeurs mobilières par exemple. La FBCF est l'investissement matériel, c'est ce qui la distingue des investissements immatériels comme les dépenses de formation par exemple.

■ La FBCF est l'acquisition de capital fixe destinée à maintenir ou à accroître les capacités de production, le patrimoine national, ou le patrimoine immobilier.

- Les capacités de production sont déterminées par la quantité produite maximale rendue possible par le plein emploi des facteurs de production.
- Le patrimoine national est l'ensemble des équipements collectifs pris en charge et entretenus par l'État.
- Le patrimoine immobilier est constitué principalement par les logements (seul investissement que les ménages hors entreprises individuelles peuvent réaliser).

B Les trois motifs qui justifient la décision d'investir

FBCF = investissement de renouvellement + investissement d'extension + investissement de modernisation.

■ Investissement de renouvellement :

- L'investissement de renouvellement est l'acquisition de capital fixe destinée à maintenir les capacités de production existantes pour pallier l'usure ou/et l'obsolescence du capital. L'obsolescence est le phénomène par lequel un capital devient technologiquement dépassé. L'usure, quant à elle, se produit dès que le capital est utilisé.
- Pour reconstituer à terme le capital fixe usé et/ou frappé d'obsolescence, l'entreprise procède à l'amortissement, ce qui n'augmente pas la quantité de capital fixe nécessaire à la production : FBCF = Formation nette de capital fixe + Amortissement.

■ Investissement d'extension ou investissement de capacité :

- L'investissement d'extension est l'acquisition de capital fixe destinée à accroître les capacités de production.
- Il permet éventuellement de diminuer le taux d'utilisation des capacités de production. Ce taux est déterminé par le rapport de la quantité effectivement produite relativement aux capacités de production.

Ce taux doit être maintenu sous le seuil de 100 % (environ 80 % semble raisonnable), afin de garder une marge d'adaptation à un accroissement possible de la demande sans mettre en péril la rentabilisation du capital investi.

- Investissement de modernisation, ou investissement de productivité, ou investissement de rationalisation :
  - L'investissement de modernisation est l'acquisition de capital fixe destinée à intégrer le progrès technique dans la combinaison productive, afin de réaliser des gains de productivité.
  - La part de cet investissement est devenue majoritaire dans la FBCF. La récession mondiale a limité les perspectives d'expansion de l'activité, et la nécessité d'augmenter la productivité pour être plus compétitif est devenue impérieuse, si bien que même les investissements de renouvellement ou d'extension intègrent une dimension de modernisation.

2 Dans une acception plus large, l'investissement peut prendre deux autres formes

A L'investissement immatériel

- Il est aussi appelé investissement incorporel ou investissement de service :

  L'investissement immatériel est constitué par les dépenses dans les domaines du savoir et du savoir-faire : dépenses en recherche et développement (recherche fondamentale, recherche appliquée, développement expérimental), en formation du personnel, en mercatique et publicité, mais aussi achats de brevets, de licences et de logiciels.
- Un enjeu économique :
  - Ces dépenses, indispensables pour améliorer la compétitivité, se sont fortement développées : elles représentent actuellement dans l'industrie plus de la moitié de sa FBCF.
  - Ce type d'investissement peut s'avérer risqué dans la mesure où sa rentabilisation demeure aléatoire.

B L'investissement financier

- L'investissement financier, qui n'est pas un investissement au sens strict, est constitué par les placements financiers d'agents économiques disposant d'une épargne liquide : acquisitions de valeurs mobilières par exemple.

  Les investissements financiers sont fonction du niveau des taux d'intérêt pratiqués et des perspectives de plus-values boursières. Dans le contexte international de taux d'intérêt élevés, et avec la création de nouvelles formes de placements, les investissements financiers ont tendance à se développer.
- Les placements financiers peuvent éventuellement financer des investissements productifs. Cependant ces placements peuvent aussi être le jeu de spéculations, boursières notamment, souvent plus rémunératrices que les intérêts ou les dividendes (*cf. fiche 67 : Le marché financier*). Une partie de l'épargne est alors détournée du circuit productif.

*H. Schmidt, alors chancelier de RFA, affirmait au début de la crise : "Les profits d'aujourd'hui sont les investissements de demain et les emplois d'après demain." La place qu'accorde la théorie libérale, et tout particulièrement l'économie de l'offre, à l'investissement est primordiale (*cf. fiche 19 : Les États face à la crise et fiche 96 : Les néolibéraux*).*

LES REVENUS PRIMAIRES

Les revenus primaires sont des flux monétaires versés aux agents économiques, qui proviennent directement de l'activité productrice. Ils sont appelés primaires car ils sont issus d'une première répartition. Des opérations de redistribution, menées par l'État, les modifient ensuite pour parvenir au revenu disponible (cf. fiche 38 : Le revenu disponible).

1 LA DÉTERMINATION DU REVENU PRIMAIRE

A Les opérations de répartition

- Ce sont les opérations qui concourent à la répartition des revenus primaires :
  - Revenu primaire = Somme des revenus de facteurs.
  - Les revenus de facteurs rémunèrent la participation des facteurs de production, travail et capital, à l'activité productrice.
- Les différents revenus de facteurs :
  - Les revenus du travail sont constitués principalement des revenus perçus par les salariés (87,3 % de la population active occupée en 1990). Ce sont par exemple les salaires ou les traitements.
  - Les revenus du capital qui correspondent au profit sont aussi appelés revenus de la propriété. Ils sont de trois sortes :
    - L'intérêt (revenu fixe) rémunère les prêts de capital financier (obligation par exemple).
    - Le dividende (revenu variable) rémunère les actions, ou parts du capital d'une entreprise.
    - Le loyer rémunère la propriété foncière ou immobilière.
  - Les revenus mixtes, dans le cas des entreprises individuelles, rémunèrent de façon indifférenciée le travail et le capital. On les nomme parfois revenus du travail non salarié. Ce sont par exemple des honoraires ou des droits d'auteur.

B Les modalités de la répartition

- Une répartition consensuelle :
  - Selon une conception libérale de l'organisation économique et sociale, les partenaires sociaux qui participent directement à la production, en apportant du travail ou du capital, n'ont pas d'intérêts incompatibles.
  - Grâce au libre jeu du marché, chaque facteur de production reçoit une juste rémunération qui est fonction de sa contribution.
- Une répartition en fonction des rapports de force :
  - Selon une conception remettant en cause la théorie libérale, les agents économiques cherchent à augmenter leurs revenus et exigent indirectement que les parts perçues par les autres agents soient réduites.
  - L'exercice de rapports de force est à l'origine de conflits du travail notamment.

2 Les inégalités des revenus primaires

A Les inégalités salariales

- Les principaux facteurs de disparité (les données qui suivent sont de 1995 et elles concernent la France) :
  - La qualification : le salaire net moyen des cadres est 2,7 fois plus élevé que celui des ouvriers.
  - Le sexe : le salaire net moyen masculin est 28 % plus élevé que celui des femmes. La supériorité du salaire net moyen des cadres masculins est de 34 %, elle est de 8 % dans le cas des employés.
  - La nationalité d'origine : le salaire net moyen des techniciens d'origine africaine par exemple est de 13 % plus faible que celui des techniciens d'origine française.
  - La taille de l'entreprise : le salaire net moyen versé dans les entreprises de plus de 500 personnes est 17 % plus élevé que celui distribué dans les entreprises de 20 à 49 salariés.
  - La région : le salaire net moyen des cadres d'Île-de-France est 11 % plus élevé que celui des cadres provinciaux ; le salaire net moyen des ouvriers d'Île-de-France est 14,8 % plus élevé que celui des ouvriers provinciaux.
- Salaire médian et salaire moyen :
  - Le salaire net annuel médian (la moitié des salariés perçoivent plus et l'autre moitié moins) est de 102 550 francs, ce qui équivaut à environ 8 500 francs par mois.
  - Le salaire net annuel moyen est de 124 720 francs, soit un peu moins de 10 500 francs mensuels. Ainsi environ un tiers seulement des salariés perçoivent un salaire supérieur à la moyenne.
- Les écarts de salaires se sont réduits jusqu'en 1985, mais ils s'accroissent depuis :

  La rémunération minimale des 10 % de salariés les mieux payés est 3,05 fois plus grande que la rémunération maximale des 10 % de salariés les moins bien payés. Ce rapport était de 2,91 en 1984.

B Les inégalités entre la rémunération des salariés et les revenus du capital

- Une augmentation inégale des différents revenus primaires :
  - La rémunération des salariés représentait environ 72,5 % des revenus primaires en 1985, cette part n'est plus que de 70 % en 1995.
  - Sur la période 1985-1995, la part du revenu des entrepreneurs individuels a également baissé en passant de 15,3 % à 12,9 % ; en revanche celle des revenus de la propriété a augmenté de 12,2 % à 17,1 %.
- Cette évolution n'est pas un simple rééquilibrage :
  - Durant les années 70, la part de la rémunération des salariés a augmenté, ce qui a pu nuire à la rémunération du capital. Une modification de la répartition des revenus s'imposait donc afin d'encourager l'activité productive en favorisant les profits.
  - Cependant, la modification de la structure des revenus primaire relève d'un choix politique durant une décennie de libéralisme : la priorité au profit.

La répartition primaire des revenus résulte avant tout du jeu du marché, même s'il existe des contraintes institutionnelles à prendre en compte (SMIC et conventions collectives par exemple).

FICHE 38

LE REVENU DISPONIBLE

*À la suite des opérations de répartition (*cf. fiche 37 : Les revenus primaires*), des opérations de redistribution permettent d'obtenir un revenu disponible. Elles sont effectuées par les pouvoirs publics qui effectuent des prélèvements mais qui versent aussi des prestations.*

1 DU REVENU PRIMAIRE AU REVENU DISPONIBLE

A Les opérations de redistribution, une nécessité

- Les revenus primaires ne sont pas les seuls revenus perçus. L'État-providence assure des fonctions tutélaires dont la fonction de redistribution. La répartition des revenus primaires est fortement inégalitaire et certains ménages ne peuvent pas couvrir leurs dépenses vitales (*cf. fiche 37 : Les revenus primaires*). Au nom de la solidarité collective, la redistribution modifie donc la répartition, en raison de l'insuffisance ou de l'inexistence de revenus primaires pour certains ménages (*cf. fiche 7 : De l'État-gendarme à la crise de l'État-providence*).
- Détermination du revenu disponible :
  - Le revenu disponible est le revenu dont disposent les ménages pour consommer et épargner :

    Il est égal au revenu primaire (somme des revenus de facteurs) diminué des impôts directs et des cotisations sociales (prélèvements obligatoires) et augmenté des prestations sociales (revenus de transfert).
  - Les prélèvements obligatoires sont des prélèvements (impôts et cotisations) non volontaires effectués sur les revenus primaires par l'État, la Sécurité sociale, et les ASSEDIC (Associations pour l'emploi dans l'industrie et le commerce) qui financent ainsi leurs dépenses à caractère social ou économique.

    On mesure le taux de prélèvements obligatoires par la part des prélèvements obligatoires dans le PIB. En 1995, ce taux est de 44,5 % en France ; plus élevé qu'aux États-Unis (où il est de l'ordre de 27,5 %) ou qu'en Allemagne (39,1 %), il est plus faible qu'en Suède (50,2 %).
  - Les revenus de transfert sont constitués des prestations sociales versées aux ménages par les organismes de protection sociale. Ces prestations assurent la couverture sociale des risques individuels liés à la maladie, la famille, la vieillesse, l'emploi (*cf. fiche 30 : La politique sociale*).

    En 1995, les revenus de transfert, appelés parfois revenus socialisés, représentent 35,75 % du revenu disponible des ménages contre 29 % en 1980.

B Une réduction des inégalités de revenus

- Les inégalités entre les revenus disponibles sont plus faibles que celles constatées entre les revenus primaires : exemple des revenus des ménages dont la personne de référence est salariée et a un revenu fiscal positif ou nul.
  - En 1990, les 10 % qui ont le revenu fiscal le plus faible (inférieur à 60 050 francs) ont, grâce aux opérations de redistribution, un revenu disponible qui est de 50,9 % plus élevé que leur revenu fiscal.

– En 1990, les 5 % qui ont le revenu fiscal le plus élevé (supérieur à 336726 francs) ont, par le jeu des opérations de redistribution, un revenu disponible qui est de 16,2 % plus faible que leur revenu fiscal.

■ Les inégalités de revenus disponibles se sont globalement réduites :

– L'éventail entre les revenus disponibles moyens les plus élevés et les plus faibles par catégories socioprofessionnelles était d'environ 4,6 en 1962. Il s'est réduit à environ 2,2 en 1989.

– Cependant la réduction de l'éventail s'est produite des années 60 à la première moitié des années 80 ; depuis, il s'est accru.

2 La correction des inégalités de revenus est relative

A Toute opération de redistribution ne corrige pas les inégalités de revenus

■ La redistribution verticale remplit une fonction redistributrice :

Elle réduit les écarts de revenus par le jeu des prélèvements et des revenus de transfert, calculés en fonction des revenus et de la situation professionnelle et familiale des ménages.

■ La redistribution horizontale remplit une fonction assurantielle :

Cette redistribution assure les ménages contre certains risques.

Les cotisations versées par les ménages qui ne subissent pas la réalisation d'un risque permettent de financer les prestations que reçoivent ceux qui subissent la réalisation de ce risque, indépendamment du montant du revenu primaire initialement perçu.

B La redistribution présente des effets pervers

■ À travers le système de prélèvements / prestations :

– Le plafonnement de certaines cotisations fait subir aux revenus inférieurs au plafond un prélèvement proportionnellement plus grand.

– Le caractère forfaitaire de certaines prestations rend très variable leur poids relatif dans les revenus disponibles des ménages puisque ceux-ci sont très inégaux.

■ Les ménages profitent inégalement de ce que la protection sociale et la consommation collective offrent théoriquement à tous.

Ce sont les ménages les plus favorisés économiquement et socialement qui en bénéficient le plus (Santé ou Éducation nationale par exemple) parce qu'ils en maîtrisent mieux l'accès.

Le revenu est souvent associé à la notion de minimum social. Ainsi existe-t-il, pour les revenus du travail salarié, le Salaire minimum interprofessionnel de croissance (SMIC), dont l'État détermine le montant et le rythme de croissance.

Dans la catégorie des revenus de transfert, est apparu en 1988 le Revenu minimum d'insertion (RMI), financé par l'impôt de solidarité sur la fortune, dont la création a été imposée par le développement du phénomène de nouvelle pauvreté que le système de protection sociale ne parvenait pas à prendre en considération.

FICHE 39 LA CONSOMMATION

La consommation est l'utilisation d'un bien ou d'un service propre à satisfaire un besoin individuel ou collectif.

La fonction de consommation peut être étudiée dans une perspective microéconomique (comportement des agents économiques) ou macroéconomique (quantités globales).

1 Les déterminants microéconomiques de la consommation

A La demande de consommation est une fonction décroissante du prix

■ L'élasticité de la demande de consommation par rapport au prix :

La consommation est théoriquement élastique par rapport au prix en variant inversement. Le coefficient d'élasticité obtenu par le rapport du taux de variation de la consommation relativement à celui du prix est généralement négatif. Plus le coefficient est faible et négatif, plus la demande réagit au prix.

■ Une maximisation sous contrainte :

– Détermination graphique du choix du consommateur rationnel pour un budget, un système de préférences, et des prix relatifs donnés : soit, pour simplifier, deux produits substituables A et B. Soit U1, U2, etc., des courbes d'indifférence. Une courbe d'indifférence représente l'ensemble des combinaisons possibles de quantités de A et de B qui offrent le même niveau de satisfaction. Soit la droite de budget définie par l'ensemble des combinaisons possibles de quantités de A et de B, pour lesquelles les dépenses sont d'un montant égal au budget.

– La meilleure solution est celle du choix de la combinaison située à la fois sur la courbe d'indifférence la plus éloignée de l'origine, et sur la droite de budget.

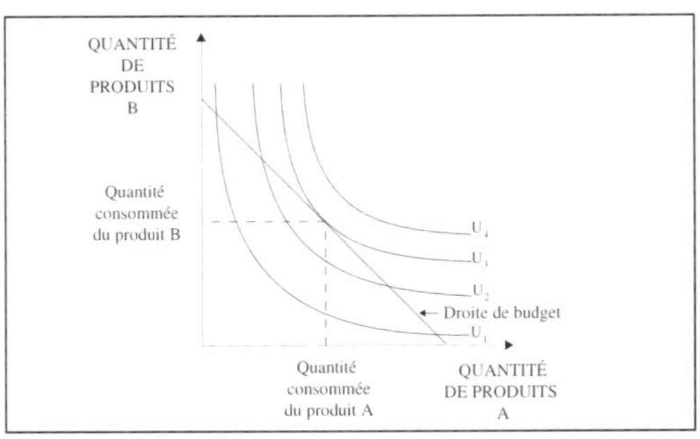

B Certaines demandes de consommation sont atypiques

■ Effet Veblen (du nom du théoricien T. Veblen, 1857-1929) :

La consommation ostentatoire assure une fonction de distribution sociale. La demande de produits de luxe est inélastique par rapport au prix, son élasticité peut être positive.

- Effet Giffen (du nom de Sir R. Giffen qui étudia la famine irlandaise du XIXe siècle) :

  Lorsque le prix d'un bien de la catégorie des denrées de base (le pain par exemple) augmente, les ménages les plus pauvres augmentent leur consommation de ce bien et diminuent leur consommation d'un produit plus onéreux (la viande par exemple). L'élasticité de la demande du produit de base par rapport à son prix est donc positive. En effet, le prix du produit de base, bien qu'ayant augmenté, reste relativement le plus faible.

2 Les déterminants macroéconomiques de la consommation

A La fonction keynésienne de consommation

- Le revenu est égal à la consommation augmentée de l'épargne considérée dans cette théorie comme un résidu : soit R le revenu, C la consommation et S l'épargne : R = C + S.
- La mesure des propensions :
  - Une propension moyenne à consommer (C/R) ou à épargner (S/R) est la part du revenu consacrée respectivement à la consommation et à l'épargne.
  - Une propension marginale à consommer (Δ C / Δ R) ou à épargner (Δ S / Δ R) est la part de la variation du revenu attribuée respectivement à la variation de la consommation et à celle de l'épargne.
- Selon la loi psychologique fondamentale de Keynes, quand le revenu augmente, les propensions à consommer baissent au profit des propensions à épargner. Cela justifie que la politique keynésienne préconise notamment, pour relancer la demande, l'augmentation des bas revenus dont la propension moyenne ou marginale à consommer est la plus forte.

B L'évolution de la consommation

- Loi d'Engel (du nom d'E. Engel, 1821-1896) :
  - Pour énoncer la loi d'Engel, on peut utiliser la notion de coefficient budgétaire. Un coefficient budgétaire est la part que représente une dépense de consommation (d'un produit ou d'une catégorie de produits) dans le budget alloué à la consommation (la somme des coefficients est égale à 1).
  - La loi énoncée par E. Engel met en évidence que lorsque les ressources augmentent, le coefficient budgétaire des dépenses de première nécessité (alimentation par exemple) baisse, tandis qu'augmentent les coefficients budgétaires des dépenses de nécessité moins impérieuse (loisirs, santé par exemple). Depuis le début de la crise, le revenu des ménages continue d'augmenter même si c'est de façon ralentie ; la structure de la consommation poursuit donc son évolution.
- Effet Duesenberry (du nom de J. Duesenberry, économiste contemporain) ou effet d'imitation :
  - Les différentes consommations se diffusent dans les différents milieux sociaux au fur et à mesure de l'augmentation du niveau de vie.
  - Mais les inégalités persistent. La différenciation par la consommation est toujours possible, en dépit d'une certaine diffusion.

*Les économistes néoclassiques croient au consommateur-roi, alors que J. K Galbraith met en évidence une filière inversée, par le rôle manipulateur que joue l'offre dans la détermination des choix des consommateurs (*cf. fiche 99 : La pensée hétérodoxe*).*

FICHE 40 L'ÉPARGNE

L'épargne est la partie du revenu qui n'est pas consommée (cf. fiche 39 : La consommation), *c'est le deuxième emploi du revenu.*

On raisonne généralement en terme d'épargne brute, c'est-à-dire : épargne nette + amortissements.

1 La mesure de l'épargne

A Le taux d'épargne

■ L'épargne est un flux :

Cela signifie que (comme la consommation) l'épargne n'est pas un stock, à la différence du patrimoine. Le patrimoine est l'ensemble des avoirs, des dettes et des créances dont le montant dépend pour l'essentiel du comportement d'épargne.

Le taux d'épargne est équivalent à la propension moyenne à épargner : c'est la part de l'épargne brute dans le revenu disponible brut.

■ L'épargne se compose d'une épargne financière et d'une épargne non financière :

- L'épargne financière est égale aux placements financiers augmentés de l'épargne bancaire. Elle ne se traduit que partiellement et qu'indirectement par un financement des investissements (*cf. fiche 67 : Le marché financier*).
- L'épargne non financière est celle qui se transforme en investissements.

B Les déterminants de l'épargne

■ Les déterminants économiques et financiers :

- L'épargne est une fonction croissante du revenu.
- L'épargne est une fonction croissante du taux d'intérêt qui la rémunère et peut être considérée comme le prix de la renonciation à la consommation.
- L'épargne dépend aussi des acquisitions de logements à crédit. Dans ce cas l'investissement précède la constitution d'une épargne suffisante. Les remboursements sont donc comptabilisés comme de l'épargne.
- L'épargne est influencée par l'inflation. Cette dernière encourage l'emprunt et décourage l'épargne, car elle minore l'importance du taux d'intérêt réel par rapport au taux d'intérêt nominal (*cf. fiche 35 : Les facteurs de l'investissement*). De plus, elle incite à consommer immédiatement, car les ménages anticipent une augmentation des prix. Toutefois, il faut aussi considérer que, pour maintenir la valeur réelle de leurs encaisses menacée par l'inflation, les ménages accroissent leur épargne.

■ Le cycle de vie :

- Le taux d'épargne varie en fonction de l'âge de l'épargnant, donc de ses revenus et de ses besoins.

– Théoriquement, à une période de recours au crédit du début de l'activité professionnelle jusqu'au départ des enfants du foyer, succède une période d'épargne jusqu'au départ à la retraite pour constituer un patrimoine immobilier et un patrimoine de prévoyance, ce qui permet de réduire le taux d'épargne après le départ en retraite.

2 L'ÉVOLUTION DU TAUX D'ÉPARGNE DEPUIS LE DÉCLENCHEMENT DE LA CRISE

A Une baisse du taux d'épargne dans les années 70 et 80

- Une situation paradoxale jusqu'à la fin des années 80 :
  - Théoriquement, lorsque le revenu disponible augmente, le montant de la consommation et celui de l'épargne augmentent, mais celui de la consommation augmente moins que proportionnellement à celui de l'épargne.

    En effet, les ménages se satisfont d'une augmentation moindre de leur consommation, préférant augmenter leur taux d'épargne.

    En réalité, du début de la crise jusqu'aux années 80, alors que le revenu disponible des ménages continue de croître, le taux d'épargne baisse car le taux de croissance de la consommation devient supérieur à celui du revenu disponible.
  - Des motifs spécifiques :
    - La volonté des ménages de s'assurer un accroissement de leur niveau de vie comparable à celui auquel les avait habitué la croissance forte des Trente Glorieuses, alors même que la croissance de leur revenu disponible se ralentit.
    - Un comportement de fuite devant la monnaie dont le pouvoir d'achat est largement réduit par l'inflation galopante, au moins jusqu'au début des années 80.

B Un retour à l'épargne à partir du début des années 90

- Dans une logique libérale et monétariste, il faut stimuler l'épargne, grâce notamment à des taux d'intérêt très rémunérateurs. Cela doit faciliter le financement de l'économie et être facteur de croissance et d'emploi (*cf. fiche 93 : Les néoclassiques et fiche 96 : Les néolibéraux*).
- Ainsi le taux d'épargne se rétablit à la faveur de la politique monétariste qui a augmenté les taux d'intérêt, mais aussi en raison d'une plus grande crainte de l'avenir qui encourage les ménages à constituer des encaisses de précaution. Il en résulte une stagnation de la consommation qui pénalise la demande, donc la croissance de l'emploi.

En matière de relation entre épargne et investissement, deux conceptions s'opposent : celle des néo-classiques pour lesquels l'épargne est nécessaire à l'investissement et celle des keynésiens pour lesquels l'épargne pénalise la consommation (cf. fiche 93 : Les néoclassiques et fiche 95 : Keynes).

PARTIE V

L'ENTREPRISE

FICHE 41

LES MOTIVATIONS DE L'ENTREPRISE

Au XIXe siècle, la propriété légitimait le pouvoir dans l'entreprise, mais au XXe siècle les propriétaires sont parfois remplacés par des managers ou même, sous prétexte d'intérêt général, par l'État. Alors que le mobile d'entreprendre était le profit, les nouveaux détenteurs du pouvoir dans l'entreprise ont souvent des buts différents.

1 L'ENTREPRENEUR RECHERCHE LE PROFIT

A Le mobile du chef d'entreprise dans la théorie néoclassique est le profit

- Les néoclassiques, dont Walras ou Marshall, sont des utilitaristes ; ils considèrent que chaque agent économique fonde ses actions sur la recherche de son intérêt personnel. Selon eux le propriétaire de l'entreprise cherche avant tout la maximisation de son profit.
- Cette recherche du profit mène l'entrepreneur à un calcul économique. La théorie marginaliste (dérivée de la théorie néoclassique) considère que le coût marginal (coût de production d'une unité supplémentaire) est croissant à partir d'un certain seuil : le chef d'entreprise rationnel ne doit produire que tant que le prix de vente est supérieur au coût marginal. Le profit total est maximum lorsque le coût de la dernière unité produite est égal au prix.

B Le profit est le moteur de l'innovation et du progrès technique

- Joseph Schumpeter (1883-1950) considère que la recherche du profit de la part de l'entrepreneur est au cœur de la croissance du système capitaliste. Le rôle de l'entrepreneur consiste à réformer ou à révolutionner la routine de la production afin d'augmenter son profit.
- Le profit est, selon Schumpeter, la récompense de l'entrepreneur dynamique et innovant, c'est grâce à cette motivation que l'entrepreneur est le moteur du progrès technique, source de la "destruction créatrice". Pour Schumpeter, l'innovation s'opère sous de très nombreuses formes : production d'une nouvelle marchandise, ou nouvelle méthode de production d'une marchandise ancienne, ou exploitation d'une nouvelle source de matière première ou d'un nouveau débouché, ou réorganisation d'une branche industrielle, etc.

2 LA MODIFICATION DU POUVOIR DANS L'ENTREPRISE EN TRANSFORME LES MOBILES

A La technostructure et ses mobiles

- La propriété des grandes entreprises est de plus en plus morcelée entre une multitude de petits actionnaires. Selon John Kenneth Galbraith, "un divorce est survenu entre la propriété du capital et la direction effective de l'entreprise". Dans les années 60, la compétence des managers est entrée en concurrence avec le droit de propriété et il semble que les grandes entreprises soient en réalité dirigées par un ensemble de responsables qui, selon Galbraith, "englobe tous ceux qui apportent des connaissances spécialisées, du talent, ou de l'expérience aux groupes de prise de décision". Galbraith nomme cet ensemble d'individus qui détient une grande partie du pouvoir dans l'entreprise la "technostructure".

- Le pouvoir changeant de main, les mobiles sont différents. Ainsi, le profit n'est souvent plus le but de l'entreprise, mais seulement le moyen de ne pas déclencher une désaffection des actionnaires qui créerait une crise financière, et de pouvoir être en mesure d'opérer des investissements par augmentations de capital (pour attirer les capitaux il est nécessaire d'offrir une bonne rémunération). La technostructure œuvre pour l'intérêt supposé de l'entreprise et non des propriétaires car comme toute organisation elle tend à assurer sa propre survie ; le mobile est le plus souvent l'augmentation de la taille de l'entreprise et le renforcement de sa puissance.

B Les nouveaux mobiles ne sont pas toujours compatibles avec l'intérêt durable de l'entreprise

- Dans *Capitalisme contre capitalisme*, Michel Albert s'oppose en 1991 à Galbraith. Pour lui, le capitalisme anglo-saxon a comme première motivation le gain à court terme. Les entreprises sont considérées comme des moyens de faire du profit. Les gains financiers rapides sont souvent privilégiés par rapport aux stratégies industrielles de long terme. En revanche, le capitalisme rhénan se préoccupe beaucoup plus de l'expansion durable des entreprises.
- Les entreprises sont aujourd'hui de plus en plus dirigées par un certain type de managers professionnels qui ont souvent de grandes compétences dans la gestion, mais aucune dans les disciplines technologiques et scientifiques, ce qui les amène à gérer toutes les entreprises selon les mêmes principes, sans tenir compte de leur spécificité. D'autre part ces managers ont un fort taux de rotation (ils dirigent aussi bien des entreprises privées que des entreprises publiques) et restent rarement plus de cinq ans à la tête de la même entreprise.

  Jugés sur leurs résultats, les managers ont tendance à rechercher le profit rapide. La conséquence est que les objectifs financiers à court terme l'emportent souvent sur les objectifs industriels qui nécessitent des compétences techniques, mais aussi une continuité afin d'assurer une stratégie efficace.

La crise de la productivité que connaissent les pays développés, et plus particulièrement les États-Unis, est en partie due à ces nouvelles motivations qui conduisent à une financiarisation de l'économie permettant de l'argent vite gagné mais qui limite les stratégies industrielles et les innovations fondamentales nécessaires à la survie de l'appareil productif et de l'emploi.

FICHE 42

L'ORGANISATION DE L'ENTREPRISE

À la différence d'une administration ou d'une association, toute entreprise a un but lucratif (cf. fiche 41 : Les motivations de l'entreprise). *Il lui faut donc s'organiser, c'est-à-dire définir des modalités de fonctionnement au sein d'une structure déterminée afin d'atteindre son objectif.*

1 LE FONCTIONNEMENT DE L'ENTREPRISE

A Les fonctions de l'entreprise

■ L'entreprise doit se fixer de grandes orientations :

- La fonction de direction est exercée par le chef d'entreprise qui peut être un entrepreneur individuel, un gérant d'une société à responsabilité limitée (SARL), ou un président-directeur général (Pdg) d'une société anonyme (SA).
- Elle doit être audacieuse car l'ambition de toute entreprise est de réaliser des profits, mais aussi raisonnable pour ne pas faire courir aux capitaux engagés un risque démesuré.

■ Diverses fonctions s'exercent dans le respect des grandes orientations retenues :

- La fonction technique est consacrée au choix d'une combinaison productive (*cf. fiche 33 : De la combinaison productive à la fonction de production*).
- La fonction sociale consiste à mobiliser les ressources humaines.
- La fonction financière consiste à gérer la trésorerie et à réunir les capitaux nécessaires au financement de l'investissement (*cf. fiche 69 : Le financement des entreprises*).
- La fonction commerciale est destinée à maintenir et même accroître les parts de marché.

B La gestion de l'entreprise

■ Une gestion à deux dimensions :

- L'exercice de ses diverses fonctions conduit l'entreprise à administer ou gouverner : gestion de la production, gestion financière, gestion du personnel, gestion commerciale, gestion des stocks par exemple.
- La première dimension est celle de la gestion stratégique qui consiste à effectuer les choix d'orientations qui engagent l'avenir, il s'agit donc essentiellement de l'exercice de la fonction de direction. La deuxième dimension est celle de la gestion courante qui est destinée à mener à bien l'activité de l'entreprise au quotidien.

■ Deux types de gestion connaissent un essor particulier :

- La gestion du personnel et des ressources humaines est devenue progressivement une priorité (*cf. Liche 52 : La crise de l'organisation fordiste du travail et fiche 53 : Le post-taylorisme*).

  L'administration du personnel qui consiste essentiellement en une gestion comptable des salariés (contrats de travail, paie des salariés) a toujours existé.

La gestion du personnel qui vise l'adéquation des salariés à leur poste de travail (recrutement, formation, gestion des carrières, gestion prévisionnelle des effectifs) se développe. La gestion des ressources humaines est récente, elle met l'accent sur la nécessité d'instaurer et d'intensifier un réseau de communication interne pour améliorer l'efficacité des salariés.

– La gestion commerciale est devenue plus exigeante dans un contexte de concurrence exacerbée. Le marketing (mercatique en français) étudie les besoins potentiels sur un marché ou sur l'un de ses segments.

2 Structure formelle et structure informelle

A Une structure formelle est choisie par la direction

■ Une structure rigide :

- La structure hiérarchique ou pyramidale est parfois nommée fayolisme, du nom de l'ingénieur et administrateur français Henri Fayol (1841-1925) qui l'a formalisée. L'organisation de l'entreprise repose sur un commandement unique, chaque subordonné ne dépend que d'un seul chef. L'information ainsi que les décisions suivent la voie hiérarchique. La structure hiérarchique n'est pas toujours efficiente car une direction unique ne peut pas être compétente pour assumer toutes les fonctions ; de plus, l'information peut ne pas circuler suffisamment.
- La structure fonctionnelle préconisée par F. W. Taylor (1856-1915) fait dépendre chaque subordonné de plusieurs autorités. Les limites de la structure fonctionnelle proviennent de ce que les ordres peuvent être incohérents ou contradictoires.

■ Une structure plus souple :

- La structure "*staff and line*" est une structure hiérarchico-fonctionnelle qui instaure des services spécialisés au sein d'une hiérarchie. Cette structure permet de mieux faire face aux problèmes complexes de la grande entreprise.
- La structure décentralisée accorde une autonomie à certains cadres qui peuvent prendre les initiatives qu'ils jugent indispensables et dont ils sont responsables. Cette solution permet d'accélérer la prise de décision sur le terrain.

B Une structure informelle se développe généralement

■ Une structure informelle peut exister à côté d'une structure formelle :

- Une structure informelle provient des relations personnelles et interdépendantes qui se nouent dans l'entreprise en fonction d'affinités, d'attitudes de rejet et de l'émergence de leaders.
- Cette structure peut donc être différente de celle prévue par l'organigramme officiel ; elle peut être un facteur d'efficacité mais elle comporte aussi le risque que les salariés s'organisent pour se protéger des contraintes et préserver leur tranquillité.

■ La culture d'entreprise :

Elle se construit progressivement en évoluant avec l'entreprise. Cela impose pour être efficace, que toute structure adoptée n'entre pas en contradiction avec le système de normes et de valeurs propre à l'entreprise. La culture d'entreprise est transmise aux nouveaux salariés par les salariés les plus anciens, détenteurs de la mémoire collective. Il importe alors que le turn-over ou un dégraissage des effectifs les plus âgés ne nuisent pas à ce processus de socialisation.

L'entreprise est une organisation qui s'insère dans un environnement. Si l'environnement agit sur le fonctionnement de l'entreprise, celui-ci, par un effet retour (effet feed -back), est susceptible de le modifier dans un sens qui lui soit favorable.

FICHE 43

LES DIFFÉRENTES FORMES D'ENTREPRISES

Les entreprises constituent un ensemble hétérogène que l'on peut classer selon différents critères : la taille (petites et moyennes entreprises ou grandes entreprises de plus de 500 salariés), le secteur d'activité (agriculture, industrie, services), les résultats (chiffre d'affaires ou bénéfice) ou le statut juridique. Ce dernier permet de distinguer les différentes formes d'entreprises et leur mode respectif de fonctionnement.

1 LES DIFFÉRENTS STATUTS JURIDIQUES

A Les statuts des entreprises privées

- *Les entreprises individuelles* ont un propriétaire unique qui est le seul responsable de son entreprise : propriété et pouvoir sont en quelque sorte confondus. Sa responsabilité est illimitée, ses biens propres peuvent être saisis pour rembourser les dettes éventuelles de l'entreprise. Afin de remédier à cela, une nouvelle forme d'entreprise, à mi-chemin entre l'entreprise individuelle et la société, a été créée en 1985 : l'entreprise unipersonnelle à responsabilité limitée (EURL) qui permet au propriétaire de ne plus être responsable sur ses biens propres.
- *Les sociétés de personnes* (sociétés en nom collectif et société en commandite simple) sont des sociétés regroupant un nombre limité d'associés. Les associés sont indissociables de l'entreprise et ne peuvent donc pas vendre leurs parts. Les sociétés de personnes sont le plus souvent de taille limitée et les associés sont généralement responsables sur leurs biens propres.
- *Les sociétés de capitaux* (société en commandite par actions, mais surtout, société anonyme) sont des entreprises de grande taille ; elle peuvent faire appel à l'épargne publique. Les associés peuvent vendre librement leurs parts (appelées actions) et ne sont pas responsables sur leurs biens. Ils participent à la gestion de l'entreprise à travers l'élection annuelle, en assemblée générale des actionnaires, d'un conseil d'administration qui, à son tour élit un président directeur-général (loi de 1867) ou d'un conseil de surveillance qui élit un directoire (loi de 1966).

B Économie sociale et entreprises publiques

- Les entreprises appartenant à l'économie sociale comprennent :
  – les coopératives, qu'elles soient des coopératives agricoles, des coopératives de consommation (entreprise de distribution appartenant aux consommateurs), ou des coopératives de production (appartenant aux salariés) ;
  – le secteur mutualiste regroupant les mutuelles à vocation bancaire, d'assurance, mais aussi de protection sociale.
- Malgré une diminution due au mouvement de privatisation, les entreprises publiques *(cf. fiches 48 et 49 : Les entreprises publiques – Les privatisations)*

sont encore nombreuses ; mais pour l'essentiel on distingue les entreprises publiques au sens strict qui appartiennent en totalité à l'État et les sociétés d'économie mixte qui ont la même forme que les sociétés anonymes mais dont la possession du capital est partagée entre l'État et des propriétaires privés. Elles prennent différentes formes juridiques (régies, offices, concessions, établissements publics à caractère industriel et commercial).

2 IMPORTANCE ET ÉVOLUTION DES FORMES PRINCIPALES

A Les entreprises les plus courantes

- Les entreprises individuelles, représentant la forme traditionnelle de l'entreprise, sont les entreprises les plus nombreuses ; elles regroupent la majorité des exploitants agricoles, des artisans et des commerçants. Leur nombre a tendance à baisser au profit des sociétés car elles sont de petite taille (ce qui alourdit les coûts unitaires) et proposent un statut risqué puisque le propriétaire est entièrement responsable sur ses biens propres. Elles représentent encore au 1er janvier 1990, 68 % des 2 600 000 entreprises françaises.
- Les deux types de sociétés les plus fréquentes sont la SARL et la société anonyme :
  - la SARL (Société à responsabilité limitée), société hybride entre la société de capitaux et la société de personnes, a été créée en 1925 pour concilier un nombre de propriétaires limité et un risque moindre. En effet la responsabilité est limitée aux apports des associés, mais ceux-ci ne peuvent pas vendre leurs parts librement. Les SARL sont les sociétés les plus nombreuses (un peu plus de 500 000 soit 21 % du total des entreprises françaises) ;
  - la société anonyme est le type même de la société de capitaux. Elle permet de réunir les capitaux nécessaires à la grande entreprise, le capital est divisé en actions librement cessibles et la société anonyme peut, si elle le désire, effectuer des augmentations de capital par émission de nouvelles actions. Afin de faciliter le recours à l'épargne publique, les sociétés anonymes peuvent être cotées en bourse *(cf. fiche 67 : Le marché financier)*. Les SA, au nombre de 150 000, représentent 6 % du nombre total des entreprises françaises.

B De l'entreprise individuelle à la société de capitaux

- Au début du XIXe siècle, les entreprises étaient des entreprises individuelles ou des sociétés de personnes ; le capital d'une personne, d'une famille, ou d'un groupe limité d'individus suffisait pour créer une entreprise compétitive. Mais, en raison du progrès technique et de la concurrence accrue, la taille des entreprises doit augmenter afin de réaliser des économies d'échelle. Pour ce faire, les entreprises ont besoin de plus de capitaux, ce que permet l'appel à l'épargne publique rendu possible par la société de capitaux. Leur nombre augmente donc au détriment des autres formes d'entreprises.
- Cette évolution est maintenant à nuancer car, face à la crise, les petites et moyennes entreprises semblent profiter d'atouts que n'ont pas les grandes ; elles sont plus flexibles, ce qui leur permet de s'adapter davantage aux aléas de la conjoncture.

La taille des entreprises et leur statut sont donc étroitement liés ; le développement des sociétés de capitaux, dû à la nécessité d'augmenter la taille des entreprises, facilite par ailleurs leur regroupement et donc la concentration.

FICHE 44

La concentration technique et économique

La concentration permet aux entreprises de s'agrandir. Il est possible de différencier trois types de concentration :
– la concentration technique conduit à l'augmentation de la taille des établissements (une usine par exemple);
– la concentration économique conduit à l'augmentation de la taille des entreprises (cela peut se traduire par l'augmentation de la taille des établissements mais aussi par celle du nombre d'établissements dans une même entreprise);
– la concentration financière ne modifie ni la taille ni le nombre des entreprises, mais concentre la propriété.

1 Les modalités et les formes de la concentration technique et économique

A Les modalités de la concentration

La concentration des entreprises peut être interne ou externe.

■ La concentration est dite interne lorsque les entreprises s'agrandissent par elles-mêmes, sans se regrouper, en procédant à des investissements qui leur permettent d'accroître leur capacité de production.

■ La concentration est dite externe lorsque les entreprises s'agrandissent grâce à des regroupements qui peuvent revêtir des modalités différentes :
– fusion entre deux entreprises;
– absorption d'une entreprise par une autre;
– création d'une joint-venture, c'est-à-dire création par deux entreprises, d'une troisième, filiale commune.

B Les formes de la concentration

■ *La concentration horizontale* : l'entreprise s'agrandit en conservant son activité principale, ce qui lui permet de mieux contrôler le marché et, si elle se retrouve en situation de monopole (un seul offreur) ou de quasi-monopole, de pouvoir agir sur les prix. La concentration horizontale permet aussi de bénéficier d'effets de synergie et d'économies d'échelle, c'est-à-dire de baisser les coûts unitaires de production grâce à l'augmentation de la quantité produite.

■ *La concentration verticale* ou (intégration verticale) : l'entreprise s'agrandit en développant son activité dans des étapes complémentaires de la filière de production (en amont ou en aval); cela permet à l'entreprise d'être moins dépendante et de limiter ses achats de biens intermédiaires.

■ *La concentration conglomérale* : l'entreprise s'agrandit en diversifiant son activité; cela lui permet de répartir les risques mais aussi de pouvoir continuer à se développer, même lorsque la taille du marché est limitée, en multipliant les marchés sur lesquels elle se positionne.

2 L'accélération et la modification des mouvements de concentration

A L'accélération du mouvement de concentration

- Le mouvement de concentration a été très important durant les Trente Glorieuses, en effet :
  - la croissance fordiste nécessite, pour une production de masse, de grandes unités de production permettant la mise en place du travail à la chaîne ;
  - l'internationalisation des économies, en augmentant la taille des marchés, incite les entreprises à s'agrandir pour bénéficier d'économies d'échelle et résister à la concurrence internationale. Ainsi, la perspective du grand marché européen a fortement fait augmenter le mouvement de concentration en Europe à l'échelle nationale comme à l'échelle communautaire.
- La concentration s'explique aussi, comme l'explique Galbraith, par les motivations de la technostructure qui recherche davantage la croissance de l'entreprise que le profit (*cf. fiche 41 : Les motivations de l'entreprise*).
- La crise a accéléré les opérations de concentration en exacerbant la concurrence. La croissance de la demande étant limitée, l'agrandissement des entreprises s'opère de plus en plus par la conquête des marchés d'entreprises concurrentes.

B La concentration est de moins en moins technique et de plus en plus financière

- Durant les Trente Glorieuses la tendance à la concentration technique était forte, mais le mouvement s'est fortement ralenti pour plusieurs raisons :
  - les nouveaux procédés techniques ne nécessitent pas d'aussi grandes unités de production que celles dont la chaîne avait besoin ;
  - les activités se tournent de plus en plus vers les services dont la production ne nécessite pas de grands établissements ;
  - un trop grand établissement ne réalise pas d'économies d'échelle, mais plutôt des déséconomies d'échelle. En effet, au-dessus d'un certain niveau de production, les coûts de gestion et d'organisation augmentent fortement ;
  - les petites unités de production se révèlent plus flexibles pour s'adapter à la conjoncture.
- La concentration devient de plus en plus financière ; les avantages de la concentration (contrôle d'une filière ou diversification, par exemple) se cumulent au sein d'un groupe d'entreprises juridiquement indépendantes, mais solidaires car aux mains du même holding *(cf. fiche 45 : La concentration financière)* ou liées par des prises de participations croisées. De grandes entreprises externalisent certaines activités en suscitant la création (parfois par leurs ingénieurs) de PME sous-traitantes ; c'est l'essaimage.

On observe, depuis la crise, deux phénomènes qui semblent paradoxaux : un mouvement de concentration qui s'accélère et un regain de dynamisme des PME, ce que traduit la notion de dualisme de l'appareil productif.

FICHE 45

LA CONCENTRATION FINANCIÈRE

Contrairement à la concentration économique qui modifie le nombre et la dimension des entreprises, la concentration financière regroupe des entreprises qui restent juridiquement indépendantes.

1 DE L'ENTENTE À LA CONCENTRATION FINANCIÈRE

A Le développement des ententes entre entreprises

- Dès la fin du XIXe siècle, apparaissent aux États-Unis, des *pools* constitués d'entreprises qui se partagent le marché. Ils sont généralement inefficaces car leurs membres respectent rarement leurs engagements. Pour remédier à cela, le *trust* apparaît : les actionnaires de sociétés différentes remettent leurs actions à des *trustees* qui gèrent le groupe ainsi formé.
- À la même époque en Angleterre, en France, mais surtout en Allemagne apparaissent des *cartels,* qui sont des ententes entre entreprises dans un domaine particulier, généralement les prix.
- Les ententes sont souvent insuffisantes, car chaque entreprise a tendance à privilégier son intérêt propre ; pour créer une véritable solidarité, il est nécessaire de lier financièrement les entreprises entre elles.

B Les différentes modalités de la concentration financière

- Un groupe peut être formé grâce à des prises de participation croisées entre les entreprises ; Le *konzern* allemand en est l'exemple type, l'intégration est généralement horizontale (chimie ou sidérurgie par exemple) et plus rarement verticale.
- Un groupe a le plus souvent un centre, le *holding,* qui possède une partie ou la totalité du capital des entreprises formant le groupe (ce qui n'exclut pas la possibilité de participations croisées entre les entreprises). L'exemple type est le *Zaïbatsu* japonais qui est composé d'un holding (*honsha*) et de sociétés aussi bien industrielles et commerciales que financières. Le *zaïbatsu* est fortement concentré verticalement, mais il forme aussi un conglomérat car ses productions sont très diversifiées.

2 LE DÉVELOPPEMENT DE LA CONCENTRATION FINANCIÈRE

A Les interventions de l'État

- La concentration, lorsqu'elle mène à la formation de monopoles ou à des ententes, nuit à la concurrence et donc au libre jeu du marché. C'est la raison pour laquelle l'État américain, dans un souci de défense des principes libéraux, promulgua dès la fin du XIXe siècle des lois antitrust, toujours en vigueur aujourd'hui. Le Sherman Act (1890) confirmé par le Clayton Act (1914) interdit les monopoles et les ententes entre les entreprises.

- Dans la réalité, la loi antitrust n'est pas systématiquement appliquée car l'État américain est conscient que de grandes entreprises peuvent revêtir des avantages certains, aussi bien pour l'économie nationale que pour la place des États-Unis dans l'économie mondiale. Les pays d'Europe quant à eux, ont généralement, favorisé les restructurations industrielles et la concentration par différentes mesures, dont des mesures fiscales. Dans de nombreux pays existe cependant une législation réprimant les pratiques anti-concurrentielles. En France, une autorité administrative indépendante, le Conseil de la concurrence, est chargée de lutter contre les ententes professionnelles faussant le jeu de la concurrence et l'exploitation abusive de position dominante.

B L'accélération du mouvement de concentration financière

- Le développement de l'importance du marché financier *(cf. fiche 67 : Le marché financier)* a favorisé les mouvements de concentration. L'utilisation de nouvelles techniques financières comme l'OPA ou l'OPE permet de faciliter et d'accélérer les opérations de concentration.
- L'accélération du mouvement de concentration financière est aussi due à la crise qui rend plus vulnérables certaines entreprises et qui rend nécessaires des restructurations industrielles.
- La raison principale de la forte augmentation des opérations de concentration financière est la mondialisation de l'économie qui oblige les entreprises à avoir une stature internationale. Ainsi, l'ouverture du grand marché européen (320 millions de consommateurs) a provoqué une augmentation importante des concentrations financières en Europe.

La concentration financière s'est donc fortement accélérée, mais le risque est que la logique financière l'emporte sur la logique industrielle ; ainsi, certaines opérations n'ont d'autre but que le démantèlement de l'entreprise et ne sont donc pas le résultat d'une stratégie industrielle (cf. fiche 70 : Économie d'endettement et économie de marché financier).

FICHE 46

LES PETITES ET MOYENNES ENTREPRISES (PME)

Malgré le mouvement important de concentration et son accélération depuis la crise, non seulement les PME (moins de 500 salariés) ne disparaissent pas, mais encore leur nombre tend à augmenter.

1 Les PME subsistent malgré le mouvement de concentration

A Elles sont souvent orientées vers des activités spécifiques

- Les PME subsistent dans les activités dans lesquelles les grandes entreprises n'ont pas d'avantages particuliers :
  - secteurs qui n'apportent pas d'économies d'échelle importantes (certaines activités du bâtiment par exemple) ;
  - produits de proximité, comme les services ou certains biens de consommation.
- La transformation des techniques dans certaines industries (la robotique remplaçant la chaîne) diminue les avantages qu'avaient les grandes unités de production.
- Les activités de service aux entreprises ou aux particuliers sont bien souvent le domaine des PME, or ces activités ont tendance à croître avec la tertiairisation des économies.

B Elles complètent les grandes entreprises

- De nombreuses PME sont des entreprises sous-traitantes, c'est-à-dire qu'elles vendent une grande partie et souvent la totalité de leur production à une grande entreprise. La sous-traitance s'est développée, car elle a l'avantage de baisser les coûts des grandes entreprises (les coûts de la main-d'œuvre et les avantages sociaux y sont moindres) et de permettre d'amortir les fluctuations de la demande (les grandes entreprises leur font souvent produire les biens et services dont la demande est la plus susceptible de varier). Certaines grosses entreprises éclatent en sous-ensembles de petite taille plus efficients et créent leurs propres PME sous-traitantes ; c'est l'essaimage.
- De plus, les grandes firmes utilisent de plus en plus des PME spécialisées dans les services aux entreprises ; le gardiennage, le courtage et l'entretien sont les exemples les plus courants de l'externalisation des coûts pratiquée par les grandes entreprises.
- La juxtaposition de deux types d'entreprises différentes crée une dualisation de l'économie. L'exemple le plus frappant de l'économie duale est celui du Japon où les *zaïbatsus* sont entourés d'un important réseau de PME qui leur permet de réduire leurs coûts, d'assurer une certaine flexibilité et de résister aux variations de la conjoncture.

2 Les PME font preuve d'une bonne adaptation face à la crise

A Elles sont plus flexibles que les grandes entreprises

- De taille réduite, les PME ont généralement une structure plus flexible que celle des grandes entreprises ; leur intensité capitalistique (capital/travail) est souvent moins importante et leurs équipements sont moins lourds, ce qui, non seulement réduit les coûts fixes, mais en plus permet une meilleure adaptation aux aléas de la conjoncture.
- Les PME ont une main-d'œuvre plus flexible, elles peuvent licencier et donc embaucher plus facilement que les grandes entreprises. En effet, la main-d'œuvre y est moins syndiquée et l'opinion publique est moins touchée que lorsqu'une grande entreprise licencie des milliers de salariés. Ceux-ci, parce qu'ils peuvent être relativement facilement licenciés et parce qu'ils sont l'objet d'un contrôle plus direct, accomplissent un travail souvent plus intensif.

B Certaines PME font preuve d'un grand dynamisme

- L'augmentation du nombre de PME s'explique aussi par le chômage qui accompagne la crise. En effet, certaines personnes sans emploi se décident à créer leur propre entreprise. Ces entreprises, résultats d'un projet, sont parfois très innovantes.
- La petite taille des PME permet une communication plus dense entre les membres du personnel et permet l'éclosion d'un certain esprit d'initiative. Certaines PME sont en effet, très innovantes dans des secteurs de pointe ne nécessitant pas de grandes unités de production ; Apple, pour les micro-ordinateurs, ou Intel, pour les composants, étaient, au départ des PME.

Si certaines PME sont très dynamiques et si leur nombre augmente, il n'en est pas moins vrai qu'un grand nombre d'entre elles disparaît et que la durée moyenne de vie d'une PME dans les années 80 n'est que de 13 ans. L'économie se dualise, les PME subsistent, mais chaque PME ne survit pas.

FICHE 47

LES FIRMES MULTINATIONALES

Les firmes multinationales (FMN) sont des entreprises, généralement de grande taille, installées dans plusieurs pays. Leur existence n'est pas nouvelle, elle date de la colonisation, mais la multinationalisation des entreprises a eu tendance à se développer fortement depuis la Seconde Guerre mondiale, avec l'internationalisation des économies.

Alors qu'elles étaient auparavant accusées d'appauvrir le tiers-monde en l'exploitant et de créer du chômage dans les pays développés en délocalisant leurs activités, elles semblent aujourd'hui en partie réhabilitées.

1 LES ENTREPRISES ONT TENDANCE À SE MULTINATIONALISER

A Les avantages de la multinationalisation

- La baisse des coûts de production : suivant leur implantation, la multinationalisation des entreprises peut permettre la baisse de certains coûts :
  - coûts de la main-d'œuvre, lorsqu'elles produisent dans des pays où la main-d'œuvre est bon marché ;
  - coûts de transport, lorsqu'elles sont implantées près des sources de matières premières ou près de leurs marchés ;
  - coûts fiscaux, car de nombreux États leur accordent des avantages fiscaux afin de les inciter à implanter des filiales sur leur territoire.
- La suppression des barrières protectionnistes et nationalistes : l'implantation d'unités de production près de leurs débouchés permet aux FMN de ne plus craindre les barrières protectionnistes mais aussi d'adoucir les éventuelles réactions de préférence nationale des consommateurs.
- La diversification des risques économiques et politiques : l'implantation dans plusieurs pays différents permet de diversifier les risques économiques, mais surtout, les risques politiques, comme une révolution ou un coup d'État pouvant mener à une nationalisation.

B Les motifs d'implantation évoluent

Il y a trois motifs principaux d'implantation :

- Au XIXe siècle les premières FMN s'implantaient surtout près des sources de matières premières afin de les exploiter. À partir des années 60, des nationalisations décidées par les États des pays détenteurs de matières premières ont fait s'atténuer ce motif ; de plus, il y a peu d'avantages absolus à extraire les produits quand il est possible de les acheter.
- À partir des années 60, mais surtout des années 70, de nombreuses FMN se sont installées dans des PED afin de bénéficier de bas coûts de main-d'œuvre. Ce type

de délocalisation perdure et s'étend à de nouveaux pays (Europe de l'Est par exemple) car même si l'utilisation de procédés automatiques dans les pays développés permet d'embaucher moins de main-d'œuvre, le coût salarial global y demeure beaucoup plus élevé.

- Les FMN ont de plus en plus tendance à se rapprocher de leurs marchés et à s'implanter là où elles peuvent vendre ; ce phénomène n'est pas nouveau — IBM est depuis longtemps implantée sur les marchés européens — mais il a tendance à prendre de l'importance avec, entre autres, les implantations croissantes des FMN japonaises.

2 Les FMN contribuent à la globalisation de l'économie mondiale

A Elles sont des facteurs de transnationalisation de l'économie mondiale

- Une partie croissante des échanges mondiaux (plus du tiers) s'effectue entre des entités (filiales et sociétés mères) qui appartiennent aux mêmes groupes. Cela crée de nouvelles règles d'échange : les déterminants traditionnels du commerce, comme la compétitivité ou les taux de change, perdent de l'importance et cela limite la concurrence internationale ; ce marché est appelé « marché captif ».
- La nation perd une partie de son entité économique, les échanges se font moins entre entreprises indépendantes ou entre pays, et plus à travers les pays. On parle donc de transnationalisation des échanges et les FMN deviennent des entreprises transnationales car c'est à l'échelle de la planète qu'elles définissent leur stratégie productive, commerciale et financière. Cette transnationalisation des économies met les pays en situation de dépendance et limite la marge de manœuvre des politiques nationales.

B Les FMN seraient des firmes « globales » et apatrides

- Certains auteurs anglo-saxons ont proposé le concept de « globalisation » pour caractériser ce nouveau commerce international en partie dominé par des entreprises « globale » et apatrides définissant leur stratégie au niveau mondial. Ces entreprises ont parfois un grand pouvoir, sans commune mesure avec celui de nombreux États hôtes.
- Ce sont les FMN des plus petits pays qui ont poussé le plus loin leur processus de mondialisation car leur marché national ne leur permet pas de réaliser d'importantes économies d'échelle. C'est par exemple le cas de Nestlé (Suisse) ou de Philips (Pays-Bas).
- Sinon, les entreprises mondiales sont rares ; la majorité des grands groupes sont solidement assis sur des bases nationales, ce qui leur permet d'être soutenus par les gouvernements de leurs pays.

La multinationalisation des entreprises s'est fortement accélérée avec l'ouverture des frontières. Toute entreprise de grande taille a aujourd'hui une dimension internationale ; le débat sur les inconvénients de l'implantation des FMN prend aujourd'hui une toute autre tournure : la croissance du chômage dans certains pays développés engendre une remise en cause de la stratégie de délocalisation des grandes entreprises industrielles.

FICHE 48

LES ENTREPRISES PUBLIQUES

En 1984 (avant les premières privatisations de 1986), l'État contrôlait 2 542 entreprises qui employaient pratiquement deux millions de salariés. Les entreprises publiques, c'est-à-dire les entreprises dans lesquelles l'État est propriétaire unique ou majoritaire, conservent un poids exceptionnel dans l'économie française, en dépit des privatisations totales ou partielles effectuées depuis 1986.

1 La formation du secteur public

A Les étapes de la nationalisation

- L'État du XIXe siècle était le plus souvent peu présent dans l'économie ; les entreprises publiques, héritage de la politique industrielle du colbertisme (Tabacs et allumettes, manufacture des Gobelins, ...) étaient donc rares.
- Le XXe siècle est le siècle de l'intervention économique de l'État et les nationalisations s'y effectuent par vagues :
  - à la suite de la Première Guerre mondiale (par exemple le Crédit National) ;
  - pendant la crise des années 30 (par exemple la SNCF) ;
  - à la suite de la Seconde Guerre mondiale (par exemple Renault et la Banque de France) ;
  - à l'arrivée au pouvoir du gouvernement socialiste en 1981 et 1982 (par exemple la CGE et 36 banques).

B Les motifs de l'extension du secteur public

- Les nationalisations ont été effectuées dans des circonstances et pour des motifs différents :
  - certaines sont liées à la conjoncture économique et politique ; c'est le cas des nationalisations d'entreprises allemandes après la Première Guerre mondiale ou d'entreprises accusées de collaboration (par exemple Renault) après la Seconde Guerre mondiale. C'est aussi le cas des nationalisations pour motif de reconstruction après la guerre (la Compagnie nationale du Rhône par exemple) ou des nationalisations d'entreprises en difficulté auxquelles l'État vient ainsi en aide (cas de la métallurgie) ;
  - d'autres sont plus structurelles, il s'agit de la prise de contrôle de secteurs considérés comme stratégiques d'un point de vue politique (armement par exemple) ou d'un point de vue économique (secteur bancaire, transports ou énergie).
- Quel que soit le motif invoqué, ce sont les gouvernements les plus interventionnistes qui nationalisent le plus. Au delà des raisons ponctuelles qui peuvent être mises en avant lors d'une nationalisation, c'est la certitude du caractère légitime de l'intervention de l'État, seul garant de l'intérêt général et de

la justice sociale, qui fonde la décision. Plus les gouvernements se rapprocheront des théories keynésiennes (quoique Keynes ne préconise pas la nationalisation des entreprises) ou même de la théorie marxiste, plus ils auront tendance à développer le secteur public.

2 Le poids du secteur public en France

A L'importance des entreprises publiques avant les privatisations

- Huit entreprises publiques se détachent des 2542 autres, ce sont les GEN (grandes entreprises nationales). Ces entreprises ont une situation de monopole dans leur activité, elles ont une taille suffisamment importante pour représenter à elles seules un poids primordial dans l'économie française et surtout, elles sont sous le contrôle étroit de l'État. Les GEN sont : les Charbonnages de France, EDF, GDF, la SNCF, la RATP, Air-France, Air-Inter, les PTT. Ces entreprises réalisaient en 1985 11,5 % de la valeur ajoutée de l'ensemble des entreprises et 22,5 % de l'investissement.
- En 1984, le secteur public employait 16 % des effectifs et réalisait 23 % des exportations, 28 % de la valeur ajoutée et 36 % de l'ensemble des investissements de l'économie française. Le secteur public bancaire recevait, quant à lui, 87 % des dépôts et accordait 81 % des crédits. Le secteur public a donc un poids considérable dans l'économie française.

B Le secteur public est un instrument de la politique de l'État

- L'État peut utiliser le secteur public et plus particulièrement les GEN pour intervenir sur la conjoncture. Ainsi, dans le cadre d'une politique d'inspiration keynésienne l'État peut décider d'augmenter l'investissement (ce qui a un effet multiplicateur sur le reste de l'économie), et de favoriser les exportations ou l'emploi. Le taux de croissance annuel moyen de l'investissement des GEN entre 1974 et 1981 fut de 7,5 % contre – 0,9 % pour les autres entreprises, ce qui démontre bien le rôle que l'État leur a fait jouer dans le soutien à la croissance.
- Grâce au secteur bancaire public, l'État est en mesure de contrôler le crédit et donc l'accroissement de la masse monétaire et l'inflation. Il peut aussi, en facilitant les octrois de prêts, privilégier certains secteurs de l'économie.
- L'État peut également utiliser les entreprises publiques dans le cadre de politiques structurelles :
  - aménagement du territoire : localisation d'implantations industrielles, équipement du territoire en infrastructures (programmes d'équipements en moyens de télécommunications, TGV Sud-Est puis Atlantique par exemple), péréquation ou redistribution tarifaire (électricité, téléphone) ;
  - politique industrielle : réduction de la dépendance énergétique grâce au programme électronucléaire piloté par EDF, politique de spécialisation vers des secteurs à haute technologie et forte intensité capitalistique.

Le secteur public était un instrument privilégié de la politique de l'État mais, depuis le début des années 80, s'opère un retour aux principes libéraux selon lesquels un État doit rester à sa place et laisser la production aux entreprises. C'est la raison pour laquelle la tendance actuelle est à la privatisation et donc à la réduction du secteur public.

LES PRIVATISATIONS

Durant les Trente Glorieuses, les États des pays développés ont accentué leurs interventions sur l'économie afin de corriger les éventuelles imperfections du système capitaliste. Mais l'incapacité des États à juguler la crise actuelle a conduit à une mise en cause de leur rôle. Depuis le début des années 80, on assiste à un retour du libéralisme qui se traduit par un désengagement de l'État et donc par un mouvement de privatisations qui ne se réalise d'ailleurs pas sans difficultés.

1 LES PRIVATISATIONS SONT DUES À UNE VOLONTÉ DE DÉSENGAGER L'ÉTAT DE L'ÉCONOMIE

A Le programme de privatisations

- Le mouvement de privatisations a débuté en 1979 au Canada et en Grande-Bretagne. Depuis, le secteur public industriel britannique a été réduit des trois quarts. La quasi-totalité des pays du monde, qu'ils soient capitalistes, anciennement socialistes ou en développement, ont lancé des programmes de privatisations.
- En France, les privatisations ont débuté en 1986; entre 1988 et 1993 prévaut la règle du « ni ni » (ni nationalisation ni privatisation). Le mouvement de privatisations reprend en 1993, mais est stoppé en 1997 par le nouveau gouvernement de cohabitation; seules des privatisations partielles sont alors envisagées.

B Elles permettent de libéraliser l'économie

- Depuis le début des années 80, on assiste à la libéralisation des économies. Alors que dans le système keynésien, l'État doit intervenir dans l'économie afin d'en corriger les imperfections, les libéraux considèrent que l'intervention de l'État constitue une imperfection supplémentaire. Il faut donc limiter la place de l'État dans l'économie et diminuer le secteur public en privatisant certaines entreprises.
- La vente par l'État d'entreprises publiques lui apporte des revenus qui permettent de combler en partie les déficits budgétaires et de ne pas avoir à augmenter les impôts.
- Les libéraux considèrent que, pour être efficaces, les entreprises doivent être soumises aux lois du marché; les entreprises privées sont donc plus efficaces et plus dynamiques que les entreprises publiques. Le secteur public est également accusé d'exercer un effet d'éviction : l'État opère, pour le financer, une ponction sur le reste de l'économie, au détriment du secteur privé alors que celui-ci serait plus efficient. Aux États-Unis, l'École du Public Choice examine chaque service public (poste, transports) afin de démontrer que, privatisé, il fonctionnerait mieux et serait plus profitable à l'usager. Les entreprises privées sont plus

flexibles que les entreprises publiques ; la loi du marché et la recherche du profit rendent parfois nécessaires et donc légitimes certaines mesures comme le licenciement ou la délocalisation.

2 Mais la privatisation est difficile à mettre en œuvre et peut engendrer des effets pervers

A La privatisation se heurte à des difficultés

- Lorsque l'État privatise une entreprise, il fait une OPV (offre publique de vente) sur tout ou partie de son capital sous forme d'actions. Pour que la vente de ces entreprises ne soit pas source de déséquilibre, il est nécessaire qu'il y ait une épargne suffisante afin que le marché financier puisse absorber cette offre supplémentaire. Il y a un risque d'assèchement du marché financier, et si la cause du krach boursier de l'automne 1987 n'est pas la privatisation, il n'en demeure pas moins vrai que celle-ci en a certainement amplifié les effets. De plus, la privatisation provoque un détournement de capitaux privés en faveur de l'État qui peut nuire à l'investissement productif.
- Le risque est aussi l'éparpillement de la propriété des entreprises dénationalisées ; l'achat par un grand nombre d'actionnaires peut mener à une rupture importante dans la gestion, casser la stratégie de l'entreprise et provoquer des dysfonctionnements. Un autre risque est l'achat du capital par des entreprises étrangères qui ainsi, seraient en mesure de contrôler une part importante de l'économie nationale.

B Elle peut conduire à une atteinte au service public

- Le service public a été créé pour former un îlot échappant aux lois du profit. Dans un souci de compétitivité, les entreprises privées ne se chargent que des activités rentables. La privatisation et la gestion d'entreprises publiques selon des critères privés peuvent conduire à des atteintes au service public. Par exemple, la recherche de la rentabilité incite la SNCF à abandonner les lignes déficitaires. Afin que le service public ne pâtisse pas de la privatisation, il peut être nécessaire d'établir un cahier des charges (comme pour TF1), mais, dans ce cas, la libéralisation de l'économie est incomplète.
- L'État ne privatise que les entreprises vendables ; celles qui sont en difficulté de par leur activité (sidérurgie par exemple) ne trouveraient pas d'acquéreur. L'État risque donc de ne conserver que les entreprises non rentables, ce qui peut poser des problèmes budgétaires, d'autant plus que la manne de la privatisation est forcément limitée.

La privatisation des entreprises est donc une des facettes de la mise en œuvre d'un programme libéral : mais, pour éviter des dysfonctionnements, il ne faut pas brusquer le mouvement et il est nécessaire de définir les limites du service public qui doit rester, comme son nom l'indique, public.

LES RELATIONS PROFESSIONNELLES DANS L'ENTREPRISE

Dans les organisations tayloristes et fordistes, les travailleurs de l'entreprise ne sont considérés que comme des facteurs de production. Plus tard, certaines études comme celles menées par l'école des Relations humaines, sous la direction d'Elton Mayo, ont montré le caractère essentiel, pour le bon fonctionnement de l'entreprise, des relations professionnelles et du facteur humain. La place des salariés dans l'entreprise est aujourd'hui davantage reconnue et les relations professionnelles tendent à devenir de moins en moins conflictuelles.

1 LES RELATIONS AU SEIN DE L'ENTREPRISE

A La représentation des salariés

- Le personnel est représenté dans les entreprises de plus de 10 salariés par des délégués du personnel élus, qui ont pour fonction de transmettre à l'employeur les revendications individuelles ou collectives des salariés. Dans les établissements de plus de 50 salariés, le personnel élit aussi des délégués au comité d'entreprise ; celui-ci exerce des fonctions sociales (gestion des œuvres sociales) et doit être tenu informé par les dirigeants de l'entreprise de tout problème économique particulier (l'emploi par exemple). La délégation est unique dans les entreprises dont l'effectif est compris entre 50 et 200 salariés.
- Les salariés peuvent, s'ils le désirent, dans les entreprises de plus de 50 salariés, former une section syndicale. Le personnel syndiqué élit des délégués syndicaux qui le représentent, lesquels peuvent siéger au comité d'entreprise avec voix consultative.

B Le règlement des litiges

- De nombreux litiges entre les salariés et la direction peuvent naître dans l'entreprise ; les plus nombreux concernent les rémunérations et les problèmes liés à l'emploi. Ces litiges peuvent se régler par la négociation directe mais ils conduisent parfois à des conflits comme la grève. Afin de régler certains litiges, il est possible de faire appel à l'Inspection du Travail ou au conseil des prud'hommes.
- L'inspection du Travail est compétente dans les domaines qui relèvent de l'application du droit du travail ; tandis que le conseil des prud'hommes, composé paritairement de salariés et de chefs d'entreprises élus est chargé d'arbitrer les litiges opposant employés et employeurs dans un cadre non explicitement prévu par le droit du travail.

2 La réduction des conflits dans l'entreprise

A La prise en compte des salariés...

- Dans les années 30, aux États-Unis, Elton Mayo, ergonome, remarque que lorsque les relations sociales entre les employés, mais aussi entre eux et la direction, sont bonnes, le travail est plus productif et les produits sont de meilleure qualité. Les événements lui donneront raison puisque, dès la fin des années 60, on assiste à une crise du travail fordiste : les salariés, las de n'être considérés que comme des facteurs de production se révoltent, de façon passive par le gaspillage et l'absentéisme mais aussi de façon active par les conflits sociaux, dont la grève.
- Les entreprises se rendent progressivement compte de la nécessité de gérer leur personnel différemment. Certaines entreprises tentent d'instaurer une communication plus directe, de supprimer certains échelons hiérarchiques et de former des groupes d'expression dans lesquels les salariés volontaires donnent leur avis sur certains aspects du fonctionnement de l'entreprise, ce qui peut apporter certaines améliorations. De plus, ces groupes d'expression, dont la forme la plus courante est le cercle de qualité, permettent, en donnant la parole au personnel, de l'impliquer davantage dans la vie de l'entreprise et de l'amener ainsi à améliorer sa productivité.

B ...a permis de réduire les conflits

- Les syndicats subissent une très forte réduction de leur audience au sein des entreprises (*cf. fiche 57 : La crise du syndicalisme*): la mise en œuvre d'une gestion plus directe du personnel a, en partie, court-circuité l'action des syndicats. Le syndicalisme était fondé sur la divergence d'intérêts entre la direction et le personnel alors que les nouvelles gestions mettent l'accent sur la nécessité d'une coopération pour défendre le bien commun qu'est l'entreprise.
- La désyndicalisation, la crise et le chômage qui ont fait de l'emploi stable un privilège, la prise en compte du facteur humain dans l'entreprise, mais aussi la mise en question de la conception marxiste d'une société divisée en deux groupes opposés et en lutte, ont permis une diminution sensible des conflits dans l'entreprise. Le nombre de journées de grève avoisinait les 4 millions au début des années 70, les 2 millions au début des années 80 et est aujourd'hui largement inférieur à 1 million.

Les conflits sociaux sont moins nombreux qu'avant, mais ils sont aussi, en raison de la désyndicalisation, beaucoup moins contrôlés. L'affaiblissement des syndicats engendre un émiettement des revendications et pèse sur les possibilités de négociations.

PARTIE VI

EMPLOI ET CHÔMAGE

FICHE 51

LE TAYLORISME ET LE FORDISME

L'organisation du travail est l'agencement et la coordination des postes de travail, en vue d'atteindre la productivité maximale.

Le taylorisme et le fordisme sont les deux modes d'organisation qui ont le plus marqué le monde du travail, et qui ont contribué au développement économique.

1 LE TAYLORISME : L'OST

Ce terme désigne l'Organisation scientifique du travail (OST) conçue par Frederick Winslow Taylor, ingénieur américain (1856-1915).

A La nécessité de la division du travail

■ L'intérêt de la division du travail :

– La division du travail est la décomposition d'une tâche en une série de tâches partielles et complémentaires, contribuant à la réalisation d'un produit. Dans *La richesse des nations* (1776), Adam Smith, déjà, avait décrit les avantages de la division du travail à travers l'exemple de la fabrication des épingles, divisée en dix-huit opérations distinctes.

– Le taylorisme développe à l'extrême la division du travail en se fondant sur une constatation : la multiplicité des tâches à accomplir sur un même poste de travail freine la productivité.

■ Le savoir-faire ouvrier :

Lors de ces observations préliminaires, Taylor reconnaît l'existence du savoir-faire des ouvriers de métier, mais il considère que ce savoir-faire s'exerce aux dépens de la productivité. Il pense donc qu'il est nécessaire de réorganiser le travail et de procéder à un transfert de compétences vers un personnel d'encadrement, afin de permettre aux exécutants d'être plus productifs.

B Une double division du travail

Le prétendu caractère objectif et rationnel de cette organisation justifie selon Taylor son appellation : "Organisation scientifique du travail".

■ Une division verticale :

– Au sommet de la hiérarchie, l'encadrement et le bureau des méthodes assurent les fonctions de conception et d'organisation puis imposent des normes et des règles de travail aux exécutants.

– Cela aboutit à la bipolarisation des qualifications, les exécutants ne maîtrisant plus le processus de production.

■ Une division horizontale :

– Les ouvriers d'exécution effectuent des tâches parcellisées ("le travail en miettes" selon G. Friedmann), ce qui ôte tout intérêt au travail, induit une déqualification du travail ouvrier et peut être facteur de l'aliénation de l'homme au travail.

– Pour limiter la porosité du travail (phénomène de "flânerie"), le chronométrage est imposé.

2 LE FORDISME : CONTINUITÉ ET INNOVATION

Ce terme désigne l'organisation du travail mise en place par Henry Ford, constructeur automobile américain (1863-1947), fondateur de la marque et des usines de Detroit, qui est allé au-delà du taylorisme.

A Le travail à la chaîne : un développement de l'OST

■ Le fordisme reprend les principes de l'Organisation scientifique du travail (OST) et la perfectionne en fixant l'ouvrier à son poste de travail : c'est un convoyeur mécanisé (la chaîne) qui transporte le produit en cours de fabrication vers l'ouvrier (et cela dès 1913 dans les usines Ford).

La productivité du travail s'en trouve fortement accrue, en effet :

- les tâches de manutention et les déplacements sont réduits (la marchandise circule de poste en poste sur la chaîne), ce qui évite la constitution de stocks tampons ;
- la chaîne instaure un processus de production continu dont la cadence est imposée aux ouvriers ;
- la durée d'utilisation des équipements productifs est augmentée grâce à la mise en place d'équipes de travail qui se succèdent (travail posté).

■ La standardisation :

La production en série de produits standardisés permet de réaliser des gains de productivité supplémentaires et de réduire encore les coûts unitaires.

Ainsi le fordisme débouche-t-il sur la production de masse.

B Le système du "five dollars a day" : une conception avant-gardiste

■ Le fordisme permet de faire face à deux risques :

- Le risque d'une attitude de rejet de l'organisation du travail en raison de la pénibilité des tâches (augmentation du taux de turn-over ou taux de rotation du personnel ;
- Le risque de la surproduction relative. La production de masse mise en place doit être absorbée par une consommation de masse. Celle-ci ne peut être obtenue à l'aide des seules économies d'échelle réalisées, même si elles permettent de faire baisser les prix.

■ Une stratégie de hauts salaires :

- En 1914, le salaire minimum quotidien pratiqué par l'entreprise Ford a plus que doublé : de 2,43 $ il passe à 5 $ ("five dollars a day"). Cette mesure, décrétée unilatéralement par la direction, inaugure une ère d'augmentations de salaires rendues compatibles avec celles des profits par l'accroissement continu de la productivité (le compromis fordiste) ;
- L'augmentation du pouvoir d'achat des ouvriers évite le double risque signalé ci-dessus. Ceux-ci acceptent tacitement de dures conditions de travail. L'augmentation de leur pouvoir d'achat assure des débouchés suffisants qui évitent la surproduction relative, ou la sous-consommation relative.

Ce mécanisme, étudié par la suite par la théorie de la régulation, prend le nom de régulation fordiste.

*La difficulté d'imposer une consommation de masse pour réguler la production de masse est la cause essentielle de la crise de 1929. La stratégie de hauts salaires préconisée par Ford n'est pas adoptée unanimement par le patronat de cette époque (*cf. fiche 13 : La crise des années 30*).*

En revanche, la généralisation de la régulation fordiste après la Seconde Guerre mondiale peut être analysée comme la cause fondamentale de la forte croissance des Trente Glorieuses.

FICHE 52

LA CRISE DE L'ORGANISATION FORDISTE DU TRAVAIL

En dépit de la mise en cause de l'organisation fordiste du travail, il subsiste encore actuellement des entreprises la mettant en œuvre.

*La tendance est tout de même à la généralisation de nouvelles formes d'organisations du travail (*cf. fiche 53 : Le post-taylorisme*).*

1 LES DYSFONCTIONNEMENTS DU FORDISME

A Les manifestations des dysfonctionnements

■ Les réactions négatives des ouvriers à la fin des années 60 sont de plus en plus marquées :

– Les revendications se multiplient et dégénèrent en grèves.

– Le taux d'absentéisme augmente.

– Le taux de *turn-over* s'accroît (taux de rotation du personnel déterminé par le rapport du nombre de salariés renouvelés, en raison de départs, relativement à l'effectif total de salariés).

– Le gaspillage, le chapardage et les malfaçons tendent à s'aggraver (on désigne ces phénomènes par le terme "coulage").

■ Ces réactions expriment le rejet de l'organisation du travail fordiste et témoignent d'un climat de mécontentement et d'hostilité qui rompt la continuité du processus de production et freine la croissance de la productivité. Le rejet est à la fois individuel et collectif.

B La négation du facteur humain est l'erreur fondamentale

■ Une certaine conception de la combinaison productive (association des deux facteurs de production travail et capital) :

L'OST, se prétendant objective et scientifique, a considéré le travail au même titre que le capital productif, c'est-à-dire comme un facteur de production purement technique. L'objectif est de conditionner le travail d'exécution en ne lui laissant aucune marge d'autonomie et d'initiative (*cf. fiches 33 : De la combinaison productive à la fonction de production et fiche 51 : Le taylorisme et le fordisme*).

■ Les concepteurs de l'OST ont cru, à tort, que les exécutants pouvaient supporter indéfiniment la dissociation artificielle entre facteur technique et facteur humain. En fait, dès la fin des années 60, la parcellisation, le travail répétitif, la pénibilité, l'ingratitude des tâches, ne sont plus acceptés facilement. La déqualification de l'emploi, qui résulte de ce type d'organisation de travail, devient insupportable dans une société dont les normes sociales évoluent en même temps que s'élève le niveau d'instruction.

2 La crise de l'organisation fordiste du travail depuis le début des années 70

Les événements du printemps 1968 peuvent être considérés, pour une part, comme annonciateurs de ce mouvement de rejet, dans la mesure où ils mettent en avant des revendications qualitatives.

A La fin de la croissance fordiste

- En reprenant la terminologie de Schumpeter, on peut admettre que l'OST et le fordisme sont des innovations majeures (*cf. fiches 14 : Les causes de la crise actuelle et fiche 99 : La pensée hétérodoxe*).

  C'est à la fin des années 60 et au début des années 70 que ces innovations arrivent à épuisement du fait du ralentissement des gains de productivité consécutif au rejet du fordisme, et de la saturation relative de la demande de biens traditionnellement produits dans les industries fordistes.

  La crise de cette organisation du travail est en quelque sorte le signe d'une nécessaire "destruction créatrice" (*cf. fiche 99: La pensée hétérodoxe*).
- Les mutations technologiques :
  - Le processus de substitution du capital au travail se poursuit avec l'apparition et l'application généralisée des nouvelles technologies, comme l'informatique ou la robotique. Les entreprises s'automatisent, permettant au processus de production de se dérouler sans intervention humaine directe.
  - De cette façon, les emplois d'exécution et de faible qualification, tels qu'ils avaient été institués par l'OST, tendent à disparaître dans l'industrie. Cela rend nécessaires la conception et l'adoption de nouvelles formes d'organisation du travail (*cf. fiche 53 : Le post-taylorisme*).

B La baisse des gains de pouvoir d'achat

- Tant que l'augmentation du pouvoir d'achat des ouvriers a été importante, ceux-ci ont supporté les conditions de travail que leur imposait le fordisme. L'accession à la consommation de masse compensait les inconvénients de ce mode de travail et permettait un certain consensus.
- Lorsque la croissance de leur pouvoir d'achat se ralentit, en raison de l'essoufflement de la croissance fordiste, l'équilibre précaire du compromis fordiste fut rompu.

Ce serait réduire la réalité que d'étudier le fordisme uniquement sous l'aspect d'une organisation du travail en crise. En effet, il ne faut pas occulter le fait que ce mode d'organisation du travail a été un facteur fondamental de la croissance économique d'après-guerre.

Le post-taylorisme

Les dysfonctionnements des organisations du travail taylorienne et fordienne, ainsi que la diffusion des nouvelles technologies, rendent nécessaire la mise en place de nouvelles formes d'organisation du travail. Celles-ci sont caractéristiques du post-taylorisme.

1 Des tentatives de dépassement des limites de l'OST par de nouvelles formes d'organisation du travail

A Certaines mesures peuvent limiter le travail répétitif et la parcellisation des tâches, sans mettre fondamentalement en cause l'OST

■ La rotation des postes :

– Pour rompre la monotonie des tâches, une rotation du personnel d'exécution sur les différents postes est instituée. Cela contribue à rendre à l'ouvrier la maîtrise, même partielle, du processus de production.

– Cette mesure est d'un intérêt et d'une efficacité limités. Elle met en évidence la polyvalence des exécutants sur des postes qui n'ont que peu de spécificité et ne fait pas disparaître le sentiment de déqualification.

De plus, l'adaptation à un poste, lors d'une rotation, peut freiner la productivité. Il arrive même que les ouvriers se plaignent de la rotation qui nécessite un effort supplémentaire.

■ L'élargissement des tâches :

– Cette mesure consiste à limiter la division horizontale du travail. L'exécutant se voit alors confier le soin d'effectuer un ensemble de tâches recomposées.

– D'un plus grand intérêt que la précédente, cette mesure a une portée toutefois limitée. En effet, le cumul de plusieurs tâches dont l'exécution est toujours pénible ou ingrate n'assure pas obligatoirement un dépassement du taylorisme.

■ L'enrichissement des tâches :

– Il s'agit de la mesure la plus élaborée en ce domaine, puisqu'elle limite la division verticale du travail. Les exécutants se voient confier le soin, au-delà de leur travail d'exécution, d'effectuer des tâches de contrôle, de commande, d'entretien, de maintenance.

– La seule limite de ce type de mesure est l'incertitude quant à l'étendue à donner aux responsabilités des travailleurs.

B La mise en place de groupes semi-autonomes se démarquant des principes de l'OST

■ Des petits groupes de travail sont constitués par affinités, conformément aux préceptes de l'École des relations humaines (*cf. fiche 50 : Les relations professionnelles dans l'entreprise*). Le soin d'organiser leur travail, et même de gérer leurs congés, est confié à leurs membres. Aux États-unis, l'École des relations humaines a en effet mis en évidence que l'efficacité d'un petit groupe dépendait de son harmonie, de son degré d'autonomie et de l'importance de ses responsabilités.

■ La substitution d'une contrainte de production à une contrainte hiérarchique tend à s'opérer :

En effet, l'autorité hiérarchique, qui ordonnait l'exécution des tâches, s'assouplit, tandis que les exécutants ont plus de responsabilités. La contrainte qu'ils doivent alors respecter est l'objectif de production à atteindre pour une date donnée.

Cependant, au-delà de ces améliorations, il semble que le post-taylorisme soit destiné à une plus grande ambition.

2 La gestion participative du personnel, fondement du post-taylorisme

A Vers une plus grande implication du personnel dans le processus de décision

■ À travers l'exemple des cercles de qualité :

Déjà répandus au Japon, ils se sont diffusés dans les différents pays capitalistes (par exemple en France depuis 1979).

Il s'agit de réunir régulièrement, durant leurs heures de travail, un petit groupe de salariés volontaires. Ceux-ci examinent les problèmes posés par l'organisation du travail et les méthodes de production. Ils peuvent proposer des solutions dont l'adoption conduit à améliorer la qualité et la productivité, mais aussi les conditions de travail.

■ Ce type de mesures est fondé sur des principes contraires à ceux du taylorisme, selon lesquels le personnel d'exécution n'a aucune part à prendre au processus de décision. Ici, au contraire, les exécutants sont associés à ce processus, car on estime que, présents sur le terrain, ils sont capables de proposer des mesures de bon sens qui ont toutes chances d'être acceptées par tous.

De plus, fondés sur le partenariat, les cercles de qualité permettent d'améliorer les relations dans l'entreprise, et donc de diminuer le nombre ou l'intensité des conflits.

B Vers une plus grande responsabilisation du personnel dans le processus de production

■ La direction par objectifs (DPO) :

Les objectifs à atteindre chaque année sont définis conjointement par les salariés et l'encadrement. Un entretien annuel permet d'évaluer les résultats atteints.

■ Le personnel, contrairement aux principes du taylorisme, prend directement part à la détermination des moyens à mettre en œuvre pour atteindre les objectifs fixés. Cela nécessite une communication interne, facteur de cohésion au sein de l'entreprise, qui faisait défaut au taylorisme. La hiérarchie se réduit au sein de l'entreprise.

Le post-taylorisme porte atteinte à ce qu'affirmait pouvoir mettre en place Taylor, à savoir : *"The one best way"*, mode d'organisation du travail scientifiquement établi et s'imposant à tous comme le seul possible.

Toutefois, il convient de relativiser l'ampleur de l'adoption des nouvelles organisations du travail. Bon nombre d'entreprises n'en sont pas encore là. Taylorisme et fordisme ne sont pas totalement caducs, l'OST se diffuse même dans le secteur tertiaire.

FICHE 54

LE DUALISME DU MARCHÉ DU TRAVAIL

Selon la théorie néo-classique, il existe un marché du travail unique sur lequel s'échange la marchandise travail offerte par les actifs et demandée par les entreprises. Mais la réalité est plus complexe et l'on doit parler des marchés du travail.

1 LE DUALISME DU MARCHÉ DU TRAVAIL EST FONDÉ SUR LE PRINCIPE DE LA SEGMENTATION

A Des marchés du travail cloisonnés et hiérarchisés...

- Le marché du travail n'est pas unique, mais constitué de plusieurs marchés cloisonnés, ce qu'exprime le concept de segmentation du marché du travail.
- Certaines analyses mettent en évidence deux marchés de travail, l'un appelé marché primaire ou central, l'autre appelé marché secondaire ou périphérique, ce qui amène à parler de dualisme du marché du travail. La théorie du dualisme du marché du travail est apparue aux États-Unis à la fin des années 60. Elle a été formalisée par des économistes comme M.-J. Piore ou P.-B. Doeringer.

B ... qui gèrent différentes formes d'emploi

- Sur le marché primaire :
  - Moins de 76 % des emplois salariés en France en 1995 sont des emplois appelés typiques, en raison de la stabilité et de la sécurité que leur ont conférées la croissance fordiste et les avancées de la législation du travail. Leur part était d'environ 81,5 % en 1991.
  - Ce sont donc des emplois à temps complet avec un employeur unique, régis par des contrats de travail à durée indéterminée (CDI). Cela signifie qu'aucune échéance de fin de contrat n'est spécifiée. Le contrat de travail ne sera rompu qu'en de rares occasions : démission, licenciement, départ à la retraite, décès en cours d'activité.
  - Les salariés du marché primaire cumulent de nombreux avantages : salaires les plus élevés, gains de salaires à l'ancienneté, promotion professionnelle interne, avantages sociaux divers (offerts par le comité d'entreprise par exemple). Ces salariés connaissent une relative sécurité de l'emploi dans le temps.
  - Dans l'entreprise, ces actifs constituent un noyau dur; comme ils assurent la continuité de l'activité, il importe de les fidéliser en évitant que leur taux de *turn-over* (taux de rotation du personnel) ne soit trop élevé.
- Sur le marché secondaire :
  - Plus de 24 % des emplois salariés en France en 1995 sont des formes particulières d'emplois (FPE) également appelés atypiques, contre 18,5 % environ en 1991. L'instabilité et l'insécurité qui les caractérisent leur confèrent le qualificatif d'emplois précaires.
  - Les FPE regroupent les emplois précaires et les emplois à temps partiel. Les emplois précaires comprennent l'intérim, les contrats à durée déterminée (CDD), les contrats aidés par l'État (CES, stages de formation classés dans l'emploi au sens du BIT) ainsi que l'apprentissage.

Les formes particulières d'emploi sont toutes en expansion, mais les emplois à temps partiel en représentent encore environ la moitié, suivis de très loin par les CDD (*cf. fiche 55 : La flexibilité et la précarité du travail*).

- Les salariés qui occupent des formes particulières d'emploi cumulent de nombreux inconvénients : salaires les plus faibles, aucune ancienneté possible dans l'entreprise, peu d'avantages sociaux propres à l'entreprise, insécurité totale de l'emploi.
- Dans l'entreprise, les emplois de ces actifs assurent une souplesse et une capacité d'adaptation dans la gestion du personnel, autrement dit une certaine flexibilité du travail que les économistes libéraux préconisent pour lutter contre le chômage (*cf. fiche 55 : La flexibilité et la précarité de travail*).

2 Les différentes catégories d'actifs concernées

A Selon le niveau de qualification des actifs et des emplois

- Les actifs sont différemment concernés par chacun des deux marchés. Cela dépend de leur niveau et de leur domaine de qualification.

  Ainsi le marché primaire gère exclusivement des offres et des demandes d'emplois qualifiés, inversement, le marché secondaire gère des offres et des demandes d'emplois non ou peu qualifiés.
- L'employabilité des actifs sur chacun des deux marchés, c'est-à-dire leur capacité d'être embauchés, diffère selon leur qualification.

  Ainsi un actif sans qualification a une employabilité nulle sur le marché primaire, tandis qu'elle est relativement plus élevée sur le marché secondaire.

B Selon le sexe, l'âge, la nationalité

Le niveau de qualification est inégalement élevé selon les catégories d'actifs. La structure de chacun des deux marchés par catégories d'actifs est donc différente.

- Représentation sur le marché primaire :

  Sont sur-représentés sur le marché primaire des actifs masculins, des actifs âgés de plus de 25 ans, des actifs de nationalité française. Ils ont généralement un niveau de qualification relativement élevé, et ont déjà acquis une expérience professionnelle.
- Représentation sur le marché secondaire :

  Sont sur-représentés sur le marché secondaire des actifs féminins, des actifs âgés de moins de 25 ans, des actifs d'origine étrangère. Ils ont généralement un niveau de qualification relativement faible, et pâtissent d'une expérience professionnelle insuffisante ou inexistante.

Depuis la crise, le dualisme tend à se renforcer avec l'accroissement de la demande de travail sur le marché secondaire. Dans certains pays, la répartition des actifs sur les deux marchés du travail marque une plus grande précarité. Le dualisme du marché du travail est un des facteurs avec le chômage de longue durée du développement de la société duale : d'un côté des individus intégrés professionnellement et socialement mais qui, pour certains, sont extrêmement vulnérables, de l'autre des exclus.

FICHE 55

La flexibilité et la précarité du travail

La notion de flexibilité s'oppose à celle de rigidité. Les rigidités sont des obstacles que présentent l'État et les syndicats à la régulation par le marché. Ces obstacles entravent la détermination des niveaux d'emploi (quantité) et de salaire (prix) par la loi du marché.

1 Les différentes formes de flexibilité

A La flexibilité du travail

■ La flexibilité quantitative :

La flexibilité quantitative est celle qui permet aux entreprises d'adapter à court terme leur niveau d'emploi ou/et la durée du travail aux impératifs de la conjoncture.

Il existe trois sortes de flexibilité quantitative (modèle anglo-saxon) :

– La flexibilité externe :

L'entreprise peut faire varier le nombre de ses salariés. Elle peut avoir recours à des licenciements mettant fin à des contrats à durée indéterminée (CDI). Elle peut ne pas renouveler des contrats de travail de courte durée, ce qui est moins coûteux, car cela ne donne pas droit à des indemnités de licenciement.

– La flexibilité interne :

Sans modifier le nombre de ses salariés, l'entreprise peut faire varier le volume d'heures travaillées. Dans ce cas, il faut que l'entreprise puisse répercuter les réductions de la durée du travail sur les rémunérations, afin de ne pas alourdir dangereusement les coûts salariaux (c'est la question de la compensation salariale).

– La flexibilité par externalisation :

L'entreprise peut ne plus gérer une partie des contrats de travail des actifs qui concourent directement ou indirectement à sa production.

Dans un premier cas, elle peut avoir recours aux prestations de services d'une entreprise intérimaire. Dans ce cas, le salarié intérimaire envoyé en mission dans l'entreprise pour une courte durée (surcharge momentanée de travail ou absence d'un salarié de l'entreprise) demeure salarié de l'entreprise intérimaire.

Dans un second cas, l'entreprise peut avoir recours à des sous-traitants, notamment pour la réalisation de tâches annexes, et se recentre ainsi sur son activité principale.

■ La flexibilité fonctionnelle (modèle suédois) :

– Il s'agit d'une flexibilité qualitative. L'entreprise peut, tout en conservant le même niveau d'emploi, s'adapter aux fluctuations des commandes, tant pour leur quantité que pour leur diversité.

– L'entreprise doit pouvoir adapter à court terme et sans coût supplémentaire le processus de production. Cela nécessite de la part des salariés qu'ils soient polyvalents (et que le capital productif le soit aussi). C'est ainsi que sont mis en place des ateliers flexibles.

B La flexibilité des rémunérations

- Assurer une fixation des salaires qui dépende de la confrontation de l'offre et de la demande de travail, c'est-à-dire de la loi de marché.

  Pour ce faire, les économistes libéraux préconisent la suppression de tout minimum légal en dessous duquel il est interdit de rémunérer un salarié (remise en cause en France du SMIC par exemple).
- Lier les rémunérations salariales aux résultats de l'entreprise, afin d'ajuster les coûts salariaux. C'est ainsi que se développent de nouveaux modes de rémunération qui, indépendamment d'un salaire de base, sont sujets aux fluctuations (primes, intéressement aux bénéfices par exemple).

2 LE LIEN ENTRE FLEXIBILITÉ ET PRÉCARITÉ

A La flexibilité est éventuellement un moyen de lutter contre le chômage...

- Freiner les destructions d'emplois :
  - Une plus grande flexibilité permet d'amortir les fluctuations. Les entreprises, face à la conjoncture, peuvent éviter de recourir à la flexibilité quantitative externe qui détruit des emplois.
  - Les entreprises sont encouragées à embaucher si elles ont la certitude que ces nouveaux emplois et leurs rémunérations sont flexibles.
- Favoriser l'insertion, éviter l'exclusion :
  - Si la conjoncture le permet, des formes particulières d'emplois (*cf. fiche 54 : Le dualisme du marché du travail*) peuvent se transformer en emplois à durée indéterminée.
  - L'essentiel est d'admettre que la condition des actifs du marché secondaire est préférable à la condition des chômeurs. Cela évite au chômage de devenir un chômage d'exclusion.
  - Ces emplois flexibles participent au processus de formation en offrant la possibilité d'acquérir une expérience professionnelle.
- Retrouver une plus grande compétitivité et accroître la rentabilité :

  Les entreprises bénéficient d'une compression de leurs coûts, grâce à une plus grande flexibilité des emplois qui peut être répercutée sur les prix (compétitivité) ou sur les marges (rentabilité), ce qui, à terme, est favorable à l'emploi.

B ... La flexibilité peut éventuellement amplifier la précarisation du marché du travail

- L'inefficacité d'une plus grande flexibilité dans la lutte contre le sous-emploi :
  - La création nette d'emplois n'est pas suffisante pour que l'efficacité de la flexibilité soit prouvée.
  - Ainsi, en France par exemple, de 1991 à 1995, l'emploi total diminue, même si ce n'est que légèrement, tandis que les formes particulières d'emplois (FPE) augmentent de près de 20 %.
- Effet de substitution :

  La flexibilité déclenche un effet de substitution d'emplois précaires aux emplois stables (*cf. fiche 54 : Le dualisme du marché du travail*).

Les analyses divergent quant à l'intérêt que représente la flexibilité. Il semble toutefois indéniable qu'une baisse drastique du chômage nécessite une reprise de la croissance économique, ainsi qu'une réduction de la durée du travail.

FICHE 56

LA FIXATION DES SALAIRES

Le salaire rémunère la force de travail que vendent des actifs salariés. Les actifs salariés (87,3 % de la population active occupée en France en 1990) se soumettent à l'autorité, même déléguée, du chef d'entreprise, et leur rémunération de base ne dépend pas directement des résultats de l'entreprise.

1 LA FIXATION DES SALAIRES PAR LA LOI DU MARCHÉ A ÉTÉ MISE EN CAUSE PAR LA PRÉSENCE DE RIGIDITÉS

A La fixation des salaires par la loi de marché

■ La loi de l'offre et de la demande :

- Le travail, comme toute marchandise, s'échange sur un marché. Le prix fixé, le salaire, dépend de la confrontation de l'offre et de la demande.
- De cette façon, l'offre de travail est une fonction croissante et la demande de travail une fonction décroissante des salaires.
- Toute variation de l'offre ou de la demande de travail provoque une modification à la hausse ou à la baisse du niveau de salaire. Encore faut-il que le salaire soit flexible et qu'il respecte le principe de la vérité des prix.

■ Au niveau microéconomique, compte tenu de la concurrence pure et parfaite, l'entreprise adopte le niveau de salaire fixé par la loi de marché ; elle est un "price taker", un preneur de prix (ici le salaire).

Elle détermine ensuite le niveau d'emploi, lui-même flexible, pour lequel la productivité marginale du travail est égale au salaire qui s'impose. La productivité marginale du travail est la quantité produite par la dernière unité de travail utilisée.

B La fixation des salaires en présence de rigidités

■ La rigidité des salaires (*cf. fiche 55 : La flexibilité et la précarité du travail*) :

Celle-ci s'est développée dans le contexte de croissance économique et d'interventionnisme de l'État-providence. Le compromis fordiste, l'instauration de conventions collectives, la fixation d'un salaire minimum (SMIG en 1950 puis SMIC en 1970), l'indexation des salaires sur l'inflation, de fait sinon de droit, les ont rendu rigides à la baisse.

■ Le chômage et la résurgence des thèses libérales remettent en question ce mode de fixation. La flexibilité est requise pour réintroduire le lien de dépendance entre productivité du travail et salaire. Selon les économistes libéraux il faut mettre en place un processus d'ajustement qui réalise l'égalisation du salaire et de la productivité du travail.

2 De nouvelles théories expliquent la diversité des modes de fixation des salaires et leur éventuelle rigidité

A Les explications des inégalités de salaire

- L'individualisation des salaires détermine chaque salaire en fonction de la productivité individuelle, ou du moins de son estimation plus ou moins objective. C'est ce que l'on appelle parfois le salaire au mérite. Le salaire ne risque plus d'être supérieur à la productivité, ce qui peut inciter les entreprises à embaucher.
- Certaines analyses contemporaines ouvrent de nouvelles perspectives quant à la fixation des salaires.
  - La théorie du capital humain (développée notamment par G. Becker) considère que le salaire est fonction de l'investissement, en éducation, en instruction et en formation. Cela peut expliquer certaines des inégalités de salaires.
  - La théorie du *job search* ou de la recherche d'emploi (E.-S. Phelps), met en évidence l'existence d'un chômage de prospection. L'information imparfaite sur le marché du travail contraint tout demandeur d'emploi à prospecter, ce qui représente pour lui un coût. Il est alors conduit à modérer ses exigences, en matière de salaire notamment, pour retrouver au plus vite un emploi (le versement d'allocations chômage retarderait cette nécessité).
  - La théorie de la discrimination affirme que l'on distingue différentes catégories de main-d'œuvre, auxquelles on reconnaît habituellement des compétences et des productivités inégales. Cela expliquerait l'inégalité des rémunérations selon le marché du travail considéré, et particulièrement selon le sexe (*cf. fiche 54 : Le dualisme du marché du travail*).

B La rigidité des salaires peut être acceptée par l'entreprise

- Les contrats implicites :
  - Les salariés redoutent qu'en cas de mauvaise conjoncture l'employeur procède à des réductions de salaires. L'employeur, quant à lui, redoute que les salariés ne fournissent pas les efforts maximum.
  - Les contrats implicites limitent l'incertitude liée à la conjoncture, à l'image d'un contrat d'assurance. L'employeur s'engage à maintenir le niveau des salaires, et prémunit les salariés contre les éventuelles baisses de pouvoir d'achat. En contrepartie, les salariés concèdent à l'employeur le droit de ne pas augmenter les salaires proportionnellement aux gains de productivité.
- Les salaires d'efficience :
  - La théorie des salaires d'efficience confirme la corrélation qui doit exister entre salaire et productivité, mais elle l'inverse par rapport à ce qu'affirme la théorie néo-classique traditionnelle. La productivité est alors conçue comme fonction du niveau des salaires, et non le contraire.
  - Les salariés redoutent que leur employeur les rémunère à un taux inférieur à leur productivité. L'employeur, quant à lui, redoute que les salariés minorent leurs efforts. Il s'agit alors de fixer les salaires, dans une entreprise, à un niveau supérieur à celui déterminé par le marché. De ce fait, les salariés de l'entreprise conçoivent rationnellement qu'ils sont privilégiés. Pour conserver leur avantage, ils doivent fournir les efforts maximum et accroître ainsi leur productivité.

L'évolution du mode de fixation des salaires montre que la théorie économique n'est plus fondée sur des certitudes inaltérables.

FICHE 57

LA CRISE DU SYNDICALISME

Le syndicat, organisation de défense des intérêts professionnels (cf. fiche 50 : Les relations professionnelles dans l'entreprise), *est un des contre-pouvoirs essentiels de nos sociétés contemporaines. Après avoir joué un rôle économique et social majeur, le syndicalisme est aujourd'hui en crise.*

1 LES MANIFESTATIONS DE LA CRISE SYNDICALE

A La baisse du taux de syndicalisation

- Le taux de syndicalisation, qui est la part des salariés syndiqués dans la population active salariée, est en baisse.
- Cette baisse révèle l'existence d'une crise d'adhésion :
  - On estime que le taux de syndicalisation français est passé de 20 % environ durant les années 60 à approximativement 9 % actuellement.
  - Le taux de syndicalisation est en baisse dans tous les pays (même si les baisses sont inégales). Il existe toujours de fortes différences de taux de syndicalisation selon les pays. Ces différences tiennent à la diversité du statut des syndicats. Là où ils bénéficient d'un monopole d'embauche *(closed shop)*, là où ils gèrent massivement les œuvres sociales, le taux de syndicalisation est plus élevé. Au contraire, là où ils ont un caractère révolutionnaire, le taux de syndicalisation est plus faible.

B La baisse d'audience syndicale

- La crise du syndicalisme n'est pas uniquement une crise d'adhésion. Le taux de syndicalisation a toujours été faible en France, même aux époques relativement favorables aux syndicats.
- Les mots d'ordres syndicaux sont de moins en moins suivis, diverses manifestations sont significatives d'une baisse de leur audience et révèlent l'existence d'une crise du syndicalisme :
  - Les conflits, qu'ils soient localisés ou généralisés, sont de moins en moins nombreux ; les salariés sont de moins en moins prêts à suivre un mot d'ordre de grève.
  - La part des suffrages exprimés en faveur des listes présentées par les syndicats lors des élections professionnelles baisse (élections de délégués du personnel, de membres du comité d'entreprise, élections prud'homales).

2 LA CRISE SYNDICALE EST ENDOGÈNE, MAIS AUSSI EXOGÈNE

A Le paradigme de l'action collective

- La vision utilitariste du théorème d'Olson :
  - Des individus rationnels (ici les salariés) ne devraient théoriquement pas souscrire à l'action collective (ici l'action syndicale). En effet, ils devraient

craindre, par exemple, le blâme, la mise à l'index, la perte de temps qu'il faudrait consacrer à l'action, le coût éventuel d'une adhésion ou la perte d'une partie du salaire en cas de grève. Par ailleurs, même s'ils ne participent pas à l'action collective, ils peuvent bénéficier de son éventuel succès (par exemple augmentation de salaire). Ils ont donc intérêt à adopter un comportement de "passager clandestin".

– L'agrégation de tous ces comportements individuels fondés sur la même rationalité devrait alors rendre impossible l'action collective.

■ Si l'action syndicale a pu se développer par le passé, des raisons spécifiques peuvent l'expliquer :

– La classe ouvrière est née et s'est développée sur des principes de solidarité et sur la base de convictions idéologiques qui ont pu sublimer la rationalité individuelle. C'est le regain d'individualisme, auquel on assiste actuellement, ainsi que la résurgence du libéralisme et la fin des idéologies qui ont réactivé le paradigme de l'action collective.

– Seule l'individualisation des services syndicaux semble être proposée comme moyen d'enrayer cette crise, afin d'intégrer la rationalité individuelle comme composante du syndicalisme.

B L'inadaptation des syndicats

■ L'inadaptation des syndicats à la crise économique et au sous-emploi :

– La crise a développé le chômage et les formes particulières d'emploi (*cf. fiche 55 : La flexibilité et la précarité du travail*). Les actifs, chômeurs ou occupant un emploi précaire, ne sont pas suffisamment insérés dans la vie professionnelle pour se syndiquer, ou être prêts à suivre des mots d'ordres syndicaux.

– La récession entrave l'action syndicale car, du fait de la situation difficile des entreprises, les revendications ont moins de chances d'aboutir d'autant que l'ampleur du chômage fait reculer la combativité des salariés.

■ L'inadaptation des syndicats aux mutations de l'appareil productif et à celles de la population active :

– Le développement d'une économie post-industrielle, la diminution de la part de l'industrie et des grandes entreprises dans l'appareil productif, ainsi que l'éclatement du collectif de travail, effritent la classe ouvrière, sur laquelle était traditionnellement fondé le syndicalisme.

– Par ailleurs, la tertiarisation et la féminisation se sont développées tandis que le niveau général des qualifications augmentait. De nouvelles organisations du travail se sont mises en place et modifient les relations du travail (droit d'expression directe avec les lois Auroux de 1982 par exemple). Le syndicalisme, par négligence, incompétence ou impossibilité, ne s'est pas adapté à ces nouvelles données. Il perd de ce fait sa crédibilité, et son discours devient obsolète.

Dans un contexte de désyndicalisation et malgré la tendance de fond à la diminution de l'action collective, certains conflits salariaux apparaissent épisodiquement (exemple de grèves de l'automne 1995 dans certaines entreprises publiques comme la SNCF et EDF-GDF ou dans la fonction publique). Parfois, des comités de base ou des coordinations se constituent spontanément, fondés sur des revendications ponctuelles, en marge des syndicats ; ils sont généralement éphémères (mouvement d' infirmières par exemple). L'action collective conserve donc une place dans la société post-industrielle, mais ses structures sont de moins en moins syndicales.

FICHE 58

LA MESURE DU CHÔMAGE

La population active comprend la population active occupée et les chômeurs. Ces derniers se distinguent des inactifs car c'est contre leur volonté qu'ils sont privés d'emploi.

Il est nécessaire de quantifier le chômage, mais il est possible de le faire différemment, selon les critères que l'on retient.

1 PLUSIEURS COMPTABILISATIONS DU NOMBRE DE CHÔMEURS...

A La comptabilisation annuelle du chômage par le BIT et l'INSEE

■ Au sens du Bureau international du travail (BIT).

Les chômeurs doivent satisfaire aux quatre conditions suivantes :

- Être dépourvus d'emploi
- Être à même de travailler
- Chercher un emploi rémunéré
- Être à la recherche effective de cet emploi

■ Au sens de l'INSEE, les chômeurs sont comptabilisés dans la population sans emploi à la recherche d'un emploi (PSERE) :

– L'INSEE mesure la PSERE chaque année au mois de mars (enquête emploi effectuée auprès d'un échantillon représentatif de ménages).

Les personnes prises en compte ne doivent pas avoir travaillé, ne serait-ce qu'une heure, durant la semaine de référence qui précède l'enquête.

– La PSERE est une mesure qui retient les conditions définies par le BIT, auxquelles s'ajoutent d'autres conditions plus restrictives :

Il faut, tout d'abord, être disponible pour occuper un emploi dans un délai de quinze jours (sauf maladie). Il est impossible d'être considéré comme chômeur si l'on n'est disponible qu'ultérieurement.

Ensuite, contrairement à la mesure du BIT, la PSERE n'ajoute pas les actifs mis à pied temporairement ou pour une durée indéfinie (exemple du chômage partiel ou saisonnier).

B La comptabilisation mensuelle du chômage par l'ANPE

■ Les Demandes d'emploi en fin de mois brutes (DEFM brutes) :

– Cette mesure est effectuée par l'ANPE. Elle tient compte des flux d'entrées et de sorties enregistrés durant le mois sur ses registres d'inscriptions.

■ On distingue différentes catégories de DEFM classées par ordre d'exigences décroissantes :

– Les DEFM de catégorie 1 doivent remplir les conditions suivantes :

- être sans emploi rémunéré (ou avoir travaillé moins de 78 heures dans le mois)
- être disponible immédiatement
- être à la recherche d'un contrat à durée indéterminée à temps plein.

– Les DEFM comportent 8 catégories. On peut ainsi définir par exemple : les catégories 2, 3, 4, et 5 en ajoutant successivement : des personnes recherchant un emploi à temps partiel (2), celles recherchant un emploi à durée déterminée (3), celles n'étant pas immédiatement disponibles (4), celles qui, occupant un emploi, sont à la recherche d'un autre emploi (5).

– Les DEFM corrigées des variations saisonnières (CVS).

L'évolution des DEFM est due à une tendance de longue durée mais aussi à des variations saisonnières. Ainsi, traditionnellement, le mois de septembre enregistre une augmentation des DEFM du fait de l'arrivée sur le marché du travail de nouveaux actifs qui sortent du système scolaire, elle a ensuite tendance à diminuer.

Les DEFM/CVS font abstraction des variations intra-annuelles pour ne mettre en évidence que la tendance (ou *trend*).

2 ... QUI DONNENT LIEU À UNE POLÉMIQUE À PROPOS DE L'AMPLEUR DU CHÔMAGE

Ignorer que les statistiques portant sur le nombre de chômeurs peuvent être différentes selon les critères retenus peut faire croire, à tort, que certaines sont exactes et que d'autres sont anormalement gonflées.

A Une polémique, non fondée, sur l'existence de faux chômeurs

■ Certes de faux chômeurs existent, mais ils sont très minoritaires. Rares sont ceux qui peuvent se permettre de jouir d'une période de chômage en bénéficiant du versement d'allocations chômage suffisantes et être certains de retrouver facilement un emploi.

■ Contrairement aux propos parfois tenus, les mesures du chômage ne sont pas plus ou moins laxistes. Il n'en est pas de bonnes ou de mauvaises, elles dépendent des frontières retenues pour déterminer qui sont les chômeurs.

Ainsi par exemple en mars 1996, les données des DEFM (catégories 1, 2, 3) étaient supérieures de 1 058 000 chômeurs à celles de la PSERE, mais cela ne signifie pas qu'il y ait 1 058 000 faux chômeurs.

B Les frontières du chômage sont relatives

■ Il est de plus en plus difficile d'appréhender la réelle importance du chômage :

– Le flou des frontières entre l'activité et le chômage est croissant, ce qui justifie l'expression de M. Cézard : "Le chômage et son halo". Il existe en effet de nombreux statuts intermédiaires entre ces deux états opposés.

– Le développement de formes particulières d'emplois (ou emplois atypiques) fait apparaître que de plus en plus d'actifs comptabilisés comme actifs occupés n'en sont pas moins des chômeurs potentiels ou récurrents (*cf. fiche 55 : La flexibilité et la précarité du travail*). Le sous-emploi est un phénomène d'une plus grande ampleur que le chômage.

■ Certains actifs sans emploi renoncent à être inscrits sur les listes de l'ANPE ou en sont radiés. Ils peuvent se décourager et ne plus respecter les règles d'inscription à l'ANPE, ne pas en voir l'utilité s'ils ne peuvent pas prétendre au versement d'allocations, ce qui est le cas par exemple lorsqu'ils étaient précédemment inactifs.

Pour connaître la situation du chômage, il est souvent plus intéressant de tenir compte du taux de chômage (part des chômeurs dans la population active) plutôt que du nombre de chômeurs. De plus, l'ancienneté ou la durée moyennes du chômage permettent d'appréhender le chômage de longue et de très longue durée (cf. fiche 59 : Les caractéristiques et l'évolution du chômage*).*

FICHE 59

Les caractéristiques et l'évolution du chômage

L'augmentation du nombre de chômeurs résulte à la fois d'une augmentation continue de la population active potentielle et d'un ralentissement des créations d'emplois ou parfois même de destructions d'emplois.

1 Le chômage est sélectif

A La mesure de l'inégalité face au chômage

- Les taux de chômage par catégories (part des chômeurs dans une catégorie donnée d'actifs) révèlent des inégalités :
  On retient par exemple des catégories par sexe, âge, niveau de qualification, etc. Des regroupements de catégories sont possibles (exemple : hommes de moins de 25 ans sans qualification).
- Une employabilité et une vulnérabilité différentes :
  - L'employabilité est la capacité d'une catégorie de chômeurs à trouver ou retrouver un emploi.
  - La vulnérabilité est le risque qu'encourent les actifs occupés d'une catégorie de devenir chômeurs.

B L'inégalité du chômage selon la catégorie

- Les principaux handicaps dépendent de :
  - La qualification des actifs :
    Le taux de chômage croît inversement au niveau de qualification.
  - L'âge et le sexe :
    Le taux de chômage est plus élevé chez les jeunes actifs (moins de 25 ans) et chez les femmes. Cela est lié au handicap précédent, le manque de qualification touchant plus les jeunes et les femmes.
- En termes d'employabilité et de vulnérabilité :
  - L'employabilité décroît avec l'âge (mais augmente avec le niveau de qualification), en raison de la faible capacité d'adaptation et de la plus faible productivité des actifs âgés. Au contraire les jeunes actifs sont plus volontiers embauchés, même si c'est pour des emplois précaires. Ainsi le chômage de longue durée croît avec l'âge des actifs.
  - La vulnérabilité décroît avec l'âge (mais diminue avec le niveau de qualification). Plus un actif est âgé, mieux il est inséré dans son entreprise et sur le marché du travail. Au contraire plus un actif est jeune plus sa vulnérabilité est forte en raison de son manque d'expérience, et de la précarité de l'emploi qu'il occupe.

2 Le chômage s'est diversifié et aggravé depuis le début de la crise

A Chômage de conversion, répétitif, ou d'exclusion

(typologie dressée par J. Freyssinet)

- Le chômage de conversion est caractéristique du chômage jusqu'à la crise. Les mutations de l'appareil productif font perdre leur emploi à certains actifs, mais le chômage est de courte durée en raison de la forte croissance économique.
- Le chômage répétitif se développe avec la crise. Il s'agit de la situation des actifs du marché secondaire (*cf. fiche 54 : Le dualisme du marché du travail*) qui connaissent une alternance fréquente d'emplois précaires et de chômage. Le développement de ce type de chômage diminue la durée moyenne du chômage, ce qui n'est pourtant pas un signe de réelle amélioration de la situation du marché du travail.
- Le chômage d'exclusion se développe, et cause l'extension du chômage de longue durée (supérieur à 1 an), puis de très longue durée (supérieur à 3 ans). Les actifs qui cumulent plusieurs handicaps sont exclus du monde du travail, leur insertion professionnelle et sociale est alors gravement compromise.

B L'aggravation de la situation du chômage

- L'augmentation du taux de chômage :
  - En 1972, le taux de chômage en France est de 2,4 %, ce qui semble correspondre à un taux de chômage incompressible. Au début de la crise, en 1975, il passe à 4 %. Dès lors il ne cesse de s'accroître jusqu'en 1987, date à laquelle il atteint 10,2 %.
  - La diminution du taux de chômage à partir de 1987 est lente et fragile, ce n'est pas une amélioration incontestable de la situation de l'emploi. La réduction est moins forte et plus tardive en France que dans d'autres pays.
  - Alors que le taux de chômage moyen est de 6,2 % dans les pays de l'OCDE en 1989, il est encore de 9 % en France en 1990 et la décennie 90 le voit à nouveau augmenter (12,3 % en 1997).
  - L'existence d'un chômage déguisé camoufle une partie de la réalité du chômage. Le traitement social du chômage (multiplication d'emplois spéci-fiques par exemple) et la précarisation des emplois allègent les statistiques du chômage, mais pas le sous-emploi (*cf. fiche 55 : La flexibilité et la précarité du travail*).
- L'augmentation de la durée et de l'ancienneté du chômage :
  - La durée moyenne du chômage se calcule à partir des actifs qui sont déjà sortis du chômage, alors que l'ancienneté moyenne du chômage se calcule à un moment donné, en prenant en compte tous les actifs qui sont encore chômeurs.
  - L'ancienneté moyenne du chômage ne rend qu'imparfaitement compte de la durée moyenne du chômage. À chaque détérioration de la conjoncture, le taux de chômage augmente à cause de l'arrivée de nouveaux chômeurs tandis que se réduit l'ancienneté moyenne du chômage.
  - Alors que le chômage de longue durée (plus de 1 an) ne touche encore que 16,9 % de la PSERE en 1975, cette part passe à 38,9 % en 1997 (*cf. fiche 58 : La mesure du chômage*).

Environ 60 % des chômeurs français bénéficient d'une indemnisation. Celle-ci n'est pas toujours maximum; ainsi les chômeurs en fin de droits, qui ne perçoivent plus l'allocation de base, sont considérés comme indemnisés. La majorité des 40 % de chômeurs non indemnisés sont des femmes et des jeunes, ce qui renforce encore l'inégalité des actifs face au chômage.

FICHE 60

L'ANALYSE DU CHÔMAGE

Tant que le chômage est dû à l'existence de délais d'ajustement entre l'offre et la demande de travail, le taux de chômage est réduit à un taux de chômage incompressible (inférieur à 5 %); il s'agit alors du chômage frictionnel. Dès lors que ce taux est dépassé, d'autres explications sont nécessaires.

1 LE CHÔMAGE EST À LA FOIS CONJONCTUREL ET STRUCTUREL

A L'explication conjoncturelle

- Le niveau d'emploi et celui du chômage sont déterminés, en partie, par le taux de croissance du PIB :

  Plus le taux de croissance du PIB est élevé, plus les entreprises ont tendance à embaucher pour augmenter leurs capacités de production.
- La crise se traduit par un net ralentissement de la croissance du PIB et donc des emplois qui, combiné avec l'augmentation de la population active due aux arrivées nombreuses de femmes et de jeunes sur le marché du travail, explique la montée du chômage.
- La corrélation entre variation de l'emploi et croissance du PIB n'est pas obligatoirement importante, en raison de l'interférence de la croissance de la productivité horaire du travail et de la diminution éventuelle de la durée du travail. En effet, si la croissance de la production est supérieure à la croissance de la productivité du travail par tête, il y a création d'emplois et dans le cas inverse destruction. La diminution de la durée du travail agit dans le sens inverse de l'augmentation de la productivité horaire du travail, mais il est rare qu'une diminution du temps de travail ne s'accompagne pas d'une augmentation de la productivité. Cependant, à long terme, les gains de productivité sont un facteur de création d'emplois car ils renforcent la compétitivité et sont donc source de croissance.

B L'explication structurelle

- En dépit d'une création nette d'emplois, le chômage peut subsister. Ce phénomène peut s'expliquer par l'inadaptation des structures de qualification, ce qui ne relève plus de la conjoncture.
- Dans un contexte de mutations de l'appareil productif, une inadéquation de la qualification des actifs à celle des emplois (renforcée par une mobilité géographique insuffisante) peut rendre impossible l'ajustement de l'offre et de la demande de travail. L'insuffisance du niveau de formation des actifs ou/et leur spécialisation trop étroite sont responsables de leur inadaptation à des emplois différents et plus qualifiés. Cela met en évidence l'enjeu du système scolaire, puisque les capacités d'adaptation des actifs qui en sortent en dépendent, mais aussi la nécessité d'une formation continue.

2 L'opposition des théories économiques peut être dépassée

A De l'analyse libérale à l'analyse keynésienne

- Le chômage selon les libéraux :
  - Dans le cadre de l'équilibre général walrasien, le chômage est un déséquilibre transitoire sur le marché du travail, et le plein emploi est au contraire la situation normale. Seuls restent des chômeurs volontaires encouragés par l'action de l'État-providence (*cf. fiche 7 : De l'État-gendarme à la crise de l'État-providence*).
  - L'autorégulation du marché, grâce à la loi de l'offre et de la demande, fait de la variation des salaires réels le moyen de réguler ce marché. L'excédent de l'offre de travail par rapport à la demande doit réduire les salaires réels et provoquer un retour à l'équilibre (*cf. fiche 93 : Les néoclassiques*).
  - L'équilibre sur le marché du travail au prix d'une baisse des salaires réels ne compromet cependant pas la demande : c'est l'effet Pigou selon lequel la réduction des salaires réels induit une baisse de la demande de biens et de services qui provoque un excès de l'offre de biens et de services par rapport à la demande, et fait baisser les prix. Les avoirs monétaires réels des ménages sont alors réévalués, ce qui provoque une augmentation de la demande.
- Les keynésiens inversent le raisonnement :
  - Le chômage et le sous-emploi caractérisent une situation qui, en dehors de toute intervention de l'État, est normale. En effet, selon les keynésiens, l'économie est généralement en situation d'équilibre de sous-emploi car la demande effective est insuffisante (*cf. fiche 95 : Keynes*). Les salaires trop faibles seraient ainsi la cause du chômage.
  - Le chômage involontaire est donc possible car, contrairement à ce que l'analyse libérale admet, l'agrégation des rationalités individuelles ne conduit pas nécessairement à l'équilibre de plein emploi ; l'addition des logiques individuelles des entreprises qui renoncent à embaucher et même licencient en raison de l'insuffisance de la demande de biens et de services crée du chômage.

B La tentative de synthèse par la théorie du déséquilibre

- La théorie du déséquilibre tente de concilier les approches du chômage par les analyses libérale et keynésienne (*cf. fiche 98 : La théorie du déséquilibre*). Les prix sur le marché des biens et des services, comme le salaire sur le marché du travail, sont rigides. Les prix ou le salaire pratiqués peuvent être différents des prix ou du salaire d'équilibre. L'ajustement ne peut alors se faire que par les quantités.
- Trois cas de figure peuvent alors se présenter :
  - L'excès de l'offre sur chacun des deux marchés. On est alors en présence d'un chômage keynésien (conforme à l'analyse keynésienne), révélé par l'insuffisance de la demande de biens et de services.
  - L'excès de la demande sur le marché des biens et des services et l'excès de l'offre sur le marché du travail. On est alors en présence d'un chômage classique (conforme à l'analyse classique ou libérale). Des salaires trop élevés sont responsables de l'excès de demande de biens et de services et de la baisse du taux de marge, incitant les entreprises à licencier.
  - L'excès de la demande sur chacun des deux marchés est caractéristique d'une situation d'inflation contenue. En raison de la rigidité des prix, l'inflation ne se manifeste pas par leur forte augmentation. Les entreprises ne parviennent pas par ailleurs à satisfaire leur demande de travail.

Les gouvernements qui se succèdent depuis le début de la crise mettent en place diverses politiques de l'emploi qui s'inspirent des différentes théories. La médiocrité des résultats obtenus remet en cause les postulats ou les dogmes des théories.

PARTIE VII

MONNAIE ET FINANCEMENT

FICHE 61

LES FONCTIONS ÉCONOMIQUES DE LA MONNAIE

Instrument d'échange remplaçant avantageusement le troc, symbole de la puissance des États, variable économique majeure, la monnaie joue un rôle essentiel dans le fonctionnement des économies.

1 LE BESOIN DE MONNAIE

A La monnaie remplacerait avantageusement le troc

- Le troc était possible en période d'échanges limités mais l'installation progressive d'une division du travail (les individus se spécialisant dans la production d'un bien particulier) a multiplié les échanges, chaque individu ayant besoin de ce que les autres individus produisent.
- Plus les échanges sont nombreux plus le troc devient difficile car celui-ci suppose qu'à chaque échange, chacun ait besoin de ce que l'autre produit, éventualité peu probable. En outre, l'échange de produits périssables et non divisibles présente de nombreux inconvénients.
- Pour pallier ces difficultés, les sociétés auraient décidé de passer de l'utilisation d'un équivalent simple à un équivalent général : la monnaie.

B Mais le troc n'exclut pas l'usage de la monnaie

Il semblerait que dans de nombreux cas, les sociétés utilisaient en plus du troc une forme de monnaie.

- Ainsi, même lorsque le troc est utilisé, un équivalent général est souvent nécessaire afin de pouvoir comparer les produits entre eux ; une marchandise plus convoitée que les autres joue souvent ce rôle, chaque société a donc dû utiliser des bijoux, des coquillages... comme mesure des valeurs.
- D'autre part, la monnaie a de tout temps été liée à la notion de souveraineté. Selon Michel Aglietta, le pouvoir, en accaparant une marchandise très désirée, peut contrôler la répartition des richesses. C'est pourquoi autrefois les pièces d'or étaient frappées à l'effigie des monarques, et aujourd'hui la contrefaçon des billets est sévèrement punie, car elle est considérée comme une atteinte à la souveraineté de l'État.

2 LES FONCTIONS DE LA MONNAIE

A La monnaie a traditionnellement trois fonctions

- La fonction d'intermédiaire dans les échanges : il n'y a plus d'échange direct entre deux marchandises car les individus échangent une marchandise (éventuellement du travail) contre de la monnaie qui leur permet d'acheter une autre marchandise.

- La fonction de mesure des valeurs : la monnaie sert d'équivalent général, c'est-à-dire d'étalon commun à toutes les marchandises, et permet ainsi mesure et comparaison.
- La fonction de réserve : la monnaie permet de différer un achat et rend donc possible l'épargne.

B Mais elle ne les remplit pas parfaitement

Si ces trois fonctions constituent une base intéressante pour examiner les caractéristiques d'un signe monétaire, (l'EURO est-il une monnaie à part entière, par exemple?) la monnaie ne remplit en général qu'imparfaitement chacune de ces fonctions.

- L'inflation met en cause la fonction de réserve ainsi que la fonction de mesure des valeurs ; la monnaie permet de différer une acquisition, mais elle peut entre temps perdre une partie de son pouvoir d'achat du fait de la hausse des prix, et devenir ainsi un étalon instable.
- Deux fonctions peuvent parfois s'avérer antinomiques : la loi de Gresham (la mauvaise monnaie chasse la bonne) l'illustre parfaitement. À l'époque du bimétallisme, (*cf. fiche 63 : Les formes de la monnaie : vers une dématérialisation*) l'or étant apprécié, il était souvent désiré pour lui-même et donc thésaurisé (fonction de réserve) alors que l'argent était généralement utilisé dans les échanges (fonction d'intermédiaire).

L'emploi d'un signe monétaire n'exclut pas totalement l'utilisation du troc. Les échanges commerciaux entre les pays à économie planifiée au sein du CAEM (Conseil d'Assistance Économique Mutuelle) se firent longtemps sous cette forme, qui permet encore aujourd'hui à des pays pauvres en devises de se procurer du pétrole ou des produits manufacturés en échange de leurs produits bruts.

FICHE 62

L'INTERACTION DES FLUX MONÉTAIRES ET RÉELS

Omniprésente, la monnaie doit-elle seulement être considérée comme un outil pratique pour les échanges, ou mérite-t-elle une place prépondérante dans l'économie? Il est possible d'estimer que la monnaie est neutre, c'est-à-dire penser que les flux réels et les flux monétaires sont indépendants ; on peut aussi considérer qu'ils sont interdépendants et qu'une augmentation de la quantité de monnaie peut par exemple provoquer une augmentation de la demande. Le débat prend une acuité certaine lorsqu'il s'agit de déterminer la quantité optimale de monnaie.

1 LES RELATIONS ENTRE LES PHÉNOMÈNES MONÉTAIRES ET RÉELS

A La neutralité de la monnaie...

- Dans la théorie classique (*cf. fiches 92 et 93 : Les classiques – Les néo-classiques*) la monnaie est considérée comme "un voile", c'est-à-dire qu'elle est indépendante de la sphère réelle de production et risque de masquer les réalités économiques (une augmentation des prix peut, par exemple, faire croire à une augmentation de la production).
- Théorie quantitative de la monnaie : cette théorie est formalisée par l'équation de Stuart Mill reprise par I. Fisher : $M \times V = P \times T$
  - M est la quantité de monnaie en circulation ;
  - V est la vitesse de circulation de la monnaie, c'est-à-dire, pour simplifier, le nombre de fois ou une unité monétaire est utilisée dans une année ;
  - P représente le prix moyen ;
  - T est le montant total des transactions effectuées dans une année, c'est-à-dire approximativement la production, déduction faite de la variation des stocks.

  V et T étant considérées comme des variables indépendantes (sphère réelle), toute augmentation de la quantité de monnaie se traduit par une augmentation des prix. Selon cette hypothèse, la monnaie est neutre : toute variation de la quantité de monnaie est contre-balancée par une modification des prix, mais n'influe pas sur le niveau réel des transactions et de la production.

B ...est mise en cause

- D'une part, toute unité monétaire n'est pas utilisée pour les transactions, car si la monnaie peut servir à un achat direct (transaction) et être placée (dans ce cas elle servira indirectement à d'autres transactions, investissement par exemple), elle peut aussi être thésaurisée, ce qui diminue la demande et le volume de transactions.

- D'autre part, une augmentation de la quantité de monnaie peut, en accroissant les moyens de paiement mis à la disposition de l'économie, avoir un effet positif, non seulement sur les prix mais aussi sur la demande. Si la production n'est pas prête à répondre à cette demande additionnelle, seuls les prix risquent de gonfler, mais si tous les facteurs de production ne sont pas utilisés et si les entreprises ont confiance en l'avenir, la production peut suivre la demande. Ainsi dans les cycles Kondratieff, monnaie et activité économique interfèrent car des périodes d'expansion et de hausse de prix succèdent à des périodes de récession et de baisse des prix (*cf. fiche 12 : Les cycles*).

  Mais accepter le fait que la monnaie ait un rôle important dans l'économie conduit à en rechercher la quantité optimale, d'où l'ouverture d'un nouveau débat...

2 L'OPTIMALISATION ÉCONOMIQUE DE LA QUANTITÉ DE MONNAIE

Faut-il permettre l'accroissement de la quantité de monnaie pour favoriser l'activité économique sous peine d'un risque d'inflation, ou bien mener une politique restrictive afin de conserver à la monnaie sa valeur ? Ce débat a débuté au XIXe siècle et il est encore tout à fait d'actualité.

A Débat entre le "currency principle" et le "banking principle"

- Les défenseurs du "currency principle", dont Ricardo, considèrent que la quantité de monnaie en circulation ne doit pas dépasser le stock d'or ; une gestion restrictive de la monnaie permet de lui conserver sa valeur et donc la confiance que les agents économiques peuvent lui manifester.
- La quantité d'or étant une base peu stable, variant en fonction des découvertes de gisements d'or, les défenseurs du "banking principle", dont Stuart Mill, pensent que la monnaie doit suivre l'activité économique et s'y adapter.
- Le Banking act de 1844 a mis en œuvre, en Grande-Bretagne, les conseils des partisans du *currency principle* en limitant la quantité de monnaie au stock d'or ; l'activité économique n'a pas paru trop en souffrir, mais il faut reconnaître que de nombreuses découvertes de gisements ont permis une croissance non négligeable de la quantité de monnaie.

B L'actualité du débat

- Le débat est toujours très actuel avec l'opposition entre la théorie keynésienne, qui considère qu'une création monétaire est susceptible de soutenir l'activité économique et de créer des emplois, et la théorie monétariste (dont Milton Friedman est le chef de file) selon laquelle il est nécessaire de contrôler strictement la masse monétaire afin de ne pas créer d'inflation.
- Considérant que l'inflation nuit à la compétitivité extérieure, la plupart des pays développés mènent actuellement des politiques restrictives qui tendent à limiter la croissance de la quantité de monnaie (*cf. fiche 25 : La politique monétaire*).

La monnaie n'est donc pas un instrument neutre ayant pour unique vocation de faciliter les échanges. Elle nécessite une gestion rigoureuse en fonction des différents impératifs et objectifs économiques : lui conserver avant tout sa valeur ou l'utiliser pour soutenir l'activité.

FICHE 63

LES FORMES DE LA MONNAIE : VERS UNE DÉMATÉRIALISATION

Après avoir pris des aspects très concrets : vases, bijoux, coquillages et même bétail, la monnaie a, au fil des temps, revêtu une forme de moins en moins matérielle. Cette dématérialisation de la monnaie n'a cependant pas entamé la confiance des utilisateurs.

1 LA PREMIÈRE ÉTAPE DE LA DÉMATÉRIALISATION : DE LA MONNAIE-MARCHANDISE AU BILLET CONVERTIBLE

A La monnaie-marchandise

- Les premières formes de monnaie utilisées étaient des objets appréciés par les individus et revêtant une importance certaine dans l'activité économique ; ainsi les peuples d'éleveurs se servaient souvent, comme étalon de mesure, mais aussi comme instrument de paiement, du bétail. Par commodité un grand nombre de sociétés ont progressivement utilisé des marchandises qui avaient comme qualité de ne pas être périssables et donc de pouvoir être épargnées, d'être parfaitement divisibles, et d'être fortement appréciées car utilisées pour les parures et les ornements : les métaux précieux, et particulièrement l'or et l'argent.
- Les métaux précieux sont des monnaies-marchandises car ils ont une valeur intrinsèque égale au produit qu'ils permettent d'acheter (contrairement au billet actuel, par exemple, qui n'a aucune valeur en lui-même). Leur première forme fut celle de lingots que l'on pesait à chaque échange, puis par commodité, mais aussi afin de permettre au pouvoir un certain contrôle, on utilisa des pièces à poids identique, frappées sous sa surveillance.
- Alors que le système le plus répandu était le bimétallisme (utilisation de l'or et de l'argent), les pays européens au XIXe siècle ont progressivement adopté le monométallisme (or uniquement) ; en effet, l'inconvénient principal du bimétallisme résidait dans le fait que les individus avaient davantage confiance dans l'or que dans l'argent, ce qui les incitait à thésauriser le premier et à n'employer que le second dans les transactions, d'où la loi de Gresham : "la mauvaise monnaie chasse la bonne". On retrouve ici la qualité obligatoire d'une bonne monnaie : les agents économiques doivent l'apprécier et avoir confiance en elle.

B L'apparition du billet

- L'inconvénient principal de l'or est son poids ; il a donc paru plus commode, pour certaines transactions, de le laisser à la banque et de payer ses dettes à l'aide d'un billet qui permet au créancier d'aller lui-même le retirer à la banque. Mais pourquoi aller retirer l'or alors qu'il est beaucoup plus simple de conserver le billet et de l'utiliser de nouveau dans une autre transaction ? Le billet convertible est ainsi apparu en Occident au début du XVIIIe siècle (mais les Chinois, inventeurs du papier, émettaient dès 650 des "billets de valeur").

- Le billet convertible n'est pas une monnaie au sens strict car il représente une quantité d'or (l'or demeure la seule monnaie), il est un support facilitant le paiement. Peu à peu, pour contrôler l'émission de billets et s'assurer de ce que celle-ci ne dépasse pas la quantité d'or détenue par les banques, l'État, en France, a donné le monopole de l'émission à une seule banque en 1848, la Banque de France. Il est important de noter que le bon fonctionnement du système reposait sur la confiance des utilisateurs, qui devaient être sûrs que leurs billets pouvaient à tout moment être convertis en or.

2 La dernière étape de la dématérialisation : la monnaie actuelle

A L'apparition de la monnaie dématérialisée

- D'une part, les agents économiques s'étaient progressivement habitués à l'utilisation de cette monnaie-papier, le billet convertible, et l'avaient peu à peu appréciée pour elle-même et plus seulement pour la quantité d'or qu'elle pouvait représenter, d'autre part, la convertibilité en or représentait une charge non négligeable pour les autorités monétaires (par exemple gérer le peu de rapport entre le stock d'or et l'activité économique), si bien qu'il devint possible de libérer le billet de sa contrainte métallique. On assiste alors à la disparition de la monnaie-marchandise et à l'apparition de la monnaie fiduciaire (du mot latin signifiant "confiance") ; la monnaie n'a plus de valeur en elle-même.
- Pour répondre aux besoins accrus de l'économie en monnaie, et parce que les billets sont encombrants pour les grosses transactions (même s'ils le sont moins que l'or), se sont développés des règlements par jeux d'écriture, matérialisés par les chèques, qui ne sont acceptés par les individus que dans la mesure où ils peuvent, lorsqu'ils le désirent, les convertir en billets (de la même façon que le billet n'était accepté que dans la mesure où il pouvait être converti en or). Cette fois ci encore, la même évolution se reproduit : la confiance dans cette nouvelle sorte de monnaie (la monnaie écrite ou monnaie scripturale) s'étend, le billet devient de moins en moins nécessaire... La monnaie est non seulement fiduciaire mais, de plus, dématérialisée.

B Les formes actuelles de la monnaie

La monnaie actuelle se présente soit sous une forme manuelle soit sous une forme scripturale :

- La monnaie manuelle (celle qui passe de la main à la main) regroupe la monnaie divisionnaire (les pièces de monnaie) qu'il ne faut pas confondre avec la monnaie métallique car sa valeur n'a pas de rapport avec la quantité de métal contenue dans la pièce, et la monnaie fiduciaire (les billets de banque) émise par la banque de France.
- La monnaie scripturale, constituée des dépôts à vue des ménages et entreprises dans les banques, est aujourd'hui la monnaie la plus utilisée puisqu'elle représente les quatre cinquièmes de la monnaie en circulation. Cette forme de monnaie est parfaitement liquide (contrairement, par exemple à des comptes sur livret ou des dépôts à terme) car il est possible de l'utiliser à tout moment grâce à des instruments de virement comme le chèque ou la carte bancaire.

L'histoire de la monnaie nous enseigne finalement que sa valeur ne dépend pas de la forme qu'elle revêt mais de la confiance que veulent bien lui accorder les agents économiques.

LA CRÉATION DE MONNAIE

La monnaie étant constituée de papier et de jeux d'écriture, il est virtuellement possible d'en créer sans limites ; la réalité est bien évidemment différente et des règles très strictes régissent la création monétaire.

1 LA MONNAIE PROVIENT DU CRÉDIT

A Le mécanisme de la création de monnaie :

■ Pour comprendre le mécanisme de la création monétaire, il est nécessaire de rappeler ce qu'est la monnaie scripturale et comment fonctionne le mécanisme du crédit :

– la monnaie scripturale est la monnaie, écrite dans les livres des banques, dont l'utilisation peut être immédiate grâce à certains supports comme le chèque ou la carte bancaire, et qui peut être convertie en billets ;

– les banques accordent des crédits en proportion des dépôts reçus, les crédits ainsi créés vont se transformer en dépôts qui vont à leur tour permettre de nouveaux crédits.

■ Exemple :

– un agent économique (A) dépose 1 000 francs à la banque qui décide d'en prêter 800 francs à un autre agent économique (B) ;

– à l'aide de ces 800 francs, B rembourse un troisième agent économique (C) qui les dépose à la banque ;

– la banque décide d'en prêter 640 francs à D qui les utilise pour payer E qui, à son tour, les dépose à la banque...

■ Grâce au dépôt initial de A, la banque a pu créer de la monnaie ; à partir des 1000 francs du départ (compte de A) la banque a créé 1 440 francs (compte de C + compte de E) et en aurait créé plus si l' on avait poursuivi notre exemple. C'est donc le crédit qui crée la monnaie.

B L'ampleur de la création de monnaie :

■ Une grande quantité de monnaie peut être créée à partir d'un dépôt initial, c'est ce que mesure le multiplicateur de crédit qui est égal à l'inverse du taux de réserve. Pour reprendre l'exemple précédent, si la banque prête l'équivalent de 80 % des dépôts et en conserve 20 % (taux de réserve), le multiplicateur est égal à 5.

■ Mais la création de monnaie a aussi des limites :

– le remboursement du crédit détruit la monnaie créée ;

– la demande de crédit des agents économiques est limitée par leurs besoins et leurs capacités financières ;

– la liquidité des banques est limitée, si les crédits font les dépôts, les dépôts sont nécessaires pour accorder des crédits ;

– les réserves obligatoires : les banques doivent déposer à la Banque de France une fraction des liquidités qu'elles reçoivent ;
– la politique monétaire : l'État peut contrôler la création de monnaie *(cf. fiche 25 : La politique monétaire).*

2 Les modalités de la création monétaire

A Le rôle de la Banque centrale

■ La Banque centrale crée de la monnaie sous deux formes différentes :
– les billets ;
– la "monnaie Banque centrale", c'est-à-dire la monnaie scripturale qui est utilisée dans les règlements entre les banques et la Banque centrale.

■ Elle crée de la monnaie en monétisant des actifs non monétaires, c'est-à-dire en donnant aux banques de la monnaie (créée de toute pièce) en échange de titres et devises.

Trois cas peuvent se produire :
– la Banque centrale rembourse aux banques les bons du Trésor (des emprunts que l'État émet lorsqu'il est en déficit budgétaire) qu'elles avaient souscrits ;
– la Banque centrale rachète des devises contre de la monnaie nationale ;
– la Banque centrale rachète aux banques des traites, c'est-à-dire des créances à court terme, si celles-ci ont besoin de liquidités.

Dans chacun de ces cas la Banque centrale effectue une monétarisation d'actifs non monétaires, elle crée donc de la monnaie.

B Les sources de la création monétaire

■ La création de monnaie a donc trois sources :
– le crédit à l'État
– l'achat de devises
– le crédit aux entreprises et aux ménages.

■ À chaque crédit correspond en contrepartie une créance ; toutes ces créances, qui ont permis la création de monnaie, se nomment "les contreparties de la masse monétaire". Leur examen permet de connaître la part de chaque source dans le processus de création monétaire. On distingue deux grandes catégories :
– la contrepartie "extérieur" qui permet l'examen de la situation du pays avec le reste du monde : entrées et sorties de devises.
– la contrepartie "crédit interne net" qui regroupe :
  • les créances sur le Trésor public (crédits à l'État).
  • les créances sur l'économie, c'est-à-dire sur les ménages et les entreprises (principale source de création monétaire).

C'est donc le crédit qui crée la monnaie ; la grande majorité des crédits étant destinée aux entreprises et donc à l'investissement, la création de monnaie se trouve donc directement liée à l'activité économique, mais une économie peut plus ou moins vivre à crédit et un État peut mener une politique monétaire plus ou moins restrictive.

FICHE 65

LES BANQUES

Le rôle principal des banques est de collecter des dépôts et d'accorder, grâce à ceux-ci, des crédits. Les banques opèrent une transformation monétaire : à partir des dépôts souvent à vue ou à court terme qu'elles reçoivent, les banques peuvent accorder des crédits à court, moyen, mais aussi long terme. Leur traditionnelle fonction d'intermédiation entre ceux qui ont des capacités de financement et ceux qui ont des besoins de financement a tendance à perdre de l'importance par rapport aux autres services qu'elles peuvent offrir à leur clientèle, on parle même de désintermédiation.

1 SPÉCIALISATION ET DÉSPÉCIALISATION DU SYSTÈME BANCAIRE

A Avant les Trente glorieuses en France : une tendance à la spécialisation bancaire

- Le problème principal des banques était celui de la liquidité : leur situation était souvent sensible parce qu'elles avaient tendance à accorder trop de crédits à long terme par rapport aux dépôts qu'elles recevaient, qui étaient surtout liquides. De cette situation est née une spécialisation de fait, certaines banques préférant collecter des dépôts liquides mais n'accordant que peu de crédits à long terme, d'autres banques accordant des crédits à long terme mais collectant aussi essentiellement des dépôts à terme.
- Cette tendance à la spécialisation a été codifiée en 1945 par une loi qui distingue trois sortes d'établissements bancaires :
  - les banques de dépôts, qui ont comme activité principale la collecte de dépôts à vue et les opérations de crédit ; leurs prises de participations dans d'autres entreprises sont limitées ;
  - les banques d'affaires, qui ont comme activité principale la prise de participation dans d'autres entreprises ainsi que l'octroi de crédits ; elles ne peuvent recevoir de dépôts à vue ou à court terme ;
  - les banques de crédit à long et moyen terme qui ont comme activité principale l'octroi de crédits à long et moyen terme ; elles ne peuvent pas recevoir de dépôts à vue ou à court terme, et sont limitées dans la quantité de leurs prises de participation.

B La fin de la spécialisation bancaire

- Les Trente glorieuses furent marquées par une forte concentration des banques (regroupement de banques ayant des statuts différents), mais aussi par une diversification importante de leur activité, qui leur ont fait perdre leur spécificité et ont amené un remaniement de la loi bancaire. Ainsi, à partir de 1966, la distinction entre banques de dépôts et banques d'affaires devient moins nette et en 1984, la loi bancaire met fin à la spécialisation bancaire.

- La loi bancaire de 1984 ne définit plus qu'une seule sorte d'établissements de crédits et en précise les fonctions :
  - fonctions principales : collecter les fonds du public, accorder des crédits, mettre à la disposition de la clientèle des moyens de paiement et les gérer.
  - fonctions secondaires : les opérations de change, les opérations sur les métaux précieux, le placement, l'achat, la gestion, la garde et la vente des produits financiers, le conseil et l'assistance en matière de gestion financière et de gestion du patrimoine, les opérations de location dans les cas de crédit-bail, la prise de participation dans des entreprises.

  Le développement du secteur bancaire s'opère surtout grâce à ces fonctions connexes car les fonctions principales d'intermédiation perdent de l'importance.

2 La désintermédiation bancaire et la redéfinition de l'activité bancaire

A La désintermédiation bancaire

- Les comportements des agents économiques se modifient, ceux-ci font de plus en plus appel aux marchés financiers :
  - la fonction de collecte des dépôts des banques diminue ; le public préfère de plus en plus placer ses fonds sur le marché financier, en SICAV par exemple, au lieu de faire des dépôts d'épargne ;
  - les entreprises font elles aussi davantage appel aux marchés financiers pour leurs investissements (émission d'actions et d'obligations), et peuvent même émettre sur le marché monétaire des billets de trésorerie se négociant entre entreprises pour couvrir leurs besoins de liquidités à court terme. Cela limite donc la fonction de crédit des banques.
- Les banques voient ainsi leur rôle de transformation des liquidités et d'intermédiation s'émousser tandis que s'accroît le rôle de la Bourse et du marché monétaire.

B Les nouvelles orientations des banques

- Afin de combler le manque à gagner de la désintermédiation, les banques procèdent de plus en plus à ce que l'on pourrait appeler une intermédiation de marché : elles servent d'intermédiaires entre les agents économiques et les marchés financiers, et entre les agents économiques entre eux. Ainsi le particulier qui préfère acheter des SICAV plutôt que de déposer son argent à la banque, devra tout de même passer par elle et lui verser une commission.
- Les banques se spécialisent peu à peu dans les services qu'elles peuvent offrir à leur clientèle ; du montage d'une OPA au profit d'une grande entreprise, à la gestion par minitel du compte des particuliers, en passant par la multiplication des types de cartes bancaires, l'activité des banques est de plus en plus une activité de services, non directement liée à la collecte des fonds et à l'octroi de crédits. Cette activité de services est désormais devenue une source de recettes essentielle pour les banques, c'est ce qui explique leurs tentatives récurrentes de rendre le chèque payant.

Les banques sont moins spécialisées, ce qui leur permet de développer leurs activités et ainsi de ne pas trop souffrir de la désintermédiation qui menace une partie de leurs fonctions strictement monétaires ; elles doivent donc se restructurer pour répondre aux besoins d'une économie dans laquelle le marché financier tend à prendre de plus en plus d'importance (Cf. fiche 70 : Économie d'endettement et économie de marché financier).

FICHE 66

La Banque de France

Les banques centrales, en France la Banque de France, ont les fonctions d'une banque classique mais ont aussi des fonctions publiques, la plus importante étant l'émission de la monnaie. Afin de lever la contradiction entre ses fonctions publiques et son statut privé, la Banque de France a été nationalisée en 1945. Ses compétences sont importantes, elle est non seulement la banque des banques mais elle est aussi la banque de l'État, au service de sa politique économique.

1 La Banque de France est la banque des banques

A Elle refinance les banques qui ont besoin de liquidités

La Banque de France prête des liquidités aux banques qui en ont besoin :

- Autrefois elle utilisait le mécanisme du réescompte ; les banques, lorsqu'elles manquaient de liquidités, pouvaient vendre des traites, qu'elles avaient elles-mêmes escomptées à leur clientèle, à la Banque de France, moyennant paiement d'un intérêt dont le taux s'appelle le taux de réescompte, mais cette technique est abandonnée.
- Aujourd'hui elle intervient sur le marché monétaire qui est le lieu fictif où les banques s'échangent entre elles des liquidités contre des titres, comme des traites ou des bons du Trésor. En achetant des titres sur ce marché, la Banque de France fournit aux banques des liquidités. Depuis 1986, le marché monétaire est ouvert aux entreprises non bancaires.

B Elle répond aux besoins en billets des banques et organise le système bancaire

- La Banque de France a le monopole de l'émission des billets (l'émission des pièces revient au Trésor public). Elle émet des billets pour répondre à la demande des banques, qui elles-mêmes en demandent afin de répondre aux besoins de leur clientèle. Elle transforme donc en billets une partie de la monnaie scripturale déjà créée par les banques *(cf. fiche 64 : La création de monnaie).*
- La Banque de France organise le système bancaire : chaque banque a un compte à la Banque de France, et c'est elle qui, par exemple, s'occupe de la compensation (en fin de journée, pour simplifier les opérations interbancaires, tous les mouvements de monnaie entre banques sous forme de chèques par exemple, sont récapitulés et les banques ne se règlent que le solde).

2 La Banque de France est la banque de l'État et l'instrument de la politique monétaire

A Elle est la banque de l'État

- Elle tient le compte bancaire du Trésor public qui est le caissier de l'État.
- Elle peut accorder des crédits à l'État et donc, par ce biais, créer de la monnaie.
- Elle participe à l'émission des bons du Trésor, c'est-à-dire de titres vendus par l'État pour financer le déficit budgétaire.

B Elle met en œuvre la politique monétaire

- Elle met en œuvre la politique monétaire ; en intervenant sur la liquidité des banques, elle agit sur le crédit et donc sur la création monétaire. Pour cela elle dispose principalement de deux moyens (*cf. fiche 25 : La politique monétaire*) :
  - la politique de l'open market lui permet, en offrant ou au contraire en demandant des liquidités sur le marché monétaire, de jouer sur les capacités de crédit des banques ;
  - la politique des réserves obligatoires ; chaque banque doit laisser en dépôt à la Banque de France une fraction des liquidités qu'elle reçoit. L'action sur ce taux permet donc d'augmenter ou de diminuer les liquidités disponibles pour l'octroi de crédit
- Elle met en œuvre la politique des taux de change : elle peut faire varier le taux de change du franc en demandant ou, au contraire, en offrant de la monnaie nationale ou des devises sur le marché des changes (*cf. fiche 28 : La politique des taux de change*).
- La Banque de France est indépendante depuis janvier 1994. Cette indépendance a été exigée par le traité de Maastricht afin d'éviter que les gouvernements n'utilisent la politique monétaire à des fins électorales. L'objectif est aussi que la politique monétaire ne soit utilisée que pour stabiliser les prix.

Banque des banques et banque au service de l'État, la Banque centrale est donc dotée de fonctions très importantes ; d'une façon générale sa mission est de veiller sur la monnaie et le crédit.

FICHE 67

LE MARCHÉ FINANCIER

Malgré la disparition de la cotation à la corbeille au profit de l'informatique et de la toute-puissante corporation des agents de change remplacés par les sociétés de bourse, la Bourse demeure un lieu mythique, le temple du capitalisme. Le marché financier est un moyen essentiel de financement de l'économie, mais il produit aussi des effets pervers et peut devenir une source de dérèglements.

1 La Bourse est un moyen essentiel de financement de l'économie...

A La Bourse permet de drainer l'épargne nécessaire aux entreprises

■ Les entreprises disposent de trois moyens pour se financer ; elle peuvent s'autofinancer lorsqu'elles disposent des fonds nécessaires, recourir à l'emprunt auprès des banques, ou bien faire appel au marché financier, utilisant ainsi l'épargne publique. Environ 700 sociétés françaises sont cotées sur le premier marché et peuvent donc recourir à ce moyen.

■ Le recours au marché financier se fait par émission d'actions ou d'obligations :

- les actions sont des parts de propriété de l'entreprise qui donnent droit à une fraction du bénéfice appelée le dividende, et confèrent un droit de vote lors de l'assemblée générale. Ce qui motive l'achat d'une action est soit la recherche d'une plus-value (motif de spéculation : revendre plus cher l'action), soit la recherche d'un rendement grâce au dividende, soit la volonté de participer au capital d'une entreprise ;
- les obligations sont les titres d'un emprunt émis par une entreprise ; l'obligataire ne possède pas de part dans l'entreprise mais en est créancier, et il bénéficie d'un intérêt dont le taux peut être fixe ou variable et ne dépend pas des résultats de l'entreprise. Certaines obligations peuvent être convertibles en actions.

■ Les nouvelles actions et obligations sont émises sur le marché primaire ("marché du neuf") mais ensuite cotées sur le marché secondaire ("marché de l'occasion"). Une entreprise peut, pour augmenter son capital, avoir plusieurs fois recours à l'émission d'actions sur le marché primaire, mais à chaque fois les anciens actionnaires bénéficient d'un droit préférentiel de souscription.

B Interaction entre l'accroissement du rôle du marché financier et les innovations financières

■ La création de certains produits bénéficiant d'allégements fiscaux comme les Comptes d'Épargne en actions (CEA) mis en place par René Monory, les privatisations et leur répercussion médiatique, ainsi que le développement de certains organismes de placement collectif en Bourse comme les SICAV (Sociétés d'investissement à capital variable), les FCP (Fonds Communs de Placement,) ou les Clubs d'investissement ont créé un regain d'intérêt pour la Bourse.

■ De plus, la Bourse s'est transformée : création d'un second marché pour les PME qui ne veulent mettre qu'une faible partie de leur capital, à la disposition du public et apparition de nombreuses innovations financières (*cf. fiche 68 : Les innovations financières*).

■ Le résultat est une forte augmentation du rôle de la Bourse ; les ménages y placent davantage leur épargne et les entreprises s'y financent de plus en plus ; ainsi il y a eu 30 fois plus de transactions sur les obligations et 10 fois plus sur les actions en 1990 qu'en 1981.

2 ... MAIS LA LOGIQUE FINANCIÈRE N'EST PAS TOUJOURS COMPATIBLE AVEC LA LOGIQUE ÉCONOMIQUE ET INDUSTRIELLE

A Des restructurations industrielles aux raids financiers

■ Le marché financier permet les restructurations industrielles grâce à des fusions, absorptions ou prises de participations. Les OPA (Offres publiques d'achat) et les OPE (Offres publiques d'échange), dont la régularité est contrôlée par la COB (Commission des opérations de Bourse), sont un moyen efficace pour mener à bien ces restructurations. Dans le cas d'une OPA, l'entreprise qui a pris l'initiative propose aux actionnaires de l'entreprise qu'elle souhaite absorber, de leur acheter leurs actions à un cours défini et supérieur à celui du marché, et dans le cas d'une OPE, de les échanger contre certaines de ses propres actions.

■ Si ces opérations (appelées raids) sont souvent la résultante d'une logique industrielle (par exemple volonté de contrôle d'une entreprise concurrente ou complémentaire), la logique financière est parfois devenue prépondérante dans les années 80. Les prédateurs (ou raiders) peuvent ne disposer que de 10 % de la somme nécessaire pour mener à bien leur OPA, le reste étant financé par des banques et des *junk bonds* (obligations de pacotille) qui sont des obligations à haut risque car dépendant de la réussite ou de l'échec du raid.

Ces raids financiers sont rentabilisés par : le démantèlement et la vente de l'entreprise par morceaux lorsque celle-ci devient la propriété du raider, ou la revente à un cours plus élevé des actions achetées si l'OPA n'est pas menée à terme, la société menacée s'étant défendue ou ayant fait appel à une société amie ("le chevalier blanc") qui lance une contre-OPA.

Des mesures anti-raids prises par les entreprises mais aussi des mesures réglementaires prises par les pouvoirs publics, conscients de ces effets pervers, ont freiné les raids financiers à la fin des années 80.

B La rupture entre la sphère financière et la sphère réelle

■ Un des motifs de l'achat de valeurs mobilières étant la spéculation, la valeur des actions et des obligations tend souvent à s'éloigner de leur valeur économique (perspectives de profit par exemple).

■ La Bourse peut jouer contre l'économie ; ainsi les krachs boursiers, ayant des causes purement financières, peuvent être sources de déséquilibre pour l'économie, et déclencher des crises comme celle des années 30 (les mini-krachs de 1987 et de 1989 ont eu des effets limités). Mais surtout lorsque les rendements des placements sur le marché financier sont supérieurs aux rendements de l'investissement, les entreprises peuvent préférer placer en Bourse plutôt que d'effectuer des investissements productifs. Cette financiarisation de l'économie est préjudiciable à l'appareil productif et à l'emploi.

Le marché financier, nécessaire au bon fonctionnement de l'économie, semble parfois s'éloigner de sa fonction et se séparer de la sphère économique.

FICHE 68

LES INNOVATIONS FINANCIÈRES

Les marchés financiers ont connu de profondes mutations durant les années 80. L'instabilité des taux de change, des taux d'intérêt et d'inflation, a accru les risques, mais il n'en demeure pas moins vrai que cette décennie est celle de la désintermédiation bancaire et de l'intérêt croissant pour les marchés financiers.

1 LES NOUVEAUX MARCHÉS FINANCIERS

A Les marchés à terme

- Sur les marchés à terme, certains agents économiques peuvent se couvrir du risque et d'autres peuvent spéculer.
- Le MATIF (Marché à terme international de France), créé en 1986, concerne surtout les obligations. Lorsqu'un épargnant achète une obligation sur le marché au comptant, il peut la revendre à terme sur le MATIF au même prix ; il est ainsi sûr de ne réaliser ni plus-value ni moins-value.
- Le MONEP (Marché d'options négociables de Paris), ouvert en septembre 1987, est un marché à terme comme le MATIF, mais il concerne principalement les actions.

B De nouveaux marchés

- Ouvert en 1983 afin d'inciter plus d'entreprises à s'introduire sur le marché financier, le "second marché" a permis aux entreprises de taille moyenne d'être cotées en bourse. Les conditions d'accès y sont allégées (par exemple elles peuvent ne mettre à la disposition du public que 10 % de leur capital social) et il est possible, au bout de trois ans, de demander l'admission à la cote officielle.
- Un "troisième marché" ouvert au petites entreprises a même été envisagé, mais le projet a été abandonné à cause du krach boursier de 1987.
- Depuis 1996, le "nouveau marché" permet de financer les entreprises de haute technologie.

2 LES NOUVEAUX PRODUITS FINANCIERS

A De nouveaux bons du Trésor

- Alors qu'il existait avant de nombreux types de bons du Trésor, la réforme de 1985 a unifié le système en créant les bons du Trésor négociables.
- Il y en a de deux sortes, d'une part, les Bons à taux fixes (BTF) qui sont des emprunts à court terme et, d'autre part, les Bons à taux annuel normalisé (BTAN) qui ont une durée comprise entre 2 et 7 ans. La nouveauté est

l'ouverture de la souscription à tous, aussi bien aux banques, entreprises et particuliers, qu'aux agents économiques étrangers. Ces bons sont très liquides, car négociables sur le marché monétaire.

B L'apparition des titres de créance négociables (TCN)

- De nouveaux produits permettant un financement direct sur le marché monétaire sont apparus dans les années 80. Ces produits, parmi lesquels les billets de trésorerie et les certificats de dépôt, sont des titres (à court terme) de créance négociables, ce qui signifie qu'ils peuvent être vendus avant terme et qu'ils ont donc un certain degré de liquidité.
- Les billets de trésorerie (échéance comprise entre 7 jours et un an) permettent aux entreprises de couvrir leurs besoins de liquidités à court terme sur le marché monétaire, sans passer par l'intermédiaire des banques. Un autre type de titre de créance négociable est le certificat de dépôt, qui permet aux banques de drainer des liquidités autrement que par le dépôt bancaire classique.

À la suite des États-Unis et de la Grande-Bretagne, la France s'est à son tour engagée, sous l'impulsion des pouvoirs publics, dans un processus de modernisation financière dont l'objectif est double : répondre efficacement aux besoins financiers de l'économie et faire de Paris une grande place financière internationale dans la perspective de la mondialisation des marchés de capitaux.

LES PRINCIPAUX MARCHÉS FINANCIERS

Marché boursier (financier au sens strict) (Titres à long terme, actions ou obligations par exemple)

Marché monétaire (Titres à court terme, billets de trésorerie par exemple)

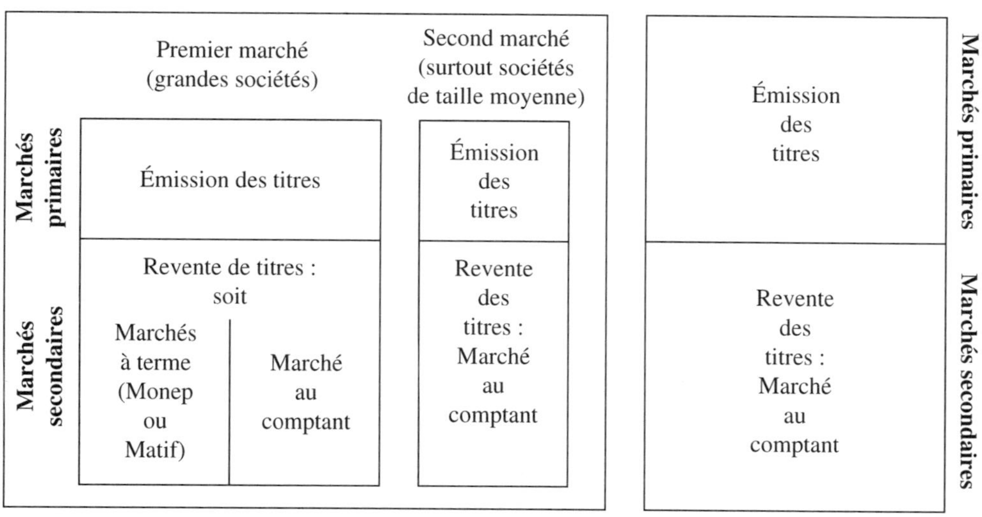

FICHE 69

LE FINANCEMENT DES ENTREPRISES

Afin de financer leurs investissements, les entreprises disposent de plusieurs moyens ; elles peuvent faire appel à leurs ressources internes ou à l'extérieur. Chaque type de financement a ses avantages et ses inconvénients, et la part de chacun de ces moyens dans le financement total est un indicateur de santé économique.

1 LE FINANCEMENT INTERNE : L'AUTOFINANCEMENT

A La capacité d'autofinancement

- Une entreprise s'autofinance lorsqu'elle utilise ses propres ressources pour investir. Sa capacité d'autofinancement dépend donc essentiellement de son bénéfice ; à cela s'ajoutent les sommes qui ont été mises de côté pour l'amortissement du matériel (afin de compenser la perte de valeur due à l'usure et à l'obsolescence) et pour les provisions (afin de se couvrir d'un risque éventuel, le non-paiement d'une facture par exemple).
- Le taux d'autofinancement est le rapport entre la capacité d'autofinancement des entreprises et l'investissement ; lorsqu'il est égal ou supérieur à 100 %, les capacités d'autofinancement des entreprises peuvent couvrir leurs besoins de financement, ce qui ne signifie pas forcément qu'elles ne recourent pas en plus à d'autres moyens de financement ; tout dépend de leur stratégie. Au début des années 80, le taux d'autofinancement des entreprises avoisinait les 55/60 %, dépassait les 80 % à la fin des années 80 et est supérieur à 100 % depuis le début des années 90.

B Le choix de l'autofinancement

- L'autofinancement est la source de financement considérée comme la plus avantageuse, et témoigne d'ailleurs souvent d'une gestion saine. Mais l'autofinancement ne couvre que très rarement l'ensemble de l'investissement car il dépend des profits antérieurs, et les entreprises peuvent être incitées à emprunter si les taux d'intérêt sont faibles.
- L'autofinancement, source privilégiée de financement, comporte des effets pervers : les entreprises peuvent être tentées de gonfler leurs prix ou de diminuer la part de profit distribué sous forme de dividendes, ce qui risque de détourner les actionnaires.

2 LE FINANCEMENT EXTERNE, DIRECT OU INDIRECT

A Le financement externe direct

- Le financement externe direct est le financement par le marché financier. Ce financement est dit direct ou désintermédié car il ne fait pas appel à la transformation monétaire (*cf. fiche 65 : Les banques*) et permet de mettre directement en contact l'offre et la demande de capitaux.

- Deux moyens principaux permettent aux entreprises de se financer sur le marché financier :
  - l'émission d'actions qui permet d'augmenter le capital de l'entreprise mais qui risque de modifier la structure de l'assemblée générale des actionnaires et parfois du conseil d'administration si les anciens actionnaires ne profitent pas de leur droit préférentiel de souscription ;
  - l'émission d'obligations, emprunt public qui engendre le versement d'un intérêt annuel et le remboursement de capital selon les échéances fixées.

B Le financement externe indirect

- Le financement externe indirect est le financement par le crédit bancaire. Ce financement est dit indirect ou intermédié car les banques jouent un rôle d'intermédiaire entre les épargnants et les emprunteurs, puisqu'elles transforment les dépôts en crédits (*cf. fiche 65 : Les banques*).
- Le financement externe indirect est en forte diminution, c'est la raison pour laquelle on parle de désintermédiation. En effet, non seulement il a un coût supérieur au financement direct (il faut rémunérer l'activité bancaire) mais en plus il rend les entreprises dépendantes des banques.

Le financement direct, qu'il soit interne ou externe, est en forte hausse depuis le milieu des années 80 ; cela signifie que la situation des entreprises s'améliore ; et c'est aussi un indicateur du passage de notre économie d'une économie d'endettement à une économie de marché financier (cf. fiche 70 : Économie d'endettement et économie de marché financier).

ÉCONOMIE D'ENDETTEMENT ET ÉCONOMIE DE MARCHÉ FINANCIER

Certains agents économiques (généralement les ménages) dégagent une capacité de financement : leurs dépenses sont inférieures à leurs revenus. D'autres agents économiques (généralement les entreprises) ont, au contraire, des besoins de financement : leurs revenus ne sont pas suffisants pour couvrir leurs dépenses.

Dès lors deux possibilités existent :

– la capacité de financement des premiers est suffisante pour couvrir les besoins de financement des seconds ; on est dans ce cas dans une économie dite de marché financier ou de financement désintermédié ;

– la capacité de financement est insuffisante pour couvrir les besoins de financement ; il est nécessaire alors de faire largement appel au crédit bancaire et donc à la création monétaire ; dans ce cas l'économie est dite d'endettement.

L'économie est devenue, peu à peu, après la Seconde Guerre mondiale, une économie d'endettement pour se transformer de nouveau, depuis le milieu des années 80, en une économie de marché financier.

1 L'ÉCONOMIE D'ENDETTEMENT ET SON EFFET BOOMERANG

A L'endettement a accompagné la croissance des Trente glorieuses...

■ Pendant la période des Trente glorieuses, l'économie s'est progressivement transformée en une économie d'endettement ; du fait des investissements massifs des entreprises et de la forte croissance de la consommation des ménages, les capacités de financement se sont révélées insuffisantes par rapport aux besoins.

■ Les agents économiques ont eu de plus en plus recours au crédit, d'ailleurs favorisé par des taux d'intérêt réels peu élevés (*cf. fiche 35 : Les facteurs de l'investissement*). Les entreprises ont été confrontées à l'effet de levier de l'endettement : le taux d'intérêt étant inférieur au taux de profit, l'investissement financé par l'emprunt rapporte plus qu'il ne coûte et les entreprises ont intérêt à s'endetter pour financer leurs investissements.

■ Le crédit, permettant une forte croissance de la demande et de l'investissement, a accompagné la forte croissance économique des Trente glorieuses, mais l'effet de levier s'est transformé en effet boomerang dès le début des années 70.

B ...mais à partir des années 70, les économies sont victimes de l'effet boomerang

■ Les entreprises et les ménages se sont peu à peu endettés, et bon nombre d'entre eux se retrouvent dans une situation de surendettement. Le taux d'autofinancement des entreprises est très bas au début des années 80 (entre 50 et 60 %) et elles supportent des charges financières (remboursement des emprunts) qui limitent leurs investissements (c'est ce qui est appelé l'effet boomerang).

■ Le rôle du secteur bancaire s'est accru, mais la croissance du crédit se traduit par une forte augmentation de la monnaie en circulation (*cf. fiche 64 : La création de monnaie*) et donc par une inflation importante.

Inflation et ralentissement de l'investissement (et surtout de l'autofinancement) marquent donc les limites de l'économie d'endettement.

2 LE RETOUR À UNE ÉCONOMIE DE MARCHÉ FINANCIER

A La mise en place de nouvelles conditions économiques...

■ Dès le début des années 80, des politiques économiques qui vont à l'encontre du financement par endettement sont mises en place dans les pays développés :

- une politique monétaire restrictive (par exemple celle pratiquée dès 1979 par Paul Volker, président du Federal Reserve System aux États-Unis), tendant à diminuer le crédit et la création monétaire et à augmenter les taux d'intérêt (*cf. fiche 76 : Le dollar*) ;
- une politique visant à augmenter la part du profit dans la valeur ajoutée (en modérant les salaires et les impôts) et à permettre ainsi aux entreprises de s'autofinancer ;
- une politique de limitation des dépenses de l'État, et des privatisations, afin de réduire l'endettement étatique.

■ De plus le financement direct par le marché financier est encouragé par certaines mesures fiscales, et par l'apparition de nouveaux produits financiers (cf. Les innovations financières).

B ... a permis un retour au financement désintermédié

■ L'économie s'achemine vers une économie de marché financier, en effet, dès la fin des années 80, il est possible de remarquer :

- une forte augmentation de l'autofinancement (le taux d'autofinancement est supérieur à 100 % depuis le début des années 90) ;
- un recours plus important au marché financier ;
- un ralentissement du crédit et de l'intermédiation bancaire ;
- et surtout, une très forte baisse de l'inflation.

■ Cette mutation ne se fait pas toujours sereinement et des craintes apparaissent :

- risque d'une trop grande financiarisation de l'économie nuisant à l'investissement productif et à l'emploi (*cf. fiche 67 : Le marché financier*) ;
- risque d'une croissance ralentie, moins dopée par le crédit, et nécessitant une forte épargne préalable.

Ses dépenses étant supérieures à ses recettes, l'économie d'endettement semblait vivre au-dessus de ses moyens ; les politiques économiques des années 80, en permettant le financement des investissements par une épargne préalable et non plus par la création monétaire, ont, selon les libéraux, assaini l'économie.

PARTIE VIII

LES SYSTÈMES MONÉTAIRES INTERNATIONAUX

FICHE 71

LE RÔLE D'UN SYSTÈME MONÉTAIRE INTERNATIONAL

De même que la multiplication des échanges à l'intérieur d'un pays rend nécessaire l'utilisation d'une monnaie, la multiplication des échanges internationaux rend nécessaire l'utilisation d'un moyen de paiement international. Depuis le début du XIXe siècle, des systèmes monétaires internationaux se sont succédé afin de répondre aux exigences du commerce international.

1 LE BESOIN D'UN SYSTÈME MONÉTAIRE INTERNATIONAL (SMI)

A Un SMI est nécessaire aux relations internationales

- Un SMI est nécessaire pour déterminer les modalités de conversion d'une monnaie en une autre. Ainsi par exemple, le taux de change peut être fixe et ne varier que lorsque des autorités monétaires le décident, ou au contraire être flottant et fluctuer au gré du marché, en fonction de l'offre et de la demande.
- Un SMI est nécessaire pour définir les moyens de paiement internationaux. Ainsi pour remplir ce rôle il est possible de choisir l'or, ou bien une monnaie dite internationale comme la livre ou le dollar, ou alors accepter toutes les monnaies nationales. Le choix d'un instrument de paiement international est d'autant plus important que c'est lui qui servira de moyen de réserve pour conserver la valeur des gains du commerce international.

B Un SMI est nécessaire pour réguler les échanges internationaux

- De même qu'il est nécessaire d'ajuster la quantité de monnaie nationale aux besoins des économies nationales à l'aide de mécanismes régulateurs, le SMI doit mettre en place des moyens permettant de concilier la croissance du commerce international et celle des instruments de paiement internationaux.
- Grâce au SMI, les échanges internationaux ne devraient pas être source de perturbations nationales ; il doit permettre d'éviter les variations intempestives des monnaies et les déséquilibres chroniques des balances des paiements menant directement à l'endettement : le SMI doit être source de stabilité. Depuis le XIXe siècle, quatre systèmes différents se sont succédé et seul le premier semble avoir permis d'assurer cette stabilité.

2 LE CHOIX D'UN ÉTALON ET D'UNE MONNAIE INTERNATIONALE

Chaque SMI peut être caractérisé par deux particularités : un étalon qui est la base du taux de change de chaque monnaie et un moyen de paiement international.

A Du système étalon-or à l'étalon de change or

- Le premier système est le système de l'étalon-or : dans ce système, l'or a non seulement un rôle d'étalon, mais en plus il est l'instrument de paiement international. Ce système a garanti une forte stabilité monétaire, mais a été abandonné à la suite de la forte inflation et de la diminution des stocks d'or des pays européens due à la Première Guerre mondiale.
- Pendant l'entre-deux guerres, le SMI utilisé fut le système de l'étalon de change or : l'étalon est toujours l'or mais toutes les monnaies convertibles en or sont des moyens de paiement internationaux. Ce système s'est révélé très instable et source de nombreux déséquilibres monétaires.

B Du système de Bretton Woods aux taux de change flottants

- En 1944 a été créé le système de Bretton Woods : l'étalon est toujours l'or, mais la monnaie internationale est le dollar qui est convertible en or. Dans un premier temps ce système a assuré une certaine stabilité, mais la hausse de la quantité de dollars, nécessaire à la croissance du commerce mondial, obligea les États-Unis, en 1971, à supprimer la convertibilité, faisant ainsi perdre à l'or son rôle d'étalon.
- Depuis 1976, le système monétaire est un système de changes flottants : il n'y a plus d'étalon, les monnaies varient librement selon la loi de l'offre et de la demande. Le dollar demeure dans les faits la monnaie internationale mais son cours est très instable. Plus d'étalon, plus de monnaie internationale officielle, le nouveau SMI est parfois considéré comme un non-système monétaire international (*cf. fiche 74 : La crise du système monétaire international de Bretton Woods*), ce qui n'exclut cependant pas une certaine concertation entre les autorités monétaires des principaux pays industrialisés.

Seul le système étalon-or a assuré une stabilité monétaire internationale, mais il est nécessaire de se rappeler qu'au XIXe siècle les systèmes monétaires nationaux, étant eux-mêmes basés sur l'or, étaient tout aussi stables. Cependant, à partir de la Première guerre mondiale, on assiste à une forte création monétaire, due au crédit, qui déstabilise les systèmes monétaires internationaux.

FICHE 72

LE SYSTÈME MONÉTAIRE INTERNATIONAL AVANT LES ACCORDS DE BRETTON WOODS

À l'époque de la monnaie métallique (or ou argent), les échanges internationaux se réglaient tout naturellement à l'aide des métaux précieux ; le commerce international avait d'ailleurs comme objectif, selon les mercantilistes (cf. fiche 91 : Les prémices de la pensée économique)*, d'amasser le maximum d'or. Du fait de l'augmentation des échanges internationaux due essentiellement à la forte croissance économique, il a été nécessaire de codifier les moyens de paiement internationaux. Le premier SMI (Système monétaire international), le système de l'étalon-or (gold standard) fut mis en place progressivement, le second SMI, le système de l'étalon de change or (gold exchange standard) fut, quant à lui, le fruit d'une conférence, à Gênes, en 1922.*

1 LE SYSTÈME DE L'ÉTALON-OR A ASSURÉ UNE CERTAINE STABILITÉ DANS UN CONTEXTE DE MONNAIES NATIONALES STABLES

A Le système de l'étalon-or a été source de stabilité

- Ce système n'est pas le résultat d'un accord international mais fut mis en place progressivement : il découle logiquement des systèmes monétaires nationaux qui étaient basés sur l'or. Ses caractéristiques sont les suivantes :
  - l'or a une fonction d'étalon : chaque monnaie est définie par un poids d'or ;
  - les monnaies sont convertibles en or, ce qui limite la création monétaire et assure la confiance des agents économiques ;
  - le moyen de paiement international est l'or, mais les règlements en monnaies nationales convertibles en or ne sont pas exclus.
- Ce système est une source de stabilité, en effet :
  - il limite la création monétaire car la base monétaire est l'or (c*f. fiche 62 : L'interaction des flux monétaires et réels*) ;
  - il limite la variation des taux de change ;
  - il permet théoriquement, en cas de déséquilibre, un rééquilibrage automatique de la balance des paiements : une balance déficitaire se traduit par un excédent des sorties d'or sur les entrées, donc par une diminution des moyens de paiement dans les pays, d'où une baisse des prix et une compétitivité accrue qui améliore la balance des paiements ; inversement, en cas d'excédent d'or, les moyens de paiement s'accroissent dans les pays, provoquant inflation et perte de compétitivité, ce qui rééquilibre la balance des paiements.
- Dans les faits, en raison de la puissance économique, financière, commerciale et même politique et militaire de la Grande-Bretagne, l'or perd une partie de sa fonction de moyen de paiement international (mais pas d'étalon) au profit de la livre.

B Les problèmes monétaires nationaux mirent fin à l'étalon-or

- La guerre de 1914 conduit à la fin de la stabilité monétaire :
  - afin de couvrir leurs dépenses militaires puis leurs dépenses de reconstruction, les États font largement appel à la création monétaire en s'affranchissant des règles de l'étalon-or, ce qui engendre une forte inflation ;
  - les monnaies quittant leur base métallique (l'or), les états suppriment la convertibilité, d'où une forte instabilité des taux de change.
- La guerre bouleverse les rapports de force : les États-Unis qui étaient les débiteurs de l'Europe en sont maintenant les créanciers. De nombreux pays européens se retrouvent ruinés par la guerre, avec des réserves d'or très limitées.
- Le système de l'étalon-or est donc en crise, l'or ne peut plus être le moyen de paiement international car certains pays en sont presque dépourvus.

2 LE SYSTÈME DE L'ÉTALON DE CHANGE OR N'A PAS ÉTÉ EN MESURE DE RESTAURER LA STABILITÉ

A Le nouveau SMI a dû s'adapter aux nouvelles conditions internationales

La conférence de Gênes en 1922 a établi les modalités du nouveau SMI (l'étalon de change or) : l'étalon est toujours l'or et les pays doivent établir un taux de change fixe entre leur monnaie et celui-ci.

- La convertibilité avec l'or n'est plus obligatoire, chaque pays a le choix de rendre sa monnaie convertible ou pas. La Grande-Bretagne a décidé de limiter la convertibilité à une quantité importante d'or – un lingot – afin de stabiliser ses réserves d'or ; c'est ce qui a été appelé le "gold bullion standard".
- L'or n'est plus le seul instrument de paiement et de réserve international, il est possible d'utiliser les monnaies convertibles.

B L'étalon de change or fut un système très instable

- Les systèmes monétaires de l'entre-deux guerres furent très instables :
  - la plupart des pays ont mené des politiques de dévaluation compétitive (par exemple la France jusqu'en 1926) afin d'améliorer leurs balances commerciales (*cf. fiche 28 : La politique des taux de change*) ;
  - la Grande-Bretagne, quant à elle, a mené une politique de déflation et de revalorisation de sa monnaie afin de rétablir la confiance dans la livre et lui faire rejouer son rôle d'avant-guerre, lui sacrifiant ainsi son économie intérieure ;
  - d'autres pays (ex. l'Allemagne) sont entrés dans le cercle vicieux de l'inflation et de la dévalorisation monétaire, et connaissent un écroulement de leur monnaie.
- Au début des années 30, la tendance est à l'isolationnisme et le système monétaire international éclate en plusieurs sous-systèmes :
  - une zone livre sterling regroupant la Grande-Bretagne et le Commonwealth ;
  - une zone dollar regroupant quelques pays d'Amérique ;
  - le bloc or regroupant les pays restés fidèles à l'or, dont la France.

En 1933, la conférence de Londres a tenté de mettre fin à la crise monétaire, mais en vain. Dans le système de l'étalon de change or, aucune monnaie ne s'est révélée capable d'inspirer la confiance ni d'être reconnue par tous ; le système de Bretton Woods en 1944 tentera d'en tirer les conséquences en proposant le dollar comme monnaie internationale.

FICHE 73

LE SYSTÈME MONÉTAIRE INTERNATIONAL DE BRETTON WOODS

L'instabilité monétaire internationale de l'entre-deux guerres était principalement due à l'absence d'une réelle monnaie internationale pouvant inspirer confiance. La conférence de Bretton Woods, réunie en 1944, a pour but de créer un nouveau SMI qui pourrait restaurer la confiance ; deux thèses s'y opposent : celle de Keynes et celle des États-Unis. La thèse américaine, finalement retenue, a permis l'instauration d'une certaine stabilité, mais seulement pendant un temps limité.

1 La proposition de Keynes fut rejetée par les États-Unis

A La proposition de Keynes afin de retrouver une stabilité monétaire

- Le nouveau SMI devait, selon Keynes, assurer une stabilité monétaire internationale et permettre une croissance harmonieuse des économies nationales ; il fallait faire en sorte qu'en cas de déficit de leur balance des paiements, les pays ne soient pas obligés de ralentir leur croissance pour diminuer leurs importations (phénomène de la contrainte extérieure : plus un pays produit plus il doit importer).
- Pour cela Keynes préconise la création d'une monnaie internationale, le "bancor", émise par une banque centrale mondiale. Afin de stabiliser les taux de change, Keynes propose que les excédents des pays les plus compétitifs puissent aider à financer les déficits des pays les moins compétitifs. Il propose, d'autre part, que les pays les plus performants mènent des politiques de relance afin de stimuler par leurs importations la croissance des autres pays.

B Le refus américain de la proposition de Keynes

- La position américaine défendue par White est contraire à celle de Keynes ; les États-Unis, qui ont une balance des paiements excédentaire, seraient pénalisés par l'adoption de la proposition de Keynes qui empêche les pays dans cette situation de profiter de leur excédent. Les Américains veulent donc que l'or conserve un rôle important (ils ont en réserve les deux tiers des stocks d'or mondiaux) et que le dollar, monnaie du seul pays en situation d'abondance, considéré *"as good as gold"*, devienne la monnaie internationale.
- Étant donné la puissance économique, financière, politique et militaire des États-Unis, le dollar semble pouvoir remplir le rôle de monnaie internationale. Le monde non socialiste a besoin des États-Unis, c'est donc la proposition américaine qui est retenue.

2 Le système de Bretton Woods a rendu possible une certaine stabilité jusqu'au début des années 60

A Les principes de Bretton Woods

- C'est un système de parités fixes : chaque monnaie a un taux de change fixe avec le dollar (sa marge de fluctuation par rapport à ce taux n'est que de 1 % en plus ou en moins) et le dollar a un taux de change fixe avec l'or (35 $ l'once d'or). L'or conserve donc une fonction d'étalon : par l'intermédiaire du dollar, toute monnaie a une parité or.
- Chaque monnaie est convertible en dollar (et en n'importe quelle autre monnaie) mais seul le dollar est convertible en or. Le dollar a donc le rôle d'une monnaie internationale, mais il est garanti en dernier ressort par l'or.
- Le Fonds monétaire international (FMI) est créé afin d'aider les pays déficitaires et de limiter les éventuelles dévaluations. Les pays membres doivent verser au FMI une contribution ou quote-part, déterminée en fonction de leur poids économique. Il est alors possible de puiser dans cette caisse en cas de déficit de la balance des paiements. En 1969, les DTS (droits de tirage spéciaux) ont été créés. Ils sont formés par un panier de monnaies (forte pondération du dollar) et devaient devenir un nouvel instrument de paiement international, mais leur rôle est resté limité.

B Une certaine stabilité après un début difficile

- La mise en place fut difficile : il y a une pénurie de dollars, les économies européennes et japonaise sont ruinées par la guerre, ce qui oblige les États-Unis à financer la reconstruction économique (plan Marshall par exemple). Les premières années de fonctionnement du nouveau SMI se caractérisent par la très grande souplesse de son fonctionnement : des dévaluations (baisse de la parité) très importantes sont autorisées.
- Entre 1950 et 1960 on assiste à une forte expansion économique et à une internationalisation des échanges ; l'Europe, grâce à ses exportations, peut se constituer des réserves en dollars. À cause des aides économiques et militaires, mais aussi en raison des nombreuses sorties de capitaux au titre de l'investissement à l'étranger et d'un infléchissement des exportations vers l'Europe, la balance des paiements américaine devient déficitaire ; le dollar devient abondant, mais il demeure malgré tout "aussi bon que l'or" et l'hégémonie américaine permet une croissance équilibrée.

Le système proposé par Keynes reposait sur une monnaie internationale ne portant la marque d'aucun pays particulier ; le système choisi dépend, lui, de la situation économique des États-Unis ; celle-ci peut évoluer et engendrer des conditions nouvelles impliquant tout le Système monétaire international.

FICHE 74

La crise du système monétaire international de Bretton Woods

Le Système monétaire international de Bretton Woods reposait sur le dollar, et la confiance dans le dollar reposait elle-même sur deux piliers : la puissance économique américaine et la convertibilité du dollar en or.

À partir du début des années 60, une forte augmentation du nombre de dollars détenus à l'extérieur des États-Unis a commencé à saper la confiance en celui-ci, et à créer un mouvement de conversion des dollars en or qui obligea le Président Nixon à supprimer la convertibilité. Le dollar devenu inconvertible, tout le SMI est mis en question.

1 La croissance du nombre de dollars détenus à l'extérieur des États-Unis...

A La dégradation de la balance des paiements américaine

Dès le début des années 60, le déficit de la balance des paiements américaine (apparu à la fin des années 50) s'aggrave fortement :

- Le déficit est essentiellement dû à la balance des capitaux ; en effet, non seulement les aides (dont l'aide militaire) et les prêts américains sont massifs, mais en plus les entreprises américaines ont de plus en plus tendance à se délocaliser (développement des firmes multinationales), et à accroître leurs investissements directs à l'étranger.
- Le déficit est aussi dû à la dégradation progressive de la balance commerciale américaine (en déficit pour la première fois en 1971). Cette dégradation est essentiellement due à deux phénomènes :
  - la délocalisation qui diminue la part de la production américaine réalisée aux États-Unis, et n'est donc pas favorable aux exportations ;
  - la concurrence nouvelle exercée par l'Europe et le Japon vis-à-vis des produits américains sur les marchés mondiaux.

B La multiplication des euro-dollars

- Le dollar étant la monnaie internationale, les États-Unis règlent leurs déficits en dollars, ce qui tend à faire augmenter la quantité de dollars détenue à l'extérieur des États-Unis.
- En raison de la multiplication des échanges, et parce qu'il est le moyen de paiement international, le dollar est de plus en plus demandé à l'extérieur des États-Unis. Des banques non-américaines décident d'accorder des crédits en dollars (la première fut une banque soviétique installée à Londres) ; ces dollars

détenus et même parfois créés à l'extérieur des États-Unis sont appelés des euro-dollars. Les crédits en dollars se multipliant et le crédit créant la monnaie, on a assisté à un gonflement très important de la quantité d'euro-dollars.

2 ... A SAPÉ LA CONFIANCE DANS LE DOLLAR ET DONC DANS LE SMI DE BRETTON WOODS

A La perte de confiance dans le dollar est aggravée par une politique de dollar cher

- La quantité de dollars détenue à l'extérieur des États-Unis devient largement supérieure au stock d'or américain ; cette situation crée une défiance et accroît les conversions de dollars en or. Mais plus celles-ci augmentent, plus la confiance dans le dollar est sapée... En 1949, les États-Unis disposaient de 80 % des réserves mondiales d'or, en 1971 ils n'en ont plus que 31 % et le stock d'or détenu à Fort Knox par les États-Unis est seulement de 11 milliards de dollars alors que les avoirs étrangers totaux en dollars s'élèvent à 50 milliards.
- Le dollar est surévalué, mais les autorités américaines mènent une politique de dollar fort (reflet de la puissance américaine) et ne veulent pas dévaluer le dollar, dont la valeur réelle a pourtant été lentement érodée par une inflation rampante.

B L'inconvertibilité du dollar entraîne la fin du SMI de Bretton Woods

- Pour stopper la baisse des réserves d'or, les États-Unis en 1968 limitent la convertibilité du dollar aux banques centrales (le dollar n'est donc plus convertible en or pour les particuliers), mais face aux demandes de conversion de plus en plus importantes provenant des banques centrales européennes, Nixon décrète unilatéralement l'inconvertibilité du dollar en août 1971.
- Le système des parités fixes fait l'objet d'une adaptation en décembre 1971 : l'accord dit du Smithsonian Institute à Washington, établit une nouvelle grille de parité et décide que les taux de change pourront varier dans la limite de 2,5 % de part et d'autre de leur parité tandis que le dollar est dévalué, le prix officiel de l'or passant de 35 à 38 dollars l'once. Cependant tout le SMI de Bretton Woods reposait sur le dollar qui était garanti par l'or et par la puissance américaine. Le dollar n'étant plus garanti, les différents pays abandonnent leur parité fixe avec le dollar. À partir de 1973, après une seconde dévaluation du dollar (de 38 à 42 $ l'once), il y a flottement généralisé des monnaies.
- La crise du SMI a modifié la fonction du FMI, il est devenu peu à peu une autorité en matière de financement international ; son action ne se limite plus au maintien des taux de change, mais il aide les pays en situation d'impasse financière, surtout les pays en développement.

L'abandon du système de Bretton Woods a donné le jour aux taux de change flottants, ce qui s'est traduit par le retour à une instabilité monétaire internationale dont l'exemple le plus frappant est l'amplitude des variations du dollar.

LE SYSTÈME DES TAUX DE CHANGE FLOTTANTS

L'abandon des parités fixes du SMI de Bretton Woods se traduit par le flottement généralisé des monnaies à partir de la deuxième moitié des années 70. Les taux de change ne sont plus fixes mais flottants, c'est-à-dire qu'ils varient librement en fonction de l'offre et de la demande. Ce recours au marché pour fixer les valeurs des monnaies devait permettre, selon les libéraux, une autorégulation et donc un équilibre. Dans les faits, le système des taux de change flottants n'assure pas une stabilité monétaire internationale.

1 LE FONCTIONNEMENT DU NOUVEAU SMI...

A Les principes des changes flottants

- Le nouveau Système monétaire international se caractérise par :
  - l'abandon de tout étalon : l'or est complètement démonétisé et devient une simple marchandise. Il n'y a plus de parités fixes déterminées par rapport à l'or ;
  - la suppression de la monnaie internationale officielle, même si, dans les faits, le dollar conserve un rôle central dans les échanges internationaux.
- Les monnaies varient librement en fonction de l'offre et de la demande. Si une monnaie est surtout offerte, son taux de change aura tendance à baisser, c'est la dépréciation. Une monnaie surtout demandée sera, quant à elle, une monnaie appréciée. Les taux de change variant librement, il n'est plus possible, dans le cadre du SMI, d'effectuer une dévaluation ou une réévaluation (décision des autorités monétaires de modifier à la baisse ou à la hausse un taux de change fixe), cependant les autorités monétaires peuvent encore intervenir pour limiter l'amplitude des fluctuations.

B Les causes de la variation des taux de change

- La balance des paiements d'un pays récapitule toutes les opérations avec le reste du monde ; une balance des paiements excédentaire conduit à une appréciation de la monnaie (qui est plus demandée qu'offerte), alors qu'une balance déficitaire conduit à la dépréciation (la monnaie nationale est convertie en devises pour régler le déficit, donc moins demandée qu'offerte). Pour analyser les déterminants de la valeur des monnaies, il faut donc examiner les deux composantes de la balance des paiements : la balance des opérations courantes et la balance des mouvements de capitaux.
- La balance des opérations courantes est composée essentiellement de la balance commerciale (importations et exportations de biens) et de la balance des invisibles (importations et exportations de services). Un excédent de la balance des opérations courantes contribue à une appréciation monétaire (cas de l'Allemagne et du Japon).
- La balance des mouvements de capitaux est composée des mouvements de capitaux à long terme comme les investissements directs ou les prêts, mais aussi des mouvements de capitaux à court terme. Les mouvements de capitaux

peuvent faire varier d'une façon forte et rapide les taux de change, notamment les mouvements de capitaux à court terme ; ceux-ci sont très mobiles, en effet :

- ils dépendent des taux d'intérêt : à la recherche des places financières offrant les meilleures rémunérations, des capitaux, dits capitaux flottants, ou hot money, se déplacent au gré des variations des taux d'intérêt. Ainsi la hausse du dollar, dès 1980, est due à une hausse des taux d'intérêt américains qui a permis de drainer vers les États-Unis une partie importante de ces capitaux ;
- ils dépendent aussi de motifs spéculatifs ; la recherche d'une plus-value par la revente d'une monnaie à un cours plus élevé que le prix d'achat.

2 ... N'A PAS PERMIS DE SUPPRIMER LE DÉSORDRE MONÉTAIRE

A Les taux de change flottants étaient la réponse libérale aux désordres monétaires...

- Selon les libéraux, dont Milton Friedman, seul le marché permet, non seulement l'équilibre mais aussi l'atteinte de l'optimum économique ; la fixation des taux de change par le marché et non par des décisions administratives, devrait mettre fin aux désordres monétaires et rendre inutile une politique des taux de change.
- D'autre part, la libre variation des taux de change devrait permettre un équilibrage automatique des balances. En effet, un déficit de la balance des paiements se traduit par une baisse du taux de change qui permet de baisser le prix relatif des produits, d'où une augmentation des exportations et une diminution des importations et donc un rééquilibrage de la balance commerciale (et éventuellement de celle des paiements). Le mécanisme inverse joue en cas d'excédent.

B ... mais ils n'ont pas permis d'équilibrer les échanges internationaux

La variation des taux de change n'a pas permis d'équilibrer les échanges internationaux ni de stabiliser le SMI.

- Dans la balance des paiements, la balance des mouvements de capitaux joue un rôle non négligeable ; un déficit commercial peut être contrebalancé par une forte entrée de capitaux, et donc ne pas se traduire par une dépréciation de la monnaie. Ce fut le cas du dollar entre 1980 et 1985 ; sa valeur augmentait fortement alors que la balance commerciale américaine était lourdement déficitaire, parce que les taux d'intérêt américains exerçaient un effet attractif sur les capitaux flottants.
- Certaines importations sont incompressibles ; la baisse du taux de change ne permet pas de les diminuer (c'est le cas lorsque la demande n'est pas élastique par rapport au prix) et a, au contraire, un effet de renchérissement de leur coût.
- La compétitivité des pays n'est pas seulement due à des variables conjoncturelles, comme le taux de change, mais aussi à des phénomènes structurels, comme par exemple, une bonne spécialisation de l'appareil de production. C'est pourquoi l'appréciation du mark n'a pas empêché l'Allemagne de cumuler des excédents.

Les changes flottants ont donc été source d'instabilité ; l'exemple le plus frappant est l'amplitude des variations du dollar (dont le cours est passé de 4 F en 1980 à plus de 10 F en 1985 avant de retomber aux alentours de 5 F à la fin des années 80) qui rend toute prévision économique aléatoire. Afin de créer un îlot de stabilité monétaire en Europe, la CEE a créé en 1972, le Serpent monétaire puis en 1979, le Système Monétaire Européen (SME).

FICHE 76

LE DOLLAR

Le dollar, à la suite de l'abandon de sa convertibilité en or, en 1971, a connu une période de dépréciation; il valait 5,55 francs en 1971 et seulement 4 francs en 1979. L'arrivée de Paul Volcker, en octobre 1979, à la tête du FED (Federal reserve system : banque centrale américaine) modifia la situation et conduisit à une appréciation très importante du dollar. Certains effets pervers de cette hausse ont amené un nouveau retournement de situation en 1985, et la valeur du dollar a diminué jusqu'en 1988.

1 LA HAUSSE DE LA VALEUR DU DOLLAR A PERMIS LA BAISSE DE L'INFLATION MAIS A AGGRAVÉ LE DÉFICIT COMMERCIAL AMÉRICAIN

A La politique monétaire restrictive a permis la hausse du dollar

- Afin de lutter contre l'inflation (9 % en 1979), le nouveau président du FED mena une politique monétariste très restrictive visant à diminuer la création monétaire par le biais de la baisse du crédit. La raréfaction du crédit, mais aussi les besoins croissants de financement de l'État, du fait de son déficit budgétaire (dû essentiellement aux dépenses militaires et à la baisse des impôts), menèrent à une hausse considérable des taux d'intérêt. Par exemple, le taux d'intérêt à court terme passa de 6,5 % en 1978 à 18 % en 1981.
- Du fait de l'augmentation de la rémunération de l'argent (mais aussi de la diminution de l'imposition sur les revenus du capital), de nombreux capitaux vinrent se placer aux États-Unis et provoquèrent une forte demande de dollars, et donc une hausse considérable de celui-ci. D'environ 4 francs en 1979, il atteignit un sommet à 10,614 francs le 26 février 1985 !

B Ce qui a permis de baisser l'inflation mais a aggravé le déficit commercial

- La diminution des crédits qui freine la croissance de la demande, ainsi que la hausse du dollar qui baisse le prix des produits importés ont permis une désinflation : les États-Unis sont passés d'un taux d'inflation de 9 % en 1979, à un taux compris entre 3 et 4 % à partir de 1984.
- En renchérissant le prix des produits américains sur le marché mondial, la hausse du dollar a aggravé le déficit commercial. Ce déficit fut d'abord accepté car il semblait être la rançon d'un dollar élevé et d'un faible taux d'inflation, mais aussi parce qu'il ne semblait pas ralentir la croissance économique dopée par le déficit budgétaire (*cf. fiche 26 : La politique budgétaire*). Mais il s'aggrave (69 milliards de dollars en 1983, 142 milliards de dollars en 1985) et pèse de plus en plus dans l'économie américaine. Des secteurs entiers, comme l'automobile et l'aviation, sont menacés.

■ L'appréciation du dollar a aussi des conséquences importantes sur l'économie des autres pays : si elle a permis aux Japonais et aux Européens d'accroître leurs exportations vers les États-Unis et de s'installer sur le marché américain, en revanche, elle a renchéri les dettes des pays débiteurs, surtout ceux du tiers-monde (la majeure partie de la dette mondiale est libellée en dollars), elle a raréfié les capitaux (en grande partie placés au États-Unis) et elle a été source d'inflation (augmention des prix des produits importés, généralement payés en dollars).

2 LES EFFETS PERVERS DE LA HAUSSE DU DOLLAR ONT CONDUIT À LA DÉCISION DE LE DÉPRÉCIER

A La dépréciation du dollar

■ Un déficit commercial important, en détériorant la balance des paiements, conduit généralement à la dépréciation automatique de la monnaie dans un système de taux de change flottants (*cf. fiche 75 : Le système des taux de change flottants*). Mais le dollar faisant office de monnaie internationale, les États-Unis ne sont pas obligés de vendre leur monnaie nationale pour payer leurs déficits ; un dollar élevé n'est donc pas incompatible avec un déficit commercial très important.

■ Le déficit commercial, devenant difficilement supportable pour son économie, le gouvernement américain a accepté la baisse du dollar en concertation avec les autres pays riches : en 1985 les accords du Plaza renouent avec la coopération monétaire internationale et organisent la baisse en douceur du dollar, grâce à une diminution concertée des taux d'intérêt ; en 1987 les accords du Louvre mettent un terme à la baisse du dollar et le stabilisent aux alentours de 6 francs.

B Depuis le début des années 90, la politique américaine est pragmatique

■ Le nouveau président du FED, Alan Greenspan, mène une politique monétaire et une politique des changes pragmatiques ; la sous-évaluation du dollar peut être temporairement admise pour stimuler la croissance.

■ Ainsi, pour sortir de la récession de 1991, le FED a laissé ses taux d'intérêt réels baisser fortement, jusqu'à devenir légèrement négatifs. La reprise se confirmant, elle a réaugmenté ses taux par la suite.

La baisse du dollar n'a que faiblement diminué le déficit commercial américain, car la période de dollar élevé a fait perdre des parts de marché qu'il est difficile de reconquérir. D'autre part, le déficit provient aussi d'un retard de compétitivité que l'industrie américaine comble progressivement.

FICHE 77

L'ENDETTEMENT DU TIERS-MONDE

Depuis le début des années 80, l'endettement international a fortement augmenté. Les États-Unis sont le pays qui présente l'endettement le plus important, mais malgré leurs difficultés économiques, le remboursement de leur dette ne pose pas de problème majeur (d'autant plus qu'elle est libellée en dollars) ; les pays d'Europe de l'Est ont de gros besoins de financement, leur endettement croissant risque d'être source, dans l'avenir, de grandes difficultés financières ; mais ce sont les pays en développement (PED) qui sont les plus endettés, certains d'entre eux sont même dans une impasse financière. Les causes et le degré de l'endettement des pays du tiers-monde sont divers ; le problème nécessite la mise en place de mesures adaptées.

1 La crise financière des PED...

A La diversité des situations d'endettement

Pour caractériser l'endettement du tiers-monde, il est possible de différencier trois zones (cette schématisation, quoique réductrice, est néanmoins nécessaire) :

- Les pays d'Afrique noire sont très endettés par rapport à leurs possibilités de remboursement. Les emprunts sont surtout d'origine publique (essentiellement l'aide des États des pays anciennement colonisateurs) et n'ont pas toujours été utilisés pour le développement économique mais pour des dépenses de fonctionnement ou de prestige des États. Ces pays sont souvent insolvables, ce qui les met dans une situation de dépendance vis-à-vis des pays riches.
- Les pays asiatiques sont aussi endettés, mais leur situation est moins grave. Ils ont, dans de nombreux cas, utilisé les capitaux empruntés pour développer leurs industries d'exportation. Les gains obtenus par ces exportations leur permettent de rembourser progressivement la dette.
- Les pays d'Amérique latine ont utilisé en partie les capitaux empruntés pour le développement d'industries tournées vers le marché intérieur afin de répondre aux besoins de la population. Leurs exportations sont insuffisantes pour couvrir leurs importations et donc pour rembourser leurs dettes. De nombreux pays d'Amérique latine étaient proches de l'insolvabilité, mais leur situation financière s'améliore depuis le début des années 90 grâce aux politiques d'ajustement.

B L'aggravation de la dette

La dette des pays du tiers-monde a fortement augmenté pendant les années 80 et cela pour de nombreuses raisons :

- Le renchérissement de la dette est lié à la conjoncture internationale :
  - la hausse des taux d'intérêt internationaux, conséquence de la politique américaine (*cf. fiche 76 : Le dollar*), a joué un rôle essentiel ;
  - la hausse du dollar (liée au phénomène précédent), entre 1980 et 1985, a aggravé la dette qui est en grande partie libellée en dollars ;

– la tendance lourde à la baisse du prix des matières premières (sauf durant les années 70) a dégradé les termes de l'échange (rapport entre la variation des prix des produits exportés et celle des prix des produits importés) de nombreux pays endettés.

■ Le renchérissement de la dette est aussi lié à des problèmes internes :

– inadaptation des politiques intérieures (dépenses étatiques trop importantes, nuisant à la compétitivité ou mauvaise spécialisation par exemple) ;

– fuite des capitaux nationaux vers les pays riches ;

– auto-entretien de la dette ; certains pays en voie de développement sont obligés d'emprunter afin de faire face au service de la dette (remboursement annuel plus paiement des intérêts annuels).

■ En raison du service de la dette des PED, et de la raréfaction des créanciers du fait des difficultés de remboursement, les transferts de capitaux sont inversés depuis 1984 ; les pays riches reçoivent plus de capitaux en provenance des pays pauvres qu'ils ne leur en apportent.

2 … CONDUIT À METTRE EN PLACE DES POLITIQUES DE REDRESSEMENT

A Des politiques d'aménagement de la dette sont nécessaires mais peu efficaces

■ Afin d'alléger le poids de la dette, le Fonds monétaire international préconise :

– le rééchelonnement de la dette, c'est-à-dire le report des échéances, allège la dette sur le moment mais n'est pas une solution durable.

– la consolidation de la dette permet de regrouper toutes les dettes d'un pays en une seule, dont les conditions de remboursement et de taux d'intérêt sont renégociées.

■ Au vu de la raréfaction des prêts aux PED, James Baker, secrétaire d'état américain au Trésor, demande, en 1985, aux banques et aux organismes publics d'accorder de nouveaux financements sous condition de mise en place par les PED de politiques de redressement contrôlées par le FMI. Face à l'échec du plan Baker, le nouveau secrétaire d'État au Trésor américain, Nicholas Brady, va plus loin en 1989 en demandant des réductions effectives de l'endettement pour les pays qui accepteraient d'appliquer ces politiques de redressement. En 1994, ce plan avait été appliqué à 12 pays, dont le Mexique.

B Les politiques d'ajustement mettent un frein à la montée de l'endettement mais ont tendance à appauvrir les pays

■ Le Fonds monétaire international préconise des politiques d'ajustement qui visent à :

– améliorer la balance commerciale afin d'honorer le service de la dette ; pour ce faire, il est conseillé de pratiquer des dévaluations, de spécialiser l'appareil de production dans des produits d'exportation et de ralentir la production (surtout celle destinée au marché intérieur) afin de modérer les importations ;

– assainir l'économie nationale, en menant une politique de rigueur qui permette de diminuer l'inflation en comprimant les dépenses publiques, les salaires et la demande intérieure.

■ La mise en place de ces politiques d'ajustement a permis de diminuer la dette de certains pays. Mais si ces politiques d'ajustement améliorent la situation extérieure, tout au moins à court terme,elles conduisent à un appauvrissement et à une dégradation de la situation économique et sociale des pays du tiers-monde.

L'endettement du tiers-monde est donc en voie d'amélioration ; mais certains pays demeurent totalement insolvables.

FICHE 78

LE SYSTÈME MONÉTAIRE EUROPÉEN

Face au désordre monétaire international, causé par l'effondrement du système monétaire de Bretton Woods, les pays européens ont tenté de créer, en Europe, un îlot de stabilité des taux de change. Ce fut, en 1972, la fixation de parités à marges de fluctuation limitées entre les monnaies européennes : ce Serpent monétaire européen fut un échec relatif, car il était trop contraignant et subissait trop les variations du dollar sur lequel il était basé. Un nouveau Système monétaire européen (SME) a été mis en application en 1979 ; il a permis une relative stabilisation des taux de change, mais il n'a pas toujours favorisé la croissance des pays européens.

1 LE FONCTIONNEMENT DU SYSTÈME MONÉTAIRE EUROPÉEN

A L'instrument de paiement européen : l'EURO

■ L'ECU (European currency unit), maintenant l'EURO, est l'instrument de paiement européen créé par le SME. Il est composé d'un panier des monnaies européennes et varie donc en fonction de celles-ci. Chaque monnaie est pondérée en fonction du poids économique du pays, par exemple le mark représente 30 % de l'EURO et le franc en représente 19 %.

■ L'EURO a des fonctions publiques importantes : monnaie de compte des institutions communautaires, instrument de paiement entre les banques centrales européennes, il fait aussi fonction d'étalon : il sert de base de calcul pour déterminer les parités des monnaies.

■ L'EURO a des fonctions privées croissantes : il est de plus en plus utilisé comme monnaie de compte par des entreprises en relation avec des partenaires européens (car, formé de plusieurs monnaies, il a l'avantage d'être relativement stable), et comme instrument de réserve et de crédit (de plus en plus d'obligations sont libellées en EUROs).

Mais sa fonction d'instrument de paiement privé est très limitée. Dans un grand nombre de cas, si le prix de la transaction est fixé en EUROs, le règlement s'opère en monnaie nationale.

B Le SME permet de stabiliser les taux de change

■ Le rôle principal du SME est de stabiliser les taux de change. Pour cela chaque monnaie a une parité avec l'EURO ; cette parité n'est pas le taux de change réel de la monnaie, mais un taux de référence dont elle ne doit pas trop s'écarter. Chaque monnaie a droit à une marge de fluctuation de plus ou moins 2,25 % par rapport à ce taux de référence (ce taux s'élevait à 6 % pour certaines monnaies). Cette marge de fluctuation est passée à plus ou moins 15 % depuis la crise monétaire de l'été 1993.

- Si une monnaie, malgré les interventions de sa banque centrale, risque de dépasser les marges de fluctuation, les autres banques centrales, tenues à la solidarité, doivent aider la monnaie en question par la vente ou par l'achat, suivant le cas. Mais lorsqu'une monnaie a structurellement tendance à dépasser les marges de fluctuation, sa parité peut être revue à la hausse (réévaluation) ou à la baisse (dévaluation). Toute dévaluation ou réévaluation est un constat d'échec pour le SME qui a comme vocation la stabilisation des taux de change.

2 Malgré des effets ralentissant la croissance, le SME a été une relative réussite monétaire

A Le SME a été une relative réussite monétaire...

- Le SME a résisté aux désordres monétaires internationaux et aux variations de forte amplitude du dollar. Malgré de nombreux réajustements (dévaluations ou réévaluations), le SME a assuré une certaine stabilité monétaire en Europe.
- Le SME a contribué à la désinflation que connaissent les pays européens et a permis de diminuer les différentiels d'inflation entre les pays membres. Le poids du mark (monnaie forte) dans l'ECU a obligé les pays à défendre leur monnaie en menant des politiques monétaires restrictives. Ainsi, depuis 1990, le franc est une monnaie forte, grâce à la politique de désinflation compétitive.

B ... mais il a pesé sur la croissance

- Afin de rester dans le SME et donc dans le sillage du mark, les pays, surtout ceux à monnaie faible, ont dû mener des politiques restrictives. La défense de leur monnaie a nécessité une politique de taux d'intérêt élevés, une diminution des déséquilibres budgétaires et une modération de la demande intérieure. Ces politiques d'austérité ont joué contre la relance et contre l'emploi.
- Pour relancer la croissance, il faudrait que l'Allemagne accepte de jouer le rôle de locomotive, qu'elle augmente sa croissance, quitte à détériorer certains indicateurs comme l'inflation, le taux de change, ou même l'excédent commercial. Dans ce cas, les autres pays européens, libérés d'une partie de leur contrainte monétaire pourraient davantage agir sur la croissance et l'emploi. Mais la réunification de l'Allemagne crée un contexte économique et social qui compromet cette stratégie.

Le SME n'est qu'une étape dans l'instauration de l'Union économique et monétaire qui devrait mener (cf. fiche 79 : L'Union monétaire européenne) *à une monnaie unique et à des politiques économiques et monétaires unifiées, si les soubresauts (dont les crises monétaires de 1992 et 1993) ne remettent pas en cause ce processus.*

L'UNION MONÉTAIRE EUROPÉENNE

Le traité de Maastricht est une étape importante dans le processus d'intégration européenne (cf. fiche 89 : La Construction européenne)*; il prévoit que, au plus tard en 1999, l'Europe sera dotée d'une monnaie commune, d'une banque centrale commune et d'une politique économique et monétaire commune. La mise en place de la monnaie unique devrait favoriser les échanges au sein de l'Union européenne et instaurer une véritable solidarité entre les pays membres; mais l'adoption de celle-ci se heurte déjà à des difficultés, et risque d'engendrer des effets pervers.*

1 LES FONDEMENTS MONÉTAIRES DU TRAITÉ DE MAASTRICHT

A Contenu du traité et phases d'application

■ Il a été décidé à Maastricht d'instaurer "la fixation irrévocable des taux de change conduisant à l'instauration d'une monnaie unique, l'Ecu, ainsi que la définition et la conduite d'une politique monétaire et d'une politique de change uniques dont l'objectif principal est de maintenir la stabilité des prix" (art. 3 A). D'autre part "la Banque centrale européenne est seule habilitée à autoriser l'émission de billets de banque dans la communauté" (art. 105 A). La politique monétaire sera du ressort de la Banque centrale européenne qui sera indépendante des gouvernements. En ce qui concerne les autres politiques économiques, elles devront être concertées et de toute façon ne pas être contraires aux objectifs de baisse de l'inflation : "les États membres évitent les déficits publics excessifs [...], le conseil peut décider de mettre l'État membre concerné en demeure de prendre, dans un délai déterminé, des mesures visant à la réduction du déficit" (art.104 C).

■ L'application du traité doit se faire en trois phases :

– la première phase commencée depuis le premier juillet 1990, consiste en la libération totale des mouvements de capitaux et en la mise en œuvre par les pays membres de politiques économiques permettant de remplir les conditions exigées par le traité;

– la deuxième étape a eu lieu le premier janvier 1994, elle consiste en la création d'un Institut monétaire européen qui préfigure la future banque centrale; son rôle est de mettre progressivement en place les conditions nécessaires à l'installation de la banque centrale, et de promouvoir l'Euro, afin de préparer la troisième phase;

– la troisième phase, prévue à partir du 1er janvier 1999, consiste en l'instauration "des taux de change irrévocablement fixes" et d'une politique monétaire commune afin de pouvoir mettre en place la monnaie unique.

B Les avantages de la monnaie unique

■ Une monnaie unique permet de supprimer les inconvénients liés au besoin de conversion de la monnaie nationale en devises. Non seulement cela permet de supprimer les coûts de conversion (commission des banques), mais surtout cela permet de ne pas craindre de dépréciation monétaire en cas de hausse des importations (tout au moins en provenance de pays membres de la communauté).

- Une monnaie unique permet de supprimer les risques liés à la variation des taux de change ; cela permet non seulement de rendre plus crédibles les prévisions des entreprises tournées vers l'extérieur, mais aussi de ne plus craindre un déficit de la balance des paiements avec les pays membres de l'Union, et donc de limiter la contrainte extérieure.
- Une monnaie unique rend les pays européens solidaires face au reste du monde, l'entité économique n'est plus la nation mais l'Europe.

2 MAIS L'INSTAURATION DE L'UNION MONÉTAIRE SE HEURTE À DES DIFFICULTÉS

A La majorité des pays ne sont pas prêts à remplir les conditions nécessaires

- Pour prendre part à l'Union monétaire, les pays devaient réunir les critères de Maastricht :
  – l'inflation ne doit pas dépasser de 1,5 point la moyenne des trois meilleurs pays ;
  – le déficit budgétaire ne doit pas être supérieur à 3 % du PIB ;
  – la dette publique ne doit pas excéder 60 % du PIB ;
  – les taux d'intérêt à long terme ne doivent pas dépasser de 2 points le taux de la moyenne des trois meilleurs pays ;
  – le pays ne doit pas avoir dévalué sa monnaie durant les deux dernières années.
- Ces critères ont été assouplis de façon à ce que tous les pays candidats puissent participer à la monnaie unique. Ainsi, 11 pays seront parmi les élus le 1er janvier 1999. Seule la Grande-Bretagne, le Danemark (qui bénéficient de la clause d'opting out), la Suède et la Grèce (qui ne font pas partie du SME) sont exclus du processus d'intégration monétaire.

B Les coûts de l'Union monétaire

- "L'objectif principal est de maintenir la stabilité des prix" (art.105). Il est à craindre qu'une politique monétaire trop restrictive soit préjudiciable à la croissance et à l'emploi. Le traité de Maastricht s'inspire davantage du monétarisme que des principes de Keynes, et il supprime toute nouvelle possibilité de politique franche de relance. Les partisans de Maastricht considèrent que les gains apportés par le système contre-balanceront largement ces inconvénients.
- Certains regrettent la perte du contrôle de la politique monétaire par les États membres ; on peut aussi craindre des problèmes de coordination entre une politique monétaire commune et les différentes politiques budgétaires qui relèveront toujours des compétences nationales.

La population française s'étant prononcée positivement sur le traité en septembre 1992, celui-ci peut apporter de grandes modifications dans le paysage économique et politique français. Il est une étape fondamentale dans le processus d'intégration totale des pays européens. Dès juin 2002, l'Euro devrait avoir totalement remplacé le franc.

FICHE 80

LA GLOBALISATION FINANCIÈRE

La globalisation provient d'un terme anglais que l'on peut traduire en français par mondialisation. La globalisation financière désigne la transformation du système financier international causée par la suppression des frontières nationales sur les marchés des capitaux ainsi que par le décloisonnement des marchés financiers.

1 LA GLOBALISATION FINANCIÈRE S'INSCRIT DANS UN PROCESSUS D'INTERNATIONALISATION

A La globalisation financière apparaît au début des années 80

■ La globalisation financière est une étape de la globalisation économique :

– première étape : l'internationalisation des échanges par le développement du commerce mondial;

– deuxième étape : l'internationalisation de la production ou transnationalisation, par la réalisation d'investissements directs à l'étranger, ainsi que par le phénomène de délocalisation;

– troisième étape : la globalisation par la mise en place et l'intensification de réseaux mondiaux de production et d'information. Elle comporte la globalisation financière mais ne s'y réduit pas.

■ La globalisation financière a commencé au début des années 80 à la faveur du regain de libéralisme et de la déréglementation des marchés.

– La globalisation financière se produit notamment grâce à l'ouverture des marchés financiers sous l'effet de l'abandon du contrôle des changes et avec l'accroissement des capitaux flottants sous l'effet de la multiplication des pétro-dollars, euro-dollars, ou asia-dollars;

– techniquement, elle a été possible grâce aux multiples utilisations de l'informatique;

– elle permet la circulation instantanée des capitaux d'une place financière à une autre et le fonctionnement continu du marché mondial des capitaux.

B La globalisation financière peut être un facteur d'optimisation de la finance internationale

■ La globalisation financière améliore l'environnement financier international de manière propice :

– le marché monétaire (ou marché des capitaux à court terme) et le marché financier (ou marché des capitaux à long terme) sont décloisonnés, les barrières institutionnelles entre le secteur bancaire et les institutions financières sont supprimées;

– la globalisation financière introduit un polycentrisme monétaire (plusieurs monnaies sont des liquidités internationales : le dollar, mais aussi le mark et le yen qui le concurrencent). Cela facilite les arbitrages entre les différentes places financières ainsi que la diversification des placements financiers, afin de minimiser les risques et d'obtenir les meilleurs rendements.

- La globalisation financière est censée assurer l'allocation optimale des capitaux :
  - les besoins et les capacités de financement sont mis en contact à l'échelle planétaire ;
  - grâce au passage d'une économie d'endettement à une économie de marchés financiers et sous l'effet de la concurrence mondiale, l'activité économique est financée au coût le plus faible, ce qui est le facteur de croissance et de retour au plein-emploi.

2 La globalisation financière induit un risque d'instabilité

A La financiarisation excessive de l'économie

- La déconnexion entre l'économie réelle et la sphère financière :
  - le gonflement des transactions sur le marché des changes et sur les marchés financiers est sans commune mesure avec le montant du financement de la production et des échanges ;
  - le poids de la sphère financière s'est accru en raison de la multiplication des opérations financières, dont les opérations de change : ainsi le volume des opérations de change est environ cinquante fois plus élevé que la valeur du commerce mondial de biens et de services.
- Les risques d'instabilité des marchés et de récession :
  - la valeur des titres et des monnaies devient parfois instable, sans que la situation économique réelle ne le justifie toujours. Par exemple, les cours boursiers ont pu s'envoler au début des années 90 en France, notamment, alors que l'économie était plongée dans la récession ;
  - la présence d'une bulle spéculative s'explique par le fait que des acteurs financiers internationaux anticipent à court terme des cours différents de ceux constatés. Cela les incite à effectuer massivement des ordres d'achat ou de vente qui contribuent à l'instabilité des cours. La bulle spéculative présente toujours un risque d'éclatement ou de krach qui déséquilibrerait l'économie réelle en se diffusant dans l'ensemble des réseaux par un « effet dominos ».

B Les États n'ont plus le contrôle des flux de capitaux

- Les mouvements de capitaux deviennent autonomes :
  - les politiques économiques nationales sont soumises à la surveillance des grands acteurs financiers internationaux. Ceux-ci peuvent être en désaccord avec une politique économique (une politique budgétaire, salariale ou de l'emploi par exemple) jugée trop laxiste ;
  - ils transfèrent alors leurs capitaux vers un pays jugé financièrement plus orthodoxe.
- Les États sont désarmés :
  - les mouvements spéculatifs sur le marché des changes échappent aux autorités monétaires. Pour être efficace, leur intervention demanderait des réserves de changes importantes dont elles ne disposent pas obligatoirement ou qui leur coûteraient trop cher ;
  - les taux d'intérêt augmentent ou demeurent trop élevés, parce qu'il devient indispensable de verser une prime de risque plus grande aux capitaux afin qu'ils ne désertent pas la place financière. Cela pénalise la croissance économique et accentue le chômage.

La globalisation financière paraît irréversible; pour prémunir les marchés contre l'instabilité qu'elle induit, il est nécessaire de mettre en place des instances de régulation supranationales (par la construction européenne, par exemple). Ce sont les seules à pouvoir réintroduire une réglementation afin de décourager les opérations purement spéculatives destinées à réaliser une plus-value à court terme.

PARTIE IX

LES RELATIONS ÉCONOMIQUES INTERNATIONALES

FICHE 81

L'ÉVOLUTION DES ÉCHANGES JUSQU'À LA SECONDE GUERRE MONDIALE

L'examen de cette période retrace comment le libre-échangisme s'est finalement imposé dans le monde comme doctrine du commerce international.

1 La révolution industrielle, point de rupture dans la croissance du commerce international

A Avant la révolution industrielle, le commerce international est peu développé

■ Une tendance à l'autarcie :

- Le commerce lointain qui commence dès le XVIe siècle ne concerne qu'une part minoritaire de la production nationale.
- Les moyens d'échanges et de communication sont faiblement développés. Il faut attendre les innovations technologiques dans le domaine des transports ferroviaires et maritimes, par exemple, pour que le développement du commerce international soit possible.
- Les régions elles-mêmes produisent et consomment en autarcie. Les échanges nationaux sont donc également peu développés. Le faible niveau des infrastructures de communication, l'existence de droits de péage lors du franchissement des ponts notamment et celle de droits de douane prohibitifs entre les régions ne favorisent pas le commerce.

■ Une croissance économique trop faible :

- Jusqu'au XVIIe siècle, la situation économique évolue peu. La croissance économique, quasi inexistante, explique qu'une économie nationale ne produise que pour satisfaire ses propres besoins, et sans toujours y parvenir : au cours de cette période pré-capitaliste, les crises de sous-production agricole provoquant disettes et famines ne sont pas rares.
- Le surplus de production par rapport à la demande nationale est insuffisant pour permettre la croissance du commerce international.

B La révolution industrielle suscite le développement du libre-échange

■ La révolution industrielle résulte de la conjonction de plusieurs révolutions :
Le terme révolution industrielle masque le fait que la révolution dont il est question dépasse le simple domaine de l'industrie. C'est un bouleversement qui touche à la fois l'industrie qui connaît des grappes d'innovations, l'agriculture, la population, les transports, le commerce, etc. *(cf. fiche 2 : Les facteurs de la révolution industrielle)*.

■ Un développement du commerce international :
On s'écarte peu à peu des pratiques protectionnistes en s'inspirant plus ou moins des thèses libre-échangistes d'A. Smith (1723-1790) et de D. Ricardo (1772-1823) *(cf. fiche 83 : Le débat protectionnisme – libre-échangisme)*.

Cependant, au début de l'industrialisation des économies au cours du XIXe siècle, la croissance du commerce mondial est encore lente.

2 De la fin du XIXe siècle à la Seconde Guerre mondiale : progression et recul du commerce international

A De la deuxième moitié du XIXe siècle à la Première Guerre mondiale : la difficulté des économies à s'engager dans la vie du libre-échange

■ Le commerce mondial progresse pour plusieurs raisons :

– un plus grand nombre de pays prend part à l'échange international ;

– le colonialisme se développe ;

– la croissance mondiale est plus soutenue *(cf. fiche 84 : Commerce international et croissance)* : il existe une forte corrélation entre le développement de l'échange international et l'accroissement de la production.

Le volume du commerce mondial est multiplié par 50 environ entre 1780 et la veille de la crise de 1929. À partir de la révolution industrielle, les gains de productivité assurent la croissance de la production, ce qui accroît les possibilités d'exportations. En conséquence, cela assure le financement d'importations de produits étrangers, et justifie la spécialisation.

La Grande-Bretagne joue un rôle moteur dans le commerce industriel et la croissance mondiale. Son taux d'ouverture aux exportations augmente fortement et cette économie réalise 23 % des exportations mondiales en 1880.

■ Tout protectionnisme ne disparaît pas pour autant ; celui-ci connaît même un regain à la fin du XIXe siècle en France notamment. Les mesures protectionnistes imposées par J. Méline, ministre de l'Agriculture sous la IIIe République, en témoignent.

Des pays comme le Japon ont, grâce à l'intervention de l'État, imposé un protectionnisme qui a favorisé leur révolution industrielle.

B Avec la crise de 1929 et jusqu'à la fin de la Seconde Guerre mondiale, le commerce international recule

■ Le repli protectionniste :

– Les économies capitalistes ont connu leur première crise capitaliste de grande ampleur : chute du PIB et croissance du taux de chômage en sont les manifestations principales.

– Les États, surpris par la soudaineté de la crise, recourent au protectionnisme pour tenter de l'enrayer. Il s'agit de protéger un appareil productif fragilisé et un marché national dépressif. Cette tentative de règlement de la crise s'avère inefficace.

■ Une erreur de politique économique :

– Il en résulte une contraction du volume du commerce mondial. Cela réduit l'effet stimulant du commerce international sur la croissance et le développement ; le repli protectionniste a prolongé la récession au lieu de le combattre.

– De plus, ce repli a exacerbé les nationalismes, ce qui a été un des facteurs du déclenchement de la Seconde Guerre mondiale.

– Ainsi en raison de la crise de 1929, puis, de la Seconde Guerre mondiale, le volume du commerce mondial est revenu, après le conflit, à son niveau de 1913.

L'évolution de l'échange international modifie sa structure par pays. La puissance commerciale britannique ne s'est pas accompagnée des mutations économiques nécessaires pour pérenniser son hégémonie. Les États-Unis, à la faveur de la Première Guerre mondiale, prennent le relais et assurent, dès 1938, 14 % des exportations mondiales contre 10,3 % pour le Royaume-Uni.

FICHE 82

L'INTERNATIONALISATION DES ÉCONOMIES DEPUIS LA SECONDE GUERRE MONDIALE

L'internationalisation est le processus d'ouverture des économies nationales, tant pour leurs opérations financières que pour leurs opérations commerciales.

À la fin de la Seconde Guerre mondiale, les échanges internationaux bénéficient d'un cadre institutionnel favorable, avec la signature des accords de Bretton Woods (1944), celle des accords du GATT (1947) et la mise en place de l'OMC depuis 1995 (cf. fiche 73 : Le Système monétaire international de Bretton Woods et fiche 85 : Du GATT à l'OMC).

1 L'INTERNATIONALISATION : UNE INTÉGRATION ÉCONOMIQUE QUI SEMBLE IRRÉVERSIBLE

A Une internationalisation croissante des échanges

- L'expérience de la crise de 1929 :
  - Après avoir subi la crise économique de 1929, puis la guerre de 1939-1945, le volume du commerce mondial s'est réduit à son niveau de 1913.
  - L'échec du repli protectionniste pour tenter de résoudre la crise de 1929 a fait prendre conscience du caractère nécessaire du libre-échange. Au lendemain de la guerre, l'adoption par les États-Unis du plan Marshall, qui permet de financer les importations européennes de produits américains, atteste de cette prise de conscience. Dans tous les pays, le taux d'ouverture *(cf. fiche 86 : La Division internationale du travail)* ne va cesser de croître, signe incontestable de l'interdépendance croissante des économies.
- Un accroissement sans précédent :
  - Durant les Trente Glorieuses et encore actuellement, le commerce international a un effet d'entraînement sur la croissance mondiale. L'accroissement du volume des exportations mondiales est supérieur à celui de la production de marchandises (respectivement une multiplication par 5,94 et 3,57 entre 1960 et 1992).
  - Le commerce international a permis le développement de transferts de technologies, comme ceux, par exemple, provenant des États-Unis après la Seconde Guerre mondiale. Ils participent à la croissance économique grâce à la modernisation de l'appareil productif et aux gains de productivité qu'ils induisent.

B La crise économique ne remet pas fondamentalement en cause l'internationalisation

- L'intégration crée l'interdépendance. Les économies ne sont plus en mesure de substituer une production nationale à l'ensemble des importations. L'internationalisation de la production dépasse le simple cadre des échanges.
- La crise infléchit le rythme de croissance des échanges internationaux :
  - Ce ralentissement n'a pas dégénéré en réduction drastique du volume du commerce mondial, même si ici ou là des mesures protectionnistes sont prises.

– À partir de la deuxième moitié des années 80, la croissance des échanges internationaux s'accélère à nouveau. Les économies cherchent en effet des moyens pour stimuler leur croissance économique, et le développement des échanges en est un.

2 Elle s'accompagne d'une internationalisation de la production et des capitaux

A La délocalisation de la production

■ La multinationalisation s'affranchit des contraintes traditionnelles des frontières et des États *(cf. fiche 47 : Les firmes multinationales et fiche 90 : La globalisation de l'économie mondiale)* :

– Plutôt que de produire sur le territoire national puis d'exporter, des entreprises fortement concentrées se délocalisent et produisent à l'étranger.

– C'est ainsi que les firmes multinationales (FMN) d'abord américaines puis japonaises et européennes se développent.

■ Les avantages de la délocalisation sont multiples :

– Détourner d'éventuelles barrières protectionnistes.

– Être présent sur un marché étranger, afin de pouvoir s'adapter sans délais excessifs aux modifications et sollicitations de la demande et réduire les coûts de transport.

– Profiter de coûts de production plus faibles à l'étranger, notamment en main-d'œuvre dans les pays du tiers-monde.

– Utiliser des savoir-faire qui sont spécifiques à certains pays, en raison de leur culture, de leur histoire, ou de leur économie.

– Diversifier géographiquement la production, afin de réduire les risques géopolitiques. Ainsi les FMN organisent certaines de leurs entreprises filiales en binôme dans des pays différents, de façon à garantir l'approvisionnement interne à la firme.

B La transnationalisation financière

■ Une intégration financière et non plus seulement économique :

– À partir des années 60, les circuits de financement s'internationalisent. L'effondrement du SMI des accords de Bretton Woods renforce le processus. Les mouvements internationaux de capitaux représentent aujourd'hui un volume très supérieur à celui des échanges monétaires liés au commerce international *(cf. fiche 80 : La globalisation financière)*.

– Ainsi une partie du pouvoir économique devient transnationale, ce qui peut éventuellement remettre en cause la souveraineté nationale.

■ Les mouvements de capitaux :

– Les emprunts internationaux s'accroissent pour financer les déséquilibres extérieurs.

– Les investissements étrangers dans les différentes économies se multiplient, rendant les organigrammes des entreprises de plus en plus compliqués.

– Des créations d'entreprises en joint-ventures (entreprises qui unissent des capitaux étrangers à des capitaux nationaux) se développent.

– Des prises de participations croisées d'une entreprise à une autre, par-delà les frontières, permettent de bénéficier d'effets de synergie, ou simplement de réaliser des placements financiers rémunérateurs.

L'internationalisation n'est pas neutre. Loin de profiter également à tous les pays, elle peut s'accompagner de rapports de domination, et faire apparaître ainsi un sous-développement à côté du développement.

LE DÉBAT PROTECTIONNISME – LIBRE-ÉCHANGISME

On doit à Vincent de Gournay (1712-1759) l'expression : "Laissez faire, laissez passer" : au libéralisme qui se caractérise par la liberté d'entreprendre ("laisser faire"), est associé le libre-échangisme ("laisser passer").

Les notions de libre-échangisme et de libre-échange sont à distinguer : le libre-échangisme est la doctrine selon laquelle tout pays a un intérêt à pratiquer la liberté des échanges internationaux, tandis que le libre-échange est la politique des échanges internationaux assurant la libre circulation des marchandises.

Le protectionnisme est à la fois la doctrine selon laquelle il est nécessaire de protéger la production nationale contre la concurrence étrangère et la politique des échanges internationaux qui instaure des mesures tarifaires ou réglementaires destinées à limiter les importations.

1 DU PROTECTIONNISME AU LIBRE-ÉCHANGISME

A Le protectionnisme : le commerce international est un jeu à somme nulle

■ Le protectionnisme, conçu par les mercantilistes aux XVIe et XVIIe siècles, fait apparaître le commerce international comme un jeu à somme nulle *(cf. fiche 91 : Les prémices de la pensée économique)*. L'économie nationale ne doit importer, aux prix les plus faibles, que ce qu'elle est incapable de produire, et doit en revanche exporter le plus possible aux prix les plus élevés.

■ Cette conception s'attache à une vision exclusivement monétaire de l'enrichissement. La participation au commerce international doit produire un excédent de la balance commerciale. Le commerce international est un jeu à somme nulle car la nation s'enrichit aux dépens d'autres nations qui s'appauvrissent.

B Le libre-échangisme : le commerce international est un jeu à somme positive

■ Il faut attendre la révolution industrielle et la théorie classique pour contredire la thèse protectionniste *(cf. fiche 92 : Les classiques)* :

– Chaque pays s'enrichit matériellement grâce à sa production de biens et services et également grâce à ses échanges avec le reste du monde. Cela nécessite une spécialisation dans le cadre d'une division internationale du travail.

– Il s'agit alors d'un jeu à somme positive dans la mesure où les différents partenaires commerciaux sont tous gagnants.

■ Les justifications théoriques de la spécialisation :

– La théorie des avantages absolus d'A. Smith (1723-1790) : une économie se spécialise dans la production pour laquelle elle a un avantage par rapport à la concurrence, et importe les produits pour lesquels elle a un désavantage.

– La théorie des avantages comparatifs de D. Ricardo (1772-1823) : une économie qui ne disposerait d'aucun avantage absolu a aussi intérêt au libre-échange. Dans ce cas, elle se spécialise dans la production pour laquelle elle a les désavantages les plus faibles.
– La théorie contemporaine des dotations factorielles ou théorème HOS (Heckscher - Ohlin - Samuelson) : une économie est dotée plus ou moins abondamment de chacun des facteurs de production. Elle doit donc se spécialiser dans la production nécessitant une combinaison productive qui intègre une forte composante en facteurs dont elle est richement dotée.
– La théorie contemporaine du cycle de vie du produit de Vernon : après avoir testé avec succès le marché national, un produit se diffuse et est exporté. Sa production peut être ensuite délocalisée, dans un pays du tiers-monde notamment, pour bénéficier de coûts de production plus faibles. Le produit est ensuite importé dans le pays d'où il est issu, lequel réalise à nouveau des innovations.

2 LE DÉPASSEMENT DU CLIVAGE ENTRE PROTECTIONNISME ET LIBRE-ÉCHANGISME

A Le protectionnisme n'est plus le fondement de la politique des échanges extérieurs...

■ Le libre-échange est un stimulant de l'activité économique : il permet de s'approvisionner en produits à prix plus faibles et de se spécialiser là où la compétitivité est la plus forte. De plus, il instaure une émulation par la concurrence.

■ La Division internationale du travail (DIT) est telle qu'il n'est pas envisageable de revenir au protectionnisme :
– Il est devenu impossible de suspendre les importations, car l'appareil productif national est incapable d'y substituer une production nationale.
– Certains produits importés sont primordiaux, l'appareil productif ne fonctionnerait plus sans eux (exemple : le pétrole ou des biens d'équipement professionnels importés).

B ... et le libre-échangisme n'est qu'un optimum normatif

■ Le libre-échange sans concession est dangereux :
– Chacune des théories justifiant le libre-échange repose sur l'hypothèse selon laquelle les avantages et désavantages des différentes économies sont définitifs. De ce fait, une économie pourrait, en se spécialisant, se limiter technologiquement à des productions subalternes, et dépendre technologiquement du reste du monde.
– Cela peut donc justifier qu'une économie protège une production jugée indispensable, par des mesures protectionnistes.

■ Un protectionnisme partiel et ponctuel peut être nécessaire :
– F. List (1789-1846) définit un protectionnisme éducateur. Celui-ci permet de protéger ponctuellement une industrie naissante, alors qu'elle n'a pas encore atteint sa compétitivité maximale, de façon qu'elle affronte plus tard et mieux armée la concurrence internationale.
– On peut songer, selon N. Kaldor, à étendre cette mesure à d'anciennes branches d'activité qui, n'étant plus compétitives, sont condamnées à disparaître. Le protectionnisme ne doit pas empêcher leur disparition, qui est économiquement justifiée, mais il doit la rendre progressive afin que l'appareil productif ait le temps de s'adapter.

*La crise économique a parfois incité certains États à enfreindre les accords du GATT, en prenant des mesures protectionnistes. Cependant, la tendance générale demeure libre-échangiste (*cf. fiches 85 : Du GATT à l'OMC et fiche 89 : La Construction européenne*).*

FICHE 84

COMMERCE INTERNATIONAL ET CROISSANCE

Il existe une corrélation entre commerce international et croissance justifiant le libre-échange.

1 LE COMMERCE EXTÉRIEUR PEUT ÊTRE PROPICE À LA CROISSANCE...

A L'effet de dimension du marché international sur la croissance nationale

- La recherche de débouchés plus grands :
  - Le marché intérieur limite l'économie nationale dans la réalisation d'économies d'échelle *(cf. fiche 33 : De la combinaison productive à la fonction de production)*, tandis que le marché international représente des débouchés suffisamment importants pour rendre possible la réalisation d'économies d'échelle substantielles (d'autant plus grandes que la quantité produite peut être élevée).
  - Se spécialisant, l'économie nationale mobilise ses forces productives pour ne produire que dans les domaines où ses avantages sont les plus grands. Par là même, elle est contrainte d'abandonner les productions pour lesquelles elle ne bénéficie pas d'une compétitivité suffisante, ce qui renforce sa compétitivité globale *(cf. fiche 83 : Le débat protectionnisme – libre-échangisme)*.
- Les commerces extérieurs des différentes économies nationales sont compatibles, grâce à leurs spécialisations différentes et complémentaires :
  - S'étant spécialisée, l'économie nationale doit exporter le surplus de production qu'elle ne peut pas écouler sur son marché intérieur. Cela est rendu possible par le fait que le reste du monde préfère importer des produits plus compétitifs.
  - Pour les mêmes raisons, l'économie nationale est disposée à importer. C'est même une contrainte dans la mesure où l'économie a abandonné certaines productions.

B Les importations, devenues indispensables, stimulent aussi la croissance

- Les importations s'accompagnent de transferts de technologies :
  - Les importations de biens d'équipement peuvent susciter des investissements, qui sans elles n'auraient pas lieu.
  - Cela évite d'effectuer d'onéreuses dépenses de recherche et de développement, que certaines économies ne pourraient pas prendre en charge.
- Les transferts de technologies stimulent la croissance économique :
  - Bénéficier de technologies plus avancées permet de moderniser l'appareil productif et de réaliser des gains de productivité.
  - Les investissements effectués grâce aux importations de biens d'équipement stimulent la croissance.

2 ••• MAIS SON EFFET MULTIPLICATEUR NE FONCTIONNE PAS TOUJOURS

A Le multiplicateur de commerce extérieur stimule la croissance

■ L'effort à l'exportation stimule la croissance :
Les exportations se traduisent par des entrées de devises. Cela donne lieu à une distribution de revenus, qui induit une demande supplémentaire. Celle-ci, en dehors de la demande de produits importés, suscite un accroissement de la production nationale. Cet accroissement de la production donne lieu à de nouveaux revenus, etc.

■ Un processus cumulatif favorable à la croissance :
- Il existe donc, à l'image du multiplicateur d'investissement keynésien, un multiplicateur de commerce extérieur *(cf. fiche 95 : Keynes)*.
Cela signifie qu'à une variation initiale du montant des exportations correspond un accroissement du PIB ou du revenu national plus que proportionnel.
- On estime la valeur du multiplicateur de commerce extérieur, à l'inverse de la somme des propensions marginales à épargner et à importer.

B Le libre-échange conduit à une recherche incessante et parfois dangereuse de compétitivité

■ Une orientation de la croissance nationale de plus en plus dépendante des performances commerciales :
Confrontés à une demande mondiale atone, les pays développés se font une concurrence exacerbée.
Ils mènent une politique de désinflation compétitive destinée à diminuer les prix relatifs de leurs exportations par rapport aux prix des produits étrangers, afin d'accroître leur compétitivité extérieure. Cette politique exige notamment une maîtrise des coûts de production et plus particulièrement de ceux du travail. La rigueur salariale est ainsi pratiquée ; la gestion de la main-d'œuvre adoptée accroît la précarité de l'emploi et aggrave le chômage (licenciement, développement des formes particulières d'emploi). Lorsque cette politique est couronnée de succès, les exportations sont stimulées. Par ailleurs, les importations sont freinées en raison du ralentissement de leur demande intérieure que cela induit. Il en résulte un excédent du commerce extérieur, comme c'est le cas en France depuis 1992.

■ Une orientation de la croissance nationale qui, à terme, peut être facteur de récession mondiale :
Si toutes les économies concurrentes optent pour ce type de politique, les débouchés mondiaux risquent de se réduire. Il est alors possible que la croissance nationale dont bénéficient les économies les plus compétitives aient un terme, car le cumul des effets de leur politique de désinflation freine la croissance mondiale.
Les économies nationales ne peuvent connaître une croissance à longue échéance, qu'à la seule condition que la croissance mondiale redémarre. Cela exige un changement de politique afin de stimuler la demande mondiale et donc la demande intérieure de chaque pays.

Il faut faire preuve de pragmatisme en matière de commerce international, car sa corrélation avec la croissance est relative, et peut être perturbée. Ainsi, en vertu des propriétés stimulantes du commerce extérieur, des pays du tiers-monde ont adopté, au début des années 70, une stratégie de développement fondée sur leur insertion dans la DIT. Cela était censé stimuler leur croissance et assurer le financement d'importations permettant les transferts de technologies indispensables à leur industrialisation et à leur développement. Pourtant, le développement escompté dans de nombreux pays du tiers-monde ne s'est pas obligatoirement produit.

FICHE 85

Du GATT à l'OMC

L'Accord GÉnéral sur les TArifs douaniers et le Commerce (AGETAC) est plus connu sous son nom anglais : General Agreement on Tariffs and Trade (GATT).

Cet accord, signé en 1947 par 23 pays, réunissait 125 États (environ 90 % du commerce mondial) au début des années 90. L'Organisation Mondiale du Commerce (OMC), mise en place le 1er janvier 1995, se substitue au GATT.

1 Les fondements du GATT

A Le libre-échangisme

■ La mise en œuvre du GATT :

– Avec l'expérience de l'échec du repli protectionniste lors de la crise de 1929 (*cf. fiche 81 : L'évolution des échanges jusqu'à la Seconde Guerre mondiale*), la communauté internationale et plus particulièrement les États-Unis souhaitent imposer un cadre institutionnel favorable au libre-échange auquel on attache nombre de vertus (*cf. fiche 83 : Le débat protectionnisme – libre-échangisme*).

– Des accords minimaux :

Une conférence se tient à La Havane en 1947. Elle permet d'élaborer un projet de charte qui reconnaît la nécessité du libre-échange, mais aussi celle de mesures protectionnistes. Cette charte devait, si elle avait été ratifiée, créer une Organisation Internationale du Commerce (OIC). Ne voulant pas se voir imposer une autorité en matière d'échanges internationaux, les États-Unis s'y sont opposés.

Une base d'accords est ratifiée en 1947 (application en 1948), il s'agit du GATT. Ce n'est pas une organisation internationale (contrairement à la future OMC), mais un ensemble de règles qui encadrent les échanges dans le respect de deux grands principes : le multilatéralisme et le libéralisme.

■ Des règles fondées sur des principes libéraux :

– La non-discrimination

Il est interdit de traiter différemment les nations, il faut donc appliquer :

• la clause de la nation la plus favorisée : les avantages commerciaux accordés à une nation doivent être étendus aux autres,

• le principe du traitement national : une fois les droits de douane payés, les produits étrangers sont assujettis aux mêmes taxations et réglementations que les produits nationaux.

– La réduction des droits de douane et l'élimination des restrictions quantitatives

Les droits de douane doivent être diminués avec impossibilité de les augmenter à nouveau. De plus, tout ce qui limite directement les quantités importées, comme les contingentements, est interdit.

– L'interdiction du dumping et la réglementation des subventions à l'exportation : il est interdit de pratiquer une concurrence déloyale en exportant à un prix inférieur aux coûts.

B Le libre-échange se développe progressivement et admet des dérogations

- Le GATT admet des dérogations :
  - Le système généralisé de préférences (SGP) donne la possibilité aux pays développés de favoriser les exportations de certains produits industriels des pays en voie de développement.
  - La clause de sauvegarde permet de recourir aux restrictions tarifaires ou quantitatives en cas de déficit chronique de la balance des paiements ainsi que protéger une industrie naissante (*cf. fiche 83 : Le débat protectionnisme - libre échangisme*).
- Les accords du GATT ne constituent pas une fin en soi. C'est pourquoi des négociations commerciales multilatérales (NCM), appelées aussi rounds. Leur objectif est de renforcer la libéralisation des échanges.

2 La nécessité d'une Organisation Mondiale du Commerce (OMC)

A Le multilatéralisme et le libre-échangisme remis en question

- La régionalisation du commerce :

  Le commerce intracommunautaire se développe et des zones de libre-échange se multiplient. Dans le cadre d'une union douanière, les pays membres sont autorisés à ne pas appliquer la clause de la nation la plus favorisée aux pays non membres de cette union.
- Le libre-échange n'est pas total :
  - Afin de limiter les importations, les partenaires du commerce international prennent parfois des mesures qui remettent en cause le libre-échangisme.
  - Le marché captif : les échanges intrafirmes se développent en marge des règles du commerce international dans le cadre de la transnationalisation (*cf. fiche 47 : Les firmes multinationales*).
  - Le libre-échange concerne essentiellement les marchandises non agricoles.

B L'OMC, une organisation ambitieuse

- Amorcée en 1986, la dernière négociation commerciale multilatérale, l'Uruguay round, se conclut le 15 avril 1994 à Marrakech. Apparaît alors la nécessité d'une organisation internationale dotée d'une personnalité juridique, afin de régler les différends commerciaux entre les pays et d'étendre la libéralisation du commerce aux échanges de produits agricoles et de services.
- Les objectifs ambitieux de l'OMC :
  - l'OMC reprend les objectifs du GATT : l'élévation des niveaux de vie et des revenus y compris pour les pays en développement, la réalisation du plein emploi, l'accroissement de la production et du commerce ainsi que l'utilisation optimale des ressources mondiales ;
  - l'OMC rappelle l'interdiction du dumping commercial ; elle est aussi susceptible d'interdire le dumping social et monétaire.
- La création de l'Organe de Règlement des Différends (ORD) :

  L'ORD définit la procédure en cas de différends commerciaux opposant plusieurs nations afin de préserver le libre-échange.

La création de l'OMC, instance supranationale, s'est imposée dans un contexte de mondialisation. Son succès dépend de sa capacité à soumettre les économies nationales à ses décisions.

FICHE 86

LA DIVISION INTERNATIONALE DU TRAVAIL (DIT)

Le libre-échange tel que les économistes classiques A. Smith et D. Ricardo l'ont formalisé conduit à une division internationale du travail (DIT). La DIT est la répartition de la production mondiale par pays ou zones économiques qui se spécialisent et deviennent complémentaires.

1 L'AMPLEUR DE LA PARTICIPATION À LA DIT

A La mesure de la participation d'une économie à la DIT

■ Les taux d'ouverture les plus fréquemment utilisés :

– taux d'ouverture aux exportations : $\frac{\text{exportations}}{\text{PIB}} \times 100$ (appelé aussi taux d'exportation)

– taux d'ouverture aux importations : $\frac{\text{importations}}{\text{PIB}} \times 100$ (appelé aussi taux d'importation)

– Ils mesurent l'extraversion d'une économie et sa situation dans la DIT. Une idée préconçue affirme que le Japon est une économie extravertie. En 1993, la part de ses exportations dans son PIB est de 10,1 % et celle de ses importations est de 7,5 %, alors que pour l'ancienne Allemagne de l'Ouest les taux d'ouverture sont respectivement de 33,8 % et 26,8 % (pour la France de 22,9 % et 21,6 %).

■ Les taux de pénétration :

– Le taux de pénétration d'un produit importé, ou celui d'un ensemble plus ou moins vaste d'importations, sur le marché national est :

$$\frac{\text{importations d'un produit}}{\text{consommation nationale de ce produit}} \times 100$$

– Le taux de pénétration et son évolution permettent d'apprécier la dépendance du marché national à l'égard de la DIT.

Par exemple, le taux de pénétration des importations industrielles en France est en constante augmentation, cependant cela n'a de sens que si on observe parallèlement l'augmentation du taux de pénétration des exportations de produits industriels français sur le marché international.

B L'insertion dans la DIT

■ Les conditions d'une spécialisation réussie selon G. Lafay :

– Il ne faut pas se limiter à une production de fin de cycle de vie internationale du produit *(cf. fiche 83 : Le débat protectionnisme – libre-échangisme)*.

– Il ne faut pas subir la DIT mais sauvegarder la préférence nationale, déterminer une structure de la production nationale qui convienne, et l'insérer dans la DIT.

■ La DIT est source d'inégalité entre les pays :

– Les pays du centre (pays développés du Nord) sont spécialisés dans des produits à haute technologie intégrant une forte valeur ajoutée, et les pays périphériques (pays en voie de développement du Sud) sont spécialisés dans des produits primaires et à faible technologie, donc à faible valeur ajoutée.

– L'échange est inégal selon A. Emmanuel et S. Amin : à prix égal, les exportations des pays en développement incorporent infiniment plus de travail que leurs importations en provenance des pays développés.
– Une détérioration des termes de l'échange se produit, car la hausse des prix des produits importés par les pays en développement en provenance des pays développés est plus rapide que celle de leurs exportations.

2 La DIT évolue

A Une nouvelle DIT

■ Une nouvelle DIT :
– L'ancienne DIT se caractérise par :
• la spécialisation des pays du centre dans les produits manufacturés,
• la spécialisation des pays périphériques dans les produits primaires.
– Une nouvelle DIT se forme progressivement :
• certains pays en développement (surtout les NPI) exportent de plus en plus des produits manufacturés,
• les pays développés sont de gros exportateurs de produits agricoles.

■ Le recentrage du commerce international sur les pays du centre :
– La crainte du développement des NPI et celle de la crise ont incité les pays du centre à protéger leur place dans la DIT.
– La part des échanges des pays industrialisés dans le commerce mondial reste dominante. En 1990, elle est d'environ 74 %, contre 21 % environ pour les pays en développement.

■ La vision d'un commerce mondial Nord-Sud ne semble plus pertinente :
O. Kenichi conçoit l'existence d'un commerce tripolaire qu'il nomme "triade". Les trois pôles autour desquels le commerce mondial s'organise et se développe sont : l'Amérique du Nord, l'Europe et l'Asie du Sud-Est.

B La décomposition internationale des processus productifs (DIPP)

■ Le concept de DIT est dépassé :
– Dans le contexte de mondialisation, ce sont de moins en moins les économies nationales qui s'affrontent sur le marché mondial et de plus en plus des firmes multinationales (FMN) ou des entreprises transnationales. Une économie mondiale sans frontières émerge.
– La DIPP consiste en une décomposition des processus productifs, particulièrement pour des produits manufacturés complexes et des produits de haute technologie. Des sous-ensembles ou des composants sont fabriqués puis assemblés dans différents pays du monde.

■ Le développement d'un commerce captif (*cf. fiche 47 : Les firmes multinationales et fiche 85 : Du GATT à l'OMC*) :
le commerce des pièces détachées et des produits semi-finis se développe, de même que les réexportations ou les réimportations de produits finis. On estime que le commerce intra-firmes représente entre le cinquième et le tiers des échanges des grands pays industriels.

La nécessité d'un Nouvel Ordre Économique International (NOEI) devant rééquilibrer la DIT au bénéfice du tiers-monde n'est plus d'actualité. Les préoccupations liées à la crise économique ont fait passer ce projet au second plan.

FICHE 87

LA CONTRAINTE EXTÉRIEURE

La contrainte extérieure est le phénomène par lequel un accroissement du PIB peut éventuellement mettre en péril les comptes extérieurs, lorsque l'économie est trop fortement dépendante de ses importations.

1 ÉCONOMIE CONTRAINTE ET ÉCONOMIE NON CONTRAINTE

A Contrainte extérieure et compétitivité

- L'élasticité des importations par rapport au PIB mesure la dépendance de l'économie nationale à l'égard du reste du monde :

$$\frac{\text{taux de croissance des importations}}{\text{taux de croissance du PIB}} \times 100$$

  Plus cette élasticité est élevée, plus l'économie est contrainte.
- Plus une économie est contrainte, plus l'accroissement de la production induira une dégradation du taux de couverture.
  - Le taux de couverture indique dans quelle proportion la valeur des importations est couverte par celle des exportations.
  - Sauf indication contraire, les exportations sont calculées FAB, c'est-à-dire franco à bord : les coûts d'assurance et de fret (CAF) n'étant pas à la charge de l'exportateur à partir de la frontière, ils ne sont pas inclus dans la valeur des exportations. Les importations sont calculées CAF : les coût d'assurance et de fret incombant à l'importateur, ils sont inclus dans la valeur des importations. La valeur des importations est donc surestimée par rapport à celle des exportations. L'équilibre du taux de couverture est d'environ 95 % si les données sont FAB/CAF et de 100 % si les données sont FAB/FAB.
- Plus une économie est compétitive plus elle exporte. Dans ce cas, même si elle importe beaucoup, un taux de couverture supérieur à l'équilibre peut être atteint. La gravité des effets de la contrainte extérieure subie par un pays dépend donc de son degré de compétitivité.

B Contrainte extérieure et spécialisation de l'appareil productif

- Certains pays sont peu contraints (Japon par exemple) : leur spécialisation leur permet d'être compétitifs, de répondre à la demande mondiale et de produire une grande partie des biens de production qui leur sont nécessaires, ce qui évite de les importer. Ainsi ils bénéficient d'une relative inélasticité de leurs importations par rapport au PIB. Ces pays ont généralement une spécialisation de filière *(cf. fiche 24 : La politique industrielle)*.
- D'autres pays, au contraire, sont fortement contraints. L'augmentation de leur production nécessite des importations conséquentes de biens intermédiaires et de biens d'équipement que leur appareil productif n'est pas capable de fournir. C'est généralement le cas des pays spécialisés en créneaux *(cf. fiche 24 : La politique industrielle)*.

2 LA CONTRAINTE EXTÉRIEURE INFLUENCE LES RELATIONS ÉCONOMIQUES INTERNATIONALES

A La perte d'autonomie de la politique économique

■ L'ouverture des économies interdit l'autonomie des politiques économiques :

Dans le cas d'une économie contrainte, l'adoption d'une politique de relance peut être un échec, surtout si des politiques de rigueur sont pratiquées dans les autres pays. Ainsi la politique de relance menée en France en 1981 et 1982 se traduit par une surenchère des importations, alors que le niveau des exportations ne progresse pas au même rythme, si bien que le déficit extérieur se creuse. En effet, la rigueur imposée dans les autres pays au début des années 80 restreint les débouchés du commerce extérieur français, tandis que la relance impose d'importer plus.

■ Le choix d'une politique économique peut être imposé par les institutions internationales :

Le Fonds monétaire international (FMI) impose parfois une politique de rigueur commerciale (appelée politique d'ajustement) à des pays en voie de développement, afin de réduire leur contrainte extérieure : c'est la condition d'obtention de nouveaux prêts. Le FMI leur impose de réduire leurs importations, quitte à freiner leur croissance, et les encourage à exporter plus.

B La menace d'une contrainte extérieure trop forte

■ Le cas de l'économie des États-Unis :

- Cette économie est au premier rang des importateurs mondiaux. Une compétitivité devenue insuffisante implique l'existence d'une contrainte extérieure américaine forte, ce qui représente une menace pour les relations économiques internationales.
- La crainte est que les États-Unis mènent une politique de rigueur commerciale pour lutter contre les effets de leur contrainte. L'ampleur des débouchés que leur marché représente serait réduite, et cela aurait un effet dépressif sur l'économie mondiale.

■ Le surendettement des pays en voie de développement :

- Les politiques d'ajustement pour limiter leur insolvabilité diminuent un peu à court terme leur contrainte extérieure.
- Cependant elles remettent en cause à plus long terme leurs perspectives de développement, dans la mesure où les transferts de technologies du Nord vers le Sud s'amenuisent. De plus les débouchés des pays développés s'en trouvent réduits.

La contrainte extérieure s'exerce, à des degrés divers, sur toutes les économies. Dans le contexte de libre-échange, il est impossible qu'un pays ne subisse aucune contrainte extérieure. Dans la mesure où, dans le contexte de mondialisation, les politiques économiques ont perdu leur autonomie, il semble devenu indispensable de coordonner les politiques commerciales pour poursuivre dans la voie du libre-échange, sans buter contre l'obstacle d'une contrainte extérieure trop forte.

FICHE 88

LES DÉTERMINANTS DE LA COMPÉTITIVITÉ

La compétitivité est la capacité d'une économie à conquérir des parts de marché en affrontant la concurrence.

1 DE LA COMPÉTITIVITÉ-PRIX...

A La mesure de la compétitivité-prix

- L'indicateur de la compétitivité-prix est le rapport entre l'évolution des prix des concurrents et celle des prix des produits nationaux. C'est donc une question de prix relatif.
- La compétitivité-prix croît proportionnellement à la valeur de cet indicateur.

B Les déterminants de la compétitivité-prix

- La compétitivité-prix dépend du coût unitaire :

  Pour diminuer le coût unitaire, il faut réaliser des économies d'échelle en augmentant les quantités produites plus que proportionnellement à l'augmentation du coût total, ce qui réduit le coût unitaire *(cf. fiche 32 : Les coûts de production et fiche 33 : De la combinaison productive à la fonction de production).* La productivité joue un grand rôle, des gains de productivité permettant de réduire le coût unitaire même si les coûts totaux sont plus élevés qu'ailleurs. Le comportement de marge des entreprises influence également la compétitivité - prix.

- La compétitivité-prix dépend aussi de facteurs monétaires.

  – Le différentiel d'inflation :

  C'est la différence entre le taux d'inflation d'une économie donnée et celui d'une économie concurrente. Il est à l'avantage de l'économie qui réalise le taux d'inflation le plus faible. Plus le taux d'inflation est élevé, moins les prix à l'exportation sont compétitifs, tandis que les prix à l'importation le sont de plus en plus.

  – La variation des taux de change :

  La dépréciation d'une monnaie dans le SMI ou sa dévaluation dans le SME *(cf. fiche 75 : Le système des taux de change flottants et fiche 78 : Le Système monétaire européen)* permettent de diminuer les prix des exportations et de renchérir les prix des importations. C'est ainsi que certains pays sont parfois tentés de mener une politique de dévaluation compétitive. Toutefois les chances de réussite d'une telle politique sont aléatoires. Le souci d'une plus grande productivité, associé à une lutte contre l'inflation, doit donc être primordial *(cf. fiche 28 : La politique des taux de change).*

2 ... À LA COMPÉTITIVITÉ STRUCTURELLE

A L'insertion des structures de l'appareil productif dans la DIT

■ La compétitivité-prix n'est pas un déterminant suffisant de la compétitivité :

- La demande internationale peut s'ouvrir à des produits dont les prix ne sont pas obligatoirement les plus compétitifs. Il faut donc tenir compte d'un autre type de compétitivité, la compétitivité structurelle (appelée parfois compétitivité hors prix ou compétitivité produit).
- Une économie (c'est le cas du Japon) peut réussir à allier une compétitivité structurelle à une compétitivité-prix.

■ Les déterminants de la compétitivité structurelle :

- Une spécialisation sur des créneaux porteurs où l'économie dispose d'un avantage en terme de savoir-faire.
- Une flexibilité qui assure l'adaptation à la demande mondiale.
- Une gamme de produits suffisamment large et cohérente.
- Une qualité renommée des produits qui attire la demande.
- Des délais de livraison plus courts que ceux de la concurrence.
- Un service après-vente de qualité.

B Négliger la compétitivité structurelle et ne s'attacher qu'à la compétitivité-prix peut être dangereux

■ L'atout d'une économie développée :

- Une économie développée maîtrise des savoir-faire et une technologie lui permettant d'opérer une spécialisation dans des domaines innovants qui renforce sa compétitivité structurelle.
- Il est dangereux de privilégier à court terme la survie des branches d'activité largement concurrencées par des économies bénéficiant de coûts salariaux beaucoup plus faibles (pays du tiers-monde et plus particulièrement les NPI). Vouloir les concurrencer avec les mêmes armes est inutile et dangereux :
  - • inutile, car les rigidités des salaires à la baisse sont telles que les rémunérations ne peuvent pas être suffisamment réduites,
  - • dangereux, dans la mesure où, du fait de la réduction des rémunérations, la demande intérieure s'affaiblit, ce qui a un effet récessif sur la conjoncture. De plus les mutations de l'appareil productif ne se produisent pas, ce qui remet en cause la compétitivité structurelle.

■ Une politique structurelle est indispensable :

Il s'agit de mener une politique industrielle *(cf. fiche 24: La politique industrielle)*, susceptible de renforcer durablement la compétitivité. Il faut développer des pôles de compétitivité, c'est-à-dire des branches d'activité pour lesquelles le taux de couverture est très élevé. Cela assure une position favorable de la balance des paiements et peut stimuler l'ensemble de l'activité nationale.

La compétitivité est aujourd'hui l'objectif prioritaire des politiques économiques inspirées par les théories libérales. En France, au début des années 90, les mesures de désinflation compétitive, notamment, ont permis un certain redressement des comptes extérieurs sans résoudre pour autant le problème majeur du chômage.

LA CONSTRUCTION EUROPÉENNE

La CEE, devenue Communauté européenne (CE) puis l'Union européenne en 1993, est une zone commerciale unifiée. Les échanges intra-communautaires représentent plus de 60 % des échanges réalisés par ses membres. Elle n'est pas tout à fait une entité économique, mais elle est le premier exportateur et le premier importateur mondial.

1 LE LIBRE-ÉCHANGE COMMUNAUTAIRE

A La signature du traité de Rome

■ Une volonté :

- Le libre-échange, fondé sur le multilatéralisme, est selon les libéraux un optimum, mais il s'avère difficile à concrétiser. Une union économique partielle permet de développer de façon plus réaliste un libre-échange communautaire, et contribue à une régionalisation du commerce international.
- Des préoccupations géo-politiques ont incité la création de la Communauté (affrontement Est/Ouest, reconciliation franco-allemande).

■ Les signataires du traité de Rome :

Après l'expérience de la Communauté européenne du charbon et de l'acier (CECA), le traité de Rome est signé en 1957 par six premiers partenaires (Europe des Six) : France, Allemagne fédérale, Italie, Belgique, Luxembourg, Pays-Bas.

En 1972, la Grande-Bretagne, le Danemark et l'Irlande (Europe des Neuf) ; en 1981, la Grèce (Europe des Dix) ; en 1985, l'Espagne et le Portugal (Europe des Douze) ; et enfin en 1994, l'Autriche, la Finlande et la Suède rejoignent l'Union européenne (Europe des Quinze).

B Les institutions européennes

■ Des institutions formées par les États membres :

- Le Conseil des ministres de la Communauté est constitué de ministres des gouvernements nationaux. Il exerce un pouvoir législatif, sur la base des propositions faites par la Commission.
- La Commission de la Communauté est désignée par les gouvernements. Elle se charge de la préparation et de l'exécution des décisions.
- La Cour de justice est constituée de juges et d'avocats désignés par les gouvernements. Elle se charge d'arbitrer les litiges internes à la Communauté.

■ Le Parlement européen est constitué de façon autonome :

- Les parlementaires européens sont élus au suffrage universel direct depuis 1979. Ils arrêtent le budget et donnent un avis consultatif sur les propositions de la Commission.
- Le pouvoir européen n'est pas supra-national. Un transfert de souveraineté nationale devrait être opéré lorsque l'Euro, monnaie unique, ainsi qu'une Banque centrale européenne seront adoptés conformément au traité de Maastricht *(cf. fiche 79 : Une étape vers l'Union économique et monétaire : le traité de Maastricht).*

2 UN PROCESSUS D'INTÉGRATION

A Les étapes de l'intégration européenne

- L'objectif d'intégration :

  Il s'agit de former une zone au sein de laquelle les marchandises, les hommes et les capitaux circulent sans entrave.

- Le processus d'intégration :
  - La création d'une zone de libre-échange nécessite la suppression des barrières douanières au sein de la Communauté, ainsi les droits de douane sont abolis en 1968.
  - La création d'une union douanière nécessite celle d'une zone de libre-échange et la mise en place (réalisée en 1968) d'un tarif extérieur commun (TEC) aux membres de la Communauté, à l'égard des importations en provenance des pays non membres.
  - La création d'un marché commun nécessite celle d'une union douanière et la libre circulation des personnes et des capitaux.

  L'application de l'Acte unique européen en 1993 (signature de l'Acte en 1986) supprime les dernières barrières au libre-échange.
  - La création d'une union économique nécessite celle d'un marché commun et une harmonisation des politiques économiques nationales. Dès 1962, les premières bases de la Politique agricole commune (PAC) ont été édifiées. En 1972 le Serpent monétaire européen est institué. En 1979 lui succède le Système monétaire européen *(cf. fiche 78: Le Système monétaire européen).*
  - La réalisation d'une intégration économique nécessite celle d'une unification de toutes les politiques économiques, que devrait assurer la future mise en place de l'Union économique et monétaire (UEM) *(cf. fiche 79 : Une étape vers l'Union économique et monétaire : le traité de Maastricht).*

B L'élargissement ou/et l'approfondissement

- L'élargissement : l'Union européenne envisage son ouverture à de nouveaux membres, notamment d'anciennes économies socialistes d'Europe de l'Est. Cela peut contribuer à la fois au soutien de la croissance européenne et à la solidification des nouvelles économies de marché *(cf. fiche 20 : Les économies en transition*).
- L'approfondissement : il est discuté de la possibilité de poursuivre une construction européenne autre qu'économique et monétaire, en cherchant à édifier une intégration sociale (uniformisation des législations sociales et du travail par exemple).
- Il paraît difficile d'approfondir et d'élargir à la fois, compte tenu des situations très inégales des différents pays du continent européen.

Il semble que l'Union européenne puisse jouer à l'avenir un rôle décisif dans l'élaboration d'une politique économique européenne. Compte tenu du peu d'autonomie des politiques économiques nationales et de la nécessité de lutter contre la récession, un "new deal européen" pourrait être envisagé.

L'Union européenne n'est pas un cas isolé de régionalisation du commerce international, mais elle est actuellement la seule à connaître un réel développement. Certaines zones de libre-échange se mettent en place, sur le continent américain par exemple, avec l'Accord de libre-échange nord-américain (ALENA) signé en 1992 par les États-Unis, le Canada et le Mexique.

LA GLOBALISATION DE L'ÉCONOMIE MONDIALE

Par le terme globalisation les auteurs anglo-saxons expriment l'effacement des frontières nationales et la création d'un grand marché mondial; on utilise aussi les termes de mondialisation et de transnationalisation. Cette globalisation, qui concerne les échanges de marchandises, mais aussi les échanges de capitaux, aurait débuté après 1945 et se serait fortement accentuée depuis le début des années 80.

1 La globalisation est une tendance réelle de l'économie mondiale depuis 1945...

A Une tendance à la libéralisation des échanges et à l'ouverture des économies

- Durant les Trente Glorieuses, les échanges se sont libéralisés, ce qui a permis un net recul du protectionnisme et donc un effacement relatif des frontières nationales. Cette libéralisation provient de la volonté des institutions et des accords internationaux de l'après-guerre, comme le SMI, le FMI et bien sûr le GATT, de favoriser le libre-échange.
- La libéralisation du commerce mondial a provoqué une forte croissance des échanges internationaux qui se poursuit malgré la crise. De ce fait, les économies sont de plus en plus ouvertes sur l'extérieur et de plus en plus interdépendantes; c'est le phénomène de la contrainte extérieure. Lionel Stoléru affirme que "l'international commande, le national suit". Les politiques économiques nationales sont de moins en moins efficaces pour enrayer les déséquilibres intérieurs.

B Une organisation de la production au niveau mondial

- La DIPP (décomposition internationale des processus de production) se développe; les différentes étapes de la production d'un même bien sont réalisées dans des pays différents, ce qui représente une étape de plus dans la mondialisation.

  Alors que la DIT (division internationale du travail) permettait déjà d'optimiser la production des produits au niveau international, la DIPP permet d'optimiser les processus de production pour profiter au maximum des avantages comparatifs.
- De nombreuses entreprises se multinationalisent et même se transnationalisent.

  De nombreuses firmes multinationales élaborent leur stratégie au niveau mondial; elles seraient devenues globales et apatrides. Charles-Albert Michalet utilise le terme transnationalisation pour signifier que ces entreprises produisent et commercent à travers les nations. Les déterminants traditionnels et nationaux du commerce perdent de leur importance. La nation est de moins en moins l'entité économique principale. Une concurrence entre les firmes se substitue de plus en plus à une concurrence entre les économies nationales.

2 ... MAIS L'ÉCONOMIE EST LOIN D'ÊTRE "GLOBALE"

A Les frontières nationales ne disparaissent pas

■ La liberté des échanges n'est pas parfaite.

- Le libre-échange des marchandises est important, mais des restrictions demeurent. Ainsi, à la faveur de la crise, certaines pratiques protectionnistes resurgissent. Il s'agit essentiellement de mesures non tarifaires comme les quotas, l'élaboration de normes restrictives ou les tracasseries aux frontières.
- La libéralisation des échanges de services et de produits agricoles est loin d'être aboutie.

■ La régionalisation s'oppose à la globalisation.

- La régionalisation est la formation de blocs commerciaux comme les zones de libre-échange ou les unions douanières. La tendance à la régionalisation, dont l'exemple le plus éloquent est l'intégration européenne, date des années 60 ; elle s'est accentuée avec la crise.
- Même si la régionalisation permet de développer les échanges entre certains pays, elle crée de nouvelles frontières et s'oppose donc à la globalisation.
- La création de bloc commerciaux a souvent pour objectif la mise en œuvre d'une préférence communautaire et elle provoque un détournement d'échanges au détriment des pays tiers.

B Les firmes multinationales (FMN) sont loin d'être globales et apatrides

■ Les entreprises globales et apatrides sont rares.

Les entreprises qui bâtissent leur stratégie au niveau mondial et qui ne sont pas attachées à leur pays d'origine sont rares. Mis à part le cas de certaines FMN de petits pays (comme Nestlé-Suisse, ou Phillips-Pays-Bas), la plus grande partie du patrimoine, des salariés et du chiffre d'affaires des grandes entreprises est localisée dans leur pays d'origine.

L'internationalisation s'effectue encore aujourd'hui davantage par les exportations que par la délocalisation.

■ Les grandes entreprises ont généralement intérêt à profiter de la "politique commerciale stratégique" de leur pays d'origine, pour reprendre l'expression de Paul Krugman.

Très souvent, les États viennent en aide à leurs grandes entreprises en adoptant par exemple certaines mesures protectionnistes pour protéger le marché intérieur. C'est le cas du Japon où les entreprises sont soutenues par le MITI (ministère de l'Industrie et du Commerce international).

Les FMN peuvent aussi profiter d'aides et de subventions qui favorisent leur développement ; Airbus, sans l'aide de la communauté européenne, n'aurait jamais pu concurrencer Boeing sur le marché aéronautique des avions long-courriers.

La tendance à la globalisation est réelle, mais le monde n'est pas encore un "village planétaire", selon l'expression de McLuhan ; l'économie mondiale est encore loin d'être globale. La globalisation fournit surtout des arguments aux entreprises et parfois aux États qui, mettant en avant les contraintes qu'elle impose, espèrent souvent faire accepter à la population une mise en cause de ses acquis sociaux.

PARTIE X

LA PENSÉE ÉCONOMIQUE

FICHE 91

LES PRÉMICES DE LA PENSÉE ÉCONOMIQUE

Jusqu'au XVIe siècle environ, la pensée économique n'a pas d'autonomie, elle n'existe qu'à travers d'autres champs de pensée, comme la philosophie ou la théologie.

Lorsque les interrogations sur l'enrichissement de la Nation se font plus pressantes, la pensée économique se développe de façon autonome.

1 LE MERCANTILISME (XVIe ET XVIIe SIÈCLES) : L'ENRICHISSEMENT MONÉTAIRE ET COMMERCIAL

A Une conception nationaliste de l'économie

- Hégémonie commerciale et protectionnisme :
  - L'époque du développement du commerce lointain est propice à l'idée selon laquelle le commerce est une activité qui peut être source d'enrichissement.
  - Le courant mercantiliste n'est pas homogène, il comporte plusieurs écoles.
    - Selon le mercantilisme espagnol, il faut accroître le stock de métaux précieux grâce aux mines des colonies. En fait, dès cette époque, un Français, J. Bodin (1530-1596), critique cette affirmation et annonce ainsi la théorie quantitative de la monnaie *(cf. fiche 62 : L'intéraction des flux monétaires et réels).* Celle-ci indique que l'abondance de monnaie est source d'inflation.
    - Selon le mercantilisme anglais, il faut exporter le plus possible aux prix les plus élevés, et importer le moins possible aux prix les plus faibles. Cela permet de dégager un excédent commercial qui fait rentrer l'or.
    - Selon le mercantilisme français, il faut être industrieux et développer l'activité manufacturière, ce que fera Colbert (1619-1683). Les importations doivent se limiter aux matières premières, tandis qu'il est possible d'exporter des produits manufacturés dont le prix est plus élevé.
- Une vision tronquée mais novatrice :
  - Il apparaît simple de critiquer le mercantilisme, car il est actuellement reconnu comme une évidence que le seul enrichissement est l'enrichissement matériel, c'est-à-dire fondé sur la production. Le mercantilisme est cependant une des premières tentatives d'analyse des phénomènes économiques.
  - S'être posé la question de la cause de l'enrichissement, qui est toujours un fondement de la recherche économique, est le grand mérite du mercantilisme.

B La convergence d'intérêts entre les marchands et le souverain

- Une vision harmonieuse de l'organisation sociale et économique :

  Les sources d'enrichissement des marchands permettent également d'enrichir l'État et le souverain. Il y a là une vision de la compatibilité des intérêts, qui annonce la main invisible d'A. Smith (1723-1790) *(cf. fiche 92 : Les classiques).*
- L'enrichissement comme fin et comme moyen :

  La fin des marchands est de s'enrichir par leur commerce, ce qui réalise un excédent commercial. Cet excédent est le moyen pour le souverain d'obtenir les recettes fiscales qui satisfont sa fin, c'est-à-dire la puissance politique et militaire. Celle-ci est le moyen, pour les marchands, de parvenir à leur fin, c'est-à-dire commercer et réaliser des excédents, en bénéficiant de la protection du souverain et de la conquête de nouveaux territoires.

2 La physiocratie (XVIIIe siècle en France) : l'idée d'un enrichissement matériel

A L'existence d'un produit net agricole

■ L'activité productive et l'activité stérile :

- Seule l'agriculture est en mesure de produire un produit net, c'est-à-dire un surplus, par rapport aux moyens de production utilisés : c'est l'activité productrice.
- L'activité manufacturière au contraire est stérile car elle ne dégage aucun produit net : elle transforme les richesses mais n'en crée pas. L'industrie est tout de même très utile, puisqu'elle fournit à l'agriculture des biens dont l'utilisation lui permet d'augmenter le produit net.

■ L'idée de valeur ajoutée :

- L'idée de richesses créées émerge sous la forme du produit net qui préfigure la notion de valeur ajoutée. C'est une avancée considérable par rapport au mercantilisme. Les physiocrates avancent également que le détour de production accroît la création de valeur ajoutée, lorsqu'ils soulignent que l'utilisation de produits manufacturés augmente la productivité agricole (exemple : la charrue).
- L'erreur est évidemment de réduire la création de richesses à la seule activité agricole. Un appareil productif essentiellement agricole et une révolution industrielle encore en gestation à l'époque expliquent cette méprise.

B Le concept de circuit économique

■ Le *Tableau économique* de F. Quesnay (1758) :

F. Quesnay (1694-1774) procède à la première tentative de comptabilité nationale en représentant la circulation des flux réels et monétaires, ce qui impose une vision dynamique et non plus statique de l'économie. Il met en évidence le fait que, par le jeu des échanges, les dépenses des uns constituent les gains des autres.

■ La présence d'un parasitisme dans les débouchés :

- Les oisifs, propriétaires fonciers, perçoivent une rente versée par les agriculteurs, provenant du produit net. Ils peuvent alors acquérir des produits de luxe importés.
- Une partie du produit net échappe ainsi au circuit économique, par manque de civisme des propriétaires. De ce fait, une partie de la rente ne permet pas de constituer un débouché sûr pour la production agricole ou manufacturière.

Ces prémices sont d'autant plus importants qu'au-delà de leurs erreurs ils ont fait avancer la pensée économique. Celle-ci n'évolue pas de façon discontinue : chaque nouvelle théorie puise ses sources dans les courants antérieurs, et la pensée économique se modifie progressivement au gré de l'histoire des faits économiques.

FICHE 92

LES CLASSIQUES

La révolution industrielle britannique au XVIIIe siècle révèle un nouveau courant de pensée, fondement de la pensée économique moderne.

Les classiques ne représentent pas un courant unifié. Leurs diverses analyses inspireront les penseurs du XIXe siècle, aussi bien les néo-classiques, qui reprennent la notion de libéralisme, que Marx (1818-1883), qui reprend celle de valeur-travail.

1 LE FONDEMENT DU LIBÉRALISME : L'ORDRE NATUREL

A La célébration des vertus du libéralisme, source d'enrichissement

■ La main invisible selon A. Smith :

– A. Smith (1723-1790), père du libéralisme, considère qu'une force extérieure au marché incite chaque agent économique cherchant à satisfaire son intérêt particulier (ce que les néo-classiques nommeront plus tard *homo œconomicus*) à satisfaire l'intérêt général sans que cela n'entre dans ses intentions. L'intérêt général est l'agrégation des intérêts particuliers. La division du travail apparaît comme un moyen d'accroître la production de richesses, pour satisfaire tous les intérêts. L'État doit être un État minimal qui n'entrave pas la liberté d'entreprendre et le fonctionnement du marché, thème repris par les néo-classiques.

■ Le libre-échange :

– A. Smith justifie le libre-échange par la loi des avantages absolus. Selon cette loi, chaque économie a intérêt à se spécialiser là où elle dispose d'un avantage supérieur à celui des autres économies.

– D. Ricardo (1772-1823) justifie le libre-échange par la loi des avantages comparatifs. Selon cette loi, quelle que soit la situation, la spécialisation et l'échange international ont un intérêt, contrairement à l'idée développée par les mercantilistes *(cf. fiche 83 : Le débat protectionnisme - libre-échangisme)*. Un avantage comparatif existe toujours là où l'avantage est le plus grand, ou là où le désavantage est le plus faible.

B Une autorégulation qui exclut l'action de l'État

■ La loi des débouchés de J.-B. Say :

– D'après J.-B. Say (1767-1832), "l'offre crée sa propre demande". Selon cette loi, un accroissement de la production crée des richesses et donne lieu à une distribution supplémentaire de revenus. Cela augmente le niveau de la demande et ouvre donc des débouchés au surcroît de l'offre. J.-B. Say annonce ainsi les néo-classiques et même l'économie de l'offre *(cf. fiche 93 : Les néoclassiques et fiche 96 : Les néolibéraux)*.

– Aucune crise de surproduction durable et généralisée n'est donc possible si les mécanismes du marché fonctionnent. Une surproduction limitée à un produit peut apparaître ponctuellement et faire baisser son prix. De ce fait, les facteurs de production se reportent sur une autre production dont le prix est plus élevé. L'excédent est ainsi définitivement résorbé.

- La loi de la population de T.R. Malthus (1766-1834) :
  - La population suit une progression géométrique, tandis que la production suit une progression arithmétique. Il peut alors se produire un appauvrissement de la population, au point de la menacer de disette, et d'empêcher le développement économique. La sélection naturelle et sociale est le plus sûr moyen d'enrayer la progression géométrique de la population. Le recours à la sélection sociale doit être facilité par l'abolition de toute charité en faveur des pauvres, pour ne pas les encourager dans leur comportement nataliste. Malthus rejette donc toute action sociale de l'État.
  - L'erreur de Malthus est d'être aveuglé, à l'époque du début de la transition démographique, par l'accroissement de la population. Il n'envisage pas que la pression démographique puisse être un facteur d'augmentation de la demande et de la production, ce qui rend compatibles croissance économique et croissance démographique. Il ne réalise pas que le progrès technique puisse infirmer la théorie des rendements décroissants à laquelle il souscrit.

  Les thèses anti-natalistes développées à propos des pays du tiers-monde puisent leur source dans le malthusianisme d'où leur appellation : thèses néomalthusiennes.

2 LES DÉSÉQUILIBRES SONT MALGRÉ TOUT ENVISAGEABLES

A La théorie de la rente foncière de D. Ricardo

- Des rendements décroissants :
  - Pour faire face à l'accroissement de la demande, il devient nécessaire de cultiver de nouvelles terres de moins en moins fertiles, dont le rendement est décroissant.
  - Il en résulte que la rente foncière versée aux propriétaires fonciers s'accroît au détriment des profits des fermiers qui diminuent. Cette rente est différentielle, elle est égale à la différence entre la quantité produite sur une terre donnée et celle obtenue en cultivant la terre la moins fertile (seule cette dernière ne donne pas lieu à un paiement de rente). S'il était possible de ne cultiver que les terres les plus fertiles, la rente serait nulle et les profits seraient plus élevés.

  Cette idée annonce le raisonnement à la marge des néo-classiques *(cf. fiche 93 : Les néoclassiques)*.
- Le risque d'état stationnaire :
  - En raison de la décroissance des rendements, il arrive un moment où il n'est plus possible d'accroître la production de blé nécessaire pour nourrir la population.
  - La seule solution pour éviter d'être confronté aux rendements décroissants est d'importer du blé, et donc d'accepter le libre-échange. Ricardo saisit mal l'importance que joue le progrès technique dans la lutte, à plus long terme, contre les rendements décroissants.

B L'ordre naturel est relativisé par certains classiques

- Pour J.-S. Mill (1806-1873), qui développe un courant réformiste, l'existence de la main invisible est contestable dans la mesure où l'intérêt du plus fort peut prévaloir et les inégalités exister. Cela nécessite alors l'intervention plus grande de l'État.
- T.R. Malthus, en s'appuyant sur le rôle fondamental de la demande, et annonçant en cela Keynes, entrevoit une possibilité de déséquilibre. La demande intérieure peut être en deçà de ce qu'il est nécessaire pour éviter la crise de surproduction, il met ainsi en cause la loi des débouchés.

La diversité des théories classiques est révélatrice des tâtonnements de la pensée économique : les économistes classiques ne s'accordent même pas sur les limites de la notion de production. Ainsi, J.-B. Say inclut parfois certains services dans la production, tandis qu'A. Smith les exclut.

FICHE 93

LES NÉOCLASSIQUES

Les néo-classiques fondent au XIXe *siècle un courant de pensée dont sont encore issus certains économistes contemporains, les nouveaux libéraux* (cf. fiche 96 : Les néolibéraux). *Ils puisent leur source dans la pensée classique, et s'attachent à combattre le marxisme qui remet en cause le capitalisme. Ils se regroupent autour de L. Walras (1834-1910) et de la notion de marginalisme qu'il a contribué à développer.*

1 LA RÉGULATION PAR LE MARCHÉ...

A Le raisonnement à la marge

■ Une méthode de raisonnement :

- Les racines de ce raisonnement se trouvent dans la théorie de la rente foncière de D. Ricardo (1772-1823) *(cf. fiche 92 : Les classiques)*. Cela permet d'expliquer l'existence de rendements décroissants.
- L'*homo œconomicus,* par sa rationalité, raisonne non pas sur des quantités globales, mais sur des quantités additionnelles.

■ Fondement du calcul économique :

- Selon la théorie de la valeur élaborée par W. S. Jevons (1835-1882), la théorie de la valeur-travail ébauchée par D. Ricardo et reprise par K. Marx (1818-1883) n'est pas exacte. La valeur est en fait fondée sur l'utilité subjective d'une unité additionnelle de la marchandise acquise. Son coût n'est qu'une contrainte dont le producteur doit tenir compte. En effet le consommateur rationnel consomme jusqu'à ce que son utilité marginale (degré de satisfaction apportée par la dernière unité consommée), qui décroît au fur et à mesure de la consommation, soit égale au prix.
- Il existe une juste rémunération des facteurs de production. En effet, contrairement à ce qu'affirme K. Marx (*cf. fiche 94 : Le marxisme*), il n'existe pas d'exploitation du travail par le capital. Le profit n'est pas une plus-value extorquée aux travailleurs. Les propriétaires du capital et les travailleurs perçoivent la juste rémunération de leur contribution. La rémunération d'un facteur de production s'effectue à sa productivité marginale. Elle est égale au produit marginal qu'une unité additionnelle de facteur permet d'obtenir. En effet le producteur rationnel embauche jusqu'à ce que la productivité marginale (qui est décroissante) soit égale au salaire.

B L'équilibre général walrassien

■ Sur l'ensemble des marchés :

- L'idée de l'autorégulation déjà annoncée par les classiques est reprise. La condition à respecter est l'existence de la concurrence pure et parfaite, c'est-à-dire l'atomicité sur le marché, l'homogénéité du produit, la libre entrée sur le marché, la transparence et la mobilité des facteurs. C'est un idéal vers lequel il faut tendre pour assurer la situation optimale. Si un équilibre stable et durable s'établit spontanément de façon interdépendante sur chaque marché, un équilibre général sera atteint pour l'ensemble de l'économie.

– Sur chacun des trois marchés principaux, le marché des biens et des services, le marché du travail et le marché du capital, l'offre et la demande sont considérées comme le résultat d'agrégations de demandes et d'offres individuelles. Cela fait de l'analyse néo-classique une analyse micro-économique.
– Le prix se fixe à un niveau d'équilibre. Si une modification intervient sur l'un des marchés, elle se répercute immédiatement sur les autres marchés, qui compensent la variation de façon à maintenir l'équilibre.

■ La fixation des prix par tâtonnements :
– Sur un marché concurrentiel, il est impossible d'agréger les comportements individuels spontanément. À l'image de l'intervention du commissaire-priseur lors d'une vente aux enchères, des ajustements successifs permettent de fixer un prix d'équilibre, satisfaisant les offreurs et les demandeurs.
– La monnaie ne peut être préférée pour elle-même, à la différence de ce qu'affirme l'analyse keynésienne *(cf. fiche 95 : Keynes)*. Instrument d'échange, la monnaie est un voile.

2 ... REND IMPOSSIBLE L'APPARITION D'UNE CRISE GÉNÉRALISÉE ET DURABLE

A Les mécanismes autorégulateurs assurent l'équilibre permanent

■ La flexibilité des prix permet l'autorégulation :
– Si la demande se réduit sur le marché des biens et des services, une crise est impossible, car la baisse des prix qui en découle la fait remonter.
– Le mécanisme régulateur fonctionne quelle que soit la variation de l'offre ou de la demande et quel que soit le marché.

■ La reprise de la loi des débouchés *(cf. fiche 92 : Les classiques)* :
– La demande ne joue pas le rôle de variable déterminante, à la différence de la théorie keynésienne. La demande est une variable déterminée par l'offre, puisque ce sont les revenus créés par l'offre qui l'alimentent.
– La juste rémunération des facteurs de production assure le fonctionnement de cette loi.

■ La non-intervention de l'État :
Toute intervention extérieure au marché, comme celle de l'État, est condamnable dans la mesure où elle perturbe le fonctionnement autorégulateur du marché en introduisant des rigidités.

B Le plein-emploi et l'égalité épargne - investissement

■ Si l'offre s'accroît sur le marché du travail, un chômage durable est impossible, car la baisse du salaire réel qui en découle encourage les entreprises à embaucher. La persistance du chômage ne peut alors être due qu'à l'existence de chômeurs volontaires.

■ Égalisation de l'épargne et de l'investissement :
Si l'offre (épargne) décroît sur le marché du capital, une crise de l'investissement est impossible, car l'augmentation des taux d'intérêt qui en découle accroît ensuite l'épargne.

L'existence de crises durables remet en cause les principes de l'analyse néo-classique. C'est pourquoi les nouveaux libéraux (cf. fiche 96 : Les néolibéraux)*, tout en maintenant un raisonnement fondé sur la rationalité individuelle, libèrent l'analyse néo-classique du dogme de l'équilibre général.*

FICHE 94

LE MARXISME

Le marxisme se développe au XIXe siècle sur la base des œuvres de K. Marx (1818-1883) et F. Engels (1820-1895), qui puisent leurs sources dans le courant classique. Ce n'est pas une analyse de l'économie socialiste mais une critique du capitalisme qui est, selon le marxisme, un mode de production condamné à disparaître.

1 UNE THÉORIE DE L'EXPLOITATION

A Une théorie fondée sur la valeur-travail

■ La force de travail est une marchandise particulière :

- La valeur d'échange de la force de travail est égale à celle des subsistances nécessaires aux travailleurs. La valeur de ces subsistances est égale à la quantité de travail nécessaire à leur production. La valeur d'échange de la force de travail est donc définie comme celle de toute autre marchandise, par la quantité de travail nécessaire pour la reproduire.
- Sa particularité est d'avoir encore une valeur d'usage au-delà de sa valeur d'échange. Ainsi le travailleur, après avoir produit l'équivalent de la valeur de sa force de travail, peut encore créer des richesses.

■ La notion de plus-value :

- Le capitaliste extorque une plus-value (profit), qui est la différence entre la valeur de la richesse créée par le travailleur et celle de sa force de travail, c'est-à-dire son salaire. Ce faisant, le propriétaire des moyens de production (le bourgeois) exploite celui qui ne possède que sa force de travail (le prolétaire).
- Le taux de plus-value, ou taux d'exploitation, est le rapport de la plus-value aux salaires versés. Le capitaliste souhaite accroître le taux de plus-value. Il maintient les salaires au niveau le plus bas, et essaie d'augmenter la plus-value en augmentant la durée de la journée de travail (plus-value absolue), ce qui s'avère limité, ou la productivité du travail (plus-value relative).

B La lutte des classes

■ Infrastructure/Superstructure :

- L'exploitation révélée par les rapports de production (dans l'infrastructure économique) justifie l'existence et la conscience d'un antagonisme de classes, entre la classe prolétarienne et la classe bourgeoise.
- La superstructure (structures sociales, juridiques, politiques) est déterminée par l'infrastructure. La classe dominante en a la maîtrise puisqu'elle est propriétaire des moyens de production.

■ Matérialisme historique :

- La lutte des classes, moteur de l'Histoire, fait apparaître une succession de modes de production : communisme primitif - esclavagisme - féodalisme - capitalisme - socialisme - communisme.
- Le capitalisme représente une avancée par rapport aux modes de production précédents, même s'il est condamné à terme à disparaître.

2 La disparition du capitalisme est inéluctable

A La baisse tendancielle du taux de profit

- Une contradiction inhérente au capitalisme :

  À la recherche de gains de productivité accrus pour faire face à la concurrence, les capitalistes modifient la composition organique du capital (autrement dit la combinaison productive), en accroissant la proportion de capital au détriment du travail ; or, ce dernier, seule source de plus-value, est à la base du profit. En diminuant sa part dans la composition organique du capital, le capitaliste diminue donc son taux de profit.
- Le taux de profit baisse et déclenche une crise due à la suraccumulation du capital. La crise met au chômage un nombre croissant de prolétaires, qui renforcent « l'armée industrielle de réserve » et exercent une pression à la baisse sur les salaires. La paupérisation accroît la lutte des classes, et déclenche une crise de sous-consommation (ou surproduction relative).

B Les tentatives pour enrayer la baisse tendancielle du taux de profit sont vaines

- Les efforts pour contrecarrer la baisse tendancielle :
  - Les capitalistes ont alors recours à l'accroissement de la plus-value relative grâce aux gains de productivité.
  - Ceux-ci, d'autant qu'ils s'accompagnent du chômage, permettent de diminuer la valeur des salaires, en réduisant la valeur des moyens de subsistance.
  - La colonisation, la délocalisation, permettent d'exploiter le tiers-monde.
  - La crise induit des faillites qui déprécient la valeur du capital et modifient la composition organique du capital.
- Le Capitalisme monopoliste d'État (CME : théorie contemporaine des années 70) :

  L'État est un État bourgeois, qui participe à la lutte contre la baisse tendancielle du taux de profit. Il peut prendre en charge une partie de l'accumulation par des nationalisations, par des subventions, sans en tirer profit, et en se servant de l'impôt. Cependant rien ne peut fondamentalement enrayer les contradictions.

Les faits contredisent le matérialisme historique. La révolution bolchevique s'est produite dans un pays où le capitalisme n'était pas encore développé. Lénine (1870-1924) l'a justifié dans sa théorie de l'impérialisme, en affirmant que la révolution s'était déroulée là où le "maillon" de l'impérialisme était le plus faible. Le renversement des régimes socialistes de 1989 à 1991 représente une anomalie par rapport au matérialisme historique, que la théorie marxiste ne peut expliquer (cf. fiche 20 : Les économies en transition).

FICHE 95

KEYNES

La crise de 1929, crise de surproduction (ou de sous-consommation) généralisée, donne la possibilité à J.M. Keynes (1883-1946) de s'opposer aux néoclassiques dans les années 30.

L'analyse keynésienne est une analyse en termes de circuit, qui s'attache à montrer que l'agrégation des comportements micro-économiques ne détermine pas un équilibre de plein-emploi.

1 L'ÉQUILIBRE DE PLEIN EMPLOI PERMANENT EST IMPOSSIBLE

A L'infirmation de la loi des débouchés

■ La demande effective est la variable déterminante :

- La demande effective est la demande globale anticipée par les entreprises.
- Keynes infirme le raisonnement de J.-B. Say (1767-1832), repris par les néoclassiques *(cf. fiche 92 : Les classiques et fiche 93 : Les néoclassiques)*. Il reprend l'idée intuitive de T.R. Malthus (1766-1834) selon laquelle le niveau de la demande effective détermine le niveau de l'offre, et non l'inverse.

■ Le plein emploi n'est pas systématiquement atteint :

- Les entreprises ajustent le niveau de la production aux sollicitations de la demande effective, et le niveau de la production détermine, à court terme, le niveau d'emploi.
- Mais le niveau de la production atteint ne correspond pas obligatoirement au niveau de plein emploi. Un chômage involontaire est possible.

B La préférence pour la liquidité

■ La trappe à liquidité :

- L'épargne se divise en deux parties. La première est de l'épargne qui se transforme en investissement, composante de la demande. La deuxième tombe dans la "trappe à liquidité" et n'alimente pas la demande (à plus ou moins long terme). C'est la raison pour laquelle le niveau de la demande effective peut être insuffisant pour atteindre l'équilibre de plein emploi. L'existence de la trappe à liquidité s'explique par le fait que la monnaie n'est pas neutre (elle n'est pas un voile) et peut être préférée pour elle-même.

■ Les trois motifs de la préférence pour la liquidité :

- Les encaisses de transaction, qui permettent de réaliser les dépenses de consommation entre deux versements de revenus, ne sont pas néfastes, puisqu'elles donnent lieu à des dépenses de consommation à court terme.
- Les encaisses de précaution sont constituées par les ménages pour se prémunir notamment contre les risques liés à la maladie, à la famille, à la vieillesse et à l'emploi. Ces encaisses ont tendance à croître avec l'augmentation du niveau des revenus. Elles tombent dans la trappe à liquidité et échappent à court terme à la demande, car les dépenses n'ont lieu que dans le cas où l'un des risques se réalise.

– Les encaisses de spéculation sont constituées afin de réaliser des plus-values (boursières par exemple). Elles échappent à la demande, car elles ne financent ni la consommation ni l'investissement.

2 La croissance ne s'auto-entretient pas et nécessite l'intervention de l'État

A Les fuites de la croissance

■ La fuite par l'épargne :

L'augmentation du revenu n'induit pas automatiquement un accroissement proportionnel de la demande. La propension à consommer baisse *(cf. fiche 39 : La consommation)*, au profit de la propension à épargner qui augmente (l'épargne est selon Keynes fonction du revenu). Le problème est que l'épargne ne comble pas la différence entre demande et consommation, car selon Keynes, l'épargne n'est pas intégralement investie. Cela est dû, selon lui, à la préférence pour la liquidité (il s'oppose à l'analyse néoclassique selon laquelle le taux d'intérêt assure cette égalité). L'égalité entre l'épargne et l'investissement n'est réalisée qu'*ex post*. De ce fait une crise de surproduction relative, due à l'insuffisance de la demande, se produit, et on s'écarte du plein emploi.

■ L'équilibre de plein emploi apparaît comme une situation exceptionnelle. Si l'on n'intervient pas, la situation normale est celle d'un déséquilibre, ou équilibre de sous-emploi.

B Relancer la demande effective

■ Augmenter la demande de consommation :

– Il faut accroître le niveau de consommation en augmentant les bas revenus, dont la propension à consommer est la plus forte. L'État peut accorder des revenus supplémentaires par la création d'emplois publics, et accroître ses dépenses de fonctionnement en général.

– Il faut accroître le niveau de consommation grâce à la mise en place d'une protection sociale *(cf. fiche 30: La politique sociale)*, qui permet de réduire le plus possible les encaisses de précaution.

■ Augmenter la demande d'investissement :

– Les taux d'intérêt faibles doivent inciter à investir, en augmentant l'écart entre le taux d'intérêt et le rendement escompté des investissements.

– L'État peut pratiquer le déficit budgétaire *(cf. fiche 26 : La politique budgétaire)* qui permet d'accroître la demande publique.

– Un effet multiplicateur, appelé multiplicateur keynésien, amplifie la relance. L'accroissement initial de l'investissement provoque un accroissement plus que proportionnel de la demande, donc de la production et du revenu. Plus la propension à consommer est forte, c'est-à-dire plus une partie importante du revenu créé par l'investissement est réintroduite dans le circuit, plus l'effet multiplicateur est important *(cf. fiche 26 : La politique budgétaire)*.

La politique de New Deal, menée aux États-Unis en 1933, est antérieure à l'achèvement en 1936 de la théorie keynésienne ; elle est pourtant conforme à certains de ses principes. C'est surtout après la Seconde Guerre mondiale que les politiques économiques keynésiennes se généralisent. Elles sont ensuite remises en cause par l'existence de dysfonctionnements dus, entre autres, au contexte d'économie ouverte (inflation et contrainte extérieure) (cf. fiche 19 : Les États face à la crise et fiche 22 : Les orientations de la politique conjoncturelle).

FICHE 96

LES NÉOLIBÉRAUX

Depuis le début des années 70, on assiste à un renouveau des théories libérales. Les néo-libéraux considèrent que la mise en place des politiques keynésiennes, loin de corriger les déséquilibres, au contraire, les accroît. Il existe de nombreux courants néolibéraux mais les deux principaux courants sont la théorie de l'offre et le monétarisme.

1 LES NÉOLIBÉRAUX CONSIDÈRENT QU'IL FAUT DÉSENGAGER L'ÉTAT ET FREINER LA REDISTRIBUTION

A La théorie de l'offre

La théorie de l'offre (supply side) a comme chef de file Arthur Laffer.

- La théorie de l'offre s'oppose à la théorie de la demande de Keynes (1883-1947), et considère que ce n'est pas la demande qui détermine l'offre, mais l'offre qui crée la demande : ils reprennent en cela la loi des débouchés (*cf. fiche 92 : Les classiques*). Toute politique visant à augmenter la demande au détriment de l'offre est donc récessive.
- Ainsi les théoriciens de l'offre considèrent qu'une politique de redistribution est néfaste :
  - En prenant des revenus à ceux qui ont la plus forte propension à épargner, pour les distribuer à ceux qui ont la plus forte propension à consommer, elle diminue l'épargne et donc l'investissement.
  - La distribution de revenus sociaux peut déresponsabiliser les individus, et les inciter à l'oisiveté en leur conférant un statut d'assisté.
- Trop d'État est dissuasif. En effet les prélèvements obligatoires élevés, nécessaires au financement des budgets de l'État et des organismes de protection sociale, dissuadent les individus de travailler ou de produire et les incitent au travail au noir ou à se consacrer au travail domestique.

  C'est ce qu'illustre la courbe de Laffer en montrant qu'à partir d'un certain seuil d'imposition les recettes de l'État diminuent. Que le taux d'imposition soit de 0 % ou de 100 %, le résultat est le même : les recettes sont nulles. Il est donc nécessaire d'alléger les prélèvements obligatoires.

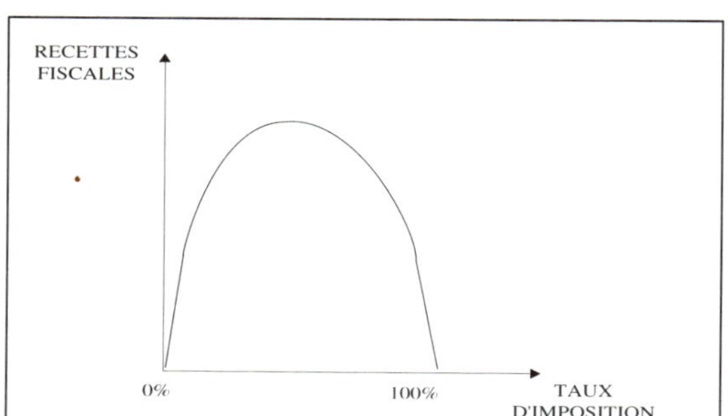

B L'école des "choix publics" s'oppose à l'intervention de l'État

- Selon James Buchanan, l'imperfection du marché ne rend pas légitime l'intervention de l'État. En effet, l'étude des différentes activités publiques menée par l'école des "choix publics" montre que l'État est chaque fois moins efficace que ne l'aurait été le secteur privé.
- L'État opère un effet d'éviction sur le secteur privé. Toutes les disponibilités en travail ou en financement qu'il utilise sont un manque à gagner pour le secteur privé.

2 Les monétaristes considèrent que les politiques keynésiennes sont neutralisées par l'inflation

Le chef de file de l'École monétariste est Milton Friedman, dont les thèses ont été prolongées par celle des anticipations rationnelles de Robert Lucas.

A Le monétarisme de M. Friedman

- M. Friedman (né en 1912) considère que l'inflation est le phénomène le plus néfaste à l'économie. Selon lui, elle est toujours due à un phénomène monétaire, et elle est la résultante d'une mauvaise politique de l'État.
- Une politique de relance de type keynésien ne peut être efficace, car elle engendre l'inflation pour deux raisons :
  - La hausse des revenus nominaux ne permet de relancer l'économie qu'à très court terme car les agents économiques ne sont victimes de l'illusion monétaire que pendant un temps limité. Ils se rendent rapidement compte que leur pouvoir d'achat n'augmente pas, la hausse des prix, qui permet de réajuster la quantité de monnaie à la production, les privant des effets de la hausse des revenus.
  - Il existe un chômage naturel né de l'inadaptation de certains actifs à remplir les conditions fixées par le marché du travail, une politique de relance ne peut donc pas créer des emplois mais est en revanche source d'inflation.

B Les nouveaux économistes classiques

- R. Lucas considère, comme les quantitativistes, que la monnaie est totalement neutre. Une augmentation de celle-ci se traduira forcément par de l'inflation et n'aura aucun effet sur l'activité économique. Toute politique de relance keynésienne se traduit par de l'inflation qui neutralise la relance.
- En effet, à l'annonce d'une politique de relance keynésienne, les agents économiques anticipent rationnellement une hausse des prix. Afin de ne pas être pris de court par l'inflation qu'ils prévoient, les entreprises augmentent leurs prix, les salariés demandent des hausses de salaire, ce qui crée l'inflation avant même la mise en place de la politique de relance. Cette inflation neutralise les augmentations des revenus nominaux induits par la relance. Ils peuvent aussi, au contraire, reconstituer leurs encaisses, ce qui bloque la relance par la demande.

Tous les néolibéraux ne considèrent pas que la monnaie soit neutre, F. von Hayek (1899-1992) pense que l'inflation peut déformer la structure économique. Mais ils sont tous d'accord pour combattre l'inflation et penser comme F. von Hayek que l'intervention de l'État conduit à la "servitude".

FICHE 97

LA THÉORIE DE LA RÉGULATION

Les théoriciens de la régulation sont des économistes français qui, dans une perspective historique, étudient les principes généraux du fonctionnement de l'économie. Inspirés de Keynes (1883-1947) et de Marx (1818-1883), les auteurs de la régulation (les plus connus étant M. Aglietta, R. Boyer, J. Mistral et A. Lipietz, économistes français contemporains), considèrent que, si au XIXe siècle la concurrence permettait de réguler l'économie (maintien à l'équilibre), à partir de la Seconde Guerre mondiale, la régulation devient monopoliste ; cette régulation monopoliste est mise en cause depuis la crise.

1 DE LA RÉGULATION CONCURRENTIELLE À LA RÉGULATION MONOPOLISTE

A Le mode de régulation concurrentiel et sa crise

- Au XIXe siècle, le mode de régulation est concurrentiel ; les conditions de la concurrence sont pratiquement réunies, la faiblesse voire l'inexistence des syndicats, et le peu d'engagement des États assurent une flexibilité des prix et des salaires. Grâce à la concurrence et à la recherche du profit, la croissance économique est forte et l'économie ne connaît pas de crise majeure, les déséquilibres économiques sont de faible amplitude grâce à la régulation par le marché.
- Dès la fin du XIXe siècle, mais surtout au début du XXe siècle, le mode de régulation concurrentiel entre en crise. La grande récession de la fin du XIXe siècle rend nécessaire une nouvelle gestion de la main-d'œuvre (apparition du taylorisme), et la crise des années 30 annonce le début des interventions de l'État. La concurrence ne permet plus d'assurer l'équilibre économique et n'est plus source de croissance.

B La période de l'après-guerre est caractérisée par une régulation monopoliste et une croissance fordiste

- Après la Seconde Guerre mondiale, la régulation devient monopoliste :
  - dans de nombreux secteurs de l'économie, les entreprises s'étant concentrées et ayant formé des monopoles et quasi-monopoles, les conditions de la concurrence ne sont plus réunies ;
  - depuis la crise des années 30, les États interviennent massivement dans les économies. La régulation se fait de moins en moins par le marché, les États deviennent, après la Seconde Guerre mondiale, des États-providence garants de l'intérêt général qui, suivant en cela les principes de Keynes, prennent en charge la régulation économique ;

– le rapport salarial se transforme, les salaires deviennent rigides à la baisse et se négocient de manière collective.

■ La croissance importante de l'après-guerre est permise par le fordisme *(cf. fiche 5 : La croissance fordiste)* ; les gains de productivité dégagés par l'organisation fordiste du travail et par la production de masse, conduisent à des augmentations importantes de revenus (aussi bien salaires que profits) qui sont sources de croissance.

2 La mise en cause du mode de régulation monopoliste

A La crise de la régulation monopoliste

■ Depuis le début des années 70, il y a un ralentissement important de la croissance économique, et donc une crise de la croissance fordiste du fait :

– d'un ralentissement de la productivité du travail dû à la crise de l'organisation fordiste du travail. Alors que les salariés sont de plus en plus instruits et qualifiés, il leur est toujours interdit de réfléchir et de prendre des initiatives ;

– d'une baisse de la productivité du capital due à la suraccumulation ;

– d'une saturation de la demande en biens durables qui limite la croissance des débouchés ;

– d'une baisse du taux de profit et de l'investissement, car les salaires ont continué à croître à leur rythme antérieur malgré le ralentissement de la productivité.

■ La régulation monopoliste est aussi en crise :

– les États se sont révélés incapables de corriger les effets de la crise. Leur légitimité est largement mise en cause, et ils perdent leur fonction de garant de l'intérêt général ;

– le chômage, engendré par la crise, modifie les rapports salariaux : les salaires retrouvent une certaine flexibilité et les emplois se précarisent.

B Les perspectives face à la crise de la régulation monopoliste

■ Les théoriciens de la régulation préconisent la formation d'un nouveau rapport salarial fondé sur une sorte de collaboration entre les salariés et l'entreprise (cercles de qualité par exemple), et l'institutionnalisation d'un mode de régulation mondial qui limiterait la compétition acharnée que se livrent les pays, et permettrait par exemple aux pays du tiers-monde de rembourser leurs dettes. Ils ne sont pas tous en accord sur les solutions possibles à la crise de la régulation monopoliste : alors que R. Boyer et J. Mistral approuvent l'intégration européenne, A. Lipietz pense qu'elle n'est pas une solution.

■ Si dans certains pays de l'Europe du Nord, ou même au Japon (au niveau des grandes entreprises seulement), un nouveau rapport salarial fondé sur un compromis entre le travail et le capital semble se créer, la tendance principale est surtout celle d'un retour à une sorte de régulation de type concurrentiel avec une flexibilité des salaires et un désengagement des États.

Les grandes crises signent la fin des anciens modes de régulation ; le nouveau sera peut-être celui d'une régulation intermédiaire entre le mode concurrentiel et le mode monopoliste. Il pourra aussi s'agir d'un retour au mode de régulation concurrentiel, à moins que n'apparaisse un mode de régulation totalement nouveau.

FICHE 98

LA THÉORIE DU DÉSÉQUILIBRE

Edmond Malinvaud, économiste français contemporain né en 1923, dans la théorie du déséquilibre, participe à l'élaboration d'une synthèse des théories néo-classique et keynésienne. Il considère que les déséquilibres proviennent de la rigidité à court terme des prix, qui ne permettent donc pas un ajustement entre l'offre et la demande.

1 LES PRIX ÉTANT RIGIDES, LES AJUSTEMENTS SE FONT PAR LES QUANTITÉS

A Les prix sont rigides à court terme

- Du fait de la concentration dans de nombreux secteurs de l'économie et des ententes entre entreprises, de nombreux marchés sont en situation monopolistiques ou oligopolistiques, ce qui crée une rigidité à la baisse des prix.

  Mais selon E. Malinvaud, la raison principale de la rigidité réside dans le coût des transactions (collecte de l'information, perte de temps, coût de l'adaptation). L'obéissance à la loi du marché nécessiterait de multiples et fréquents changements de fournisseurs, ce qui alourdirait énormément les coûts de transaction. La demande est donc relativement inélastique par rapport aux prix, et les offreurs sont moins incités à les faire varier.

- De même, les rigidités sur le marché du travail ne permettent pas au salaire de varier librement et d'équilibrer ce marché.

B Les ajustements se font par les quantités

- Les prix étant rigides, ils ne permettent pas l'égalisation de l'offre et de la demande. En cas de déséquilibre entre l'offre et la demande, l'ajustement se réalise par les quantités, ce qui signifie que le volume échangé est égal au niveau le plus faible de l'offre ou de la demande (si, par exemple, la demande est supérieure à l'offre, la quantité échangée sera celle de l'offre). L'ajustement s'effectue au "côté court du marché".

- À chaque fois, par rapport au fonctionnement libre du marché, un rationnement s'opère. Si la demande est supérieure à l'offre, il n'y aura pas de hausse de prix mais un rationnement de la demande. Dans le cas du marché du travail, l'excès d'offre par rapport à la demande, ne se traduit pas par une baisse du salaire, mais par la fixation de la quantité échangée au volume de la demande de travail (d'où chômage).

2 Les différents déséquilibres engendrent des chômages différents

A Les différents déséquilibres

Il existe trois sortes de déséquilibres qui requièrent des politiques différentes.

■ Le chômage keynésien.

– Nature du déséquilibre :

- sur le marché des biens et des services, l'offre est supérieure à la demande
- sur le marché du travail, l'offre est supérieure à la demande

– Cause et résolution du déséquilibre :

Le chômage est dû à une trop faible demande de biens et de services. Une augmentation des salaires permettrait d'accroître la demande de biens et de services, qui permettrait aux entreprises de produire plus et donc d'embaucher plus.

■ Le chômage classique.

– Nature du déséquilibre :

- sur le marché des biens et des services, la demande est supérieure à l'offre.
- sur le marché du travail, l'offre est supérieure à la demande.

– Cause et résolution du déséquilibre :

Le chômage est dû à des salaires trop élevés. Leur baisse permettrait aux entreprises d'embaucher plus et donc de produire plus, et elle permettrait de réduire l'excès de demande sur le marché des biens et des services.

■ L'inflation contenue.

– Nature du déséquilibre :

- sur le marché des biens et des services, la demande est supérieure à l'offre.
- sur le marché du travail, la demande est supérieure à l'offre.

– Cause et résolution du déséquilibre :

Malgré leurs débouchés, les entreprises ne peuvent produire plus et répondre à la demande à cause d'une situation de plein-emploi.

Il existe peu de solutions conjoncturelles, il est nécessaire d'augmenter la productivité par le biais du progrès technique.

B Les solutions préconisées par E. Malinvaud pour résoudre le chômage actuel

■ Si dans le cadre d'un chômage keynésien ce sont les politiques keynésiennes qui sont les plus adaptées, et dans un chômage classique les politiques libérales, E. Malinvaud pense que dans la réalité, le chômage n'est totalement ni keynésien ni classique.

■ La crise actuelle est selon lui la résultante de la coexistence de ces deux types de chômage. Il pense donc qu'il est nécessaire de poursuivre des politiques de relance combinées à une flexibilisation du marché du travail. Il entrevoit même la possibilité de la baisse des salaires, à la condition que, grâce à l'embauche supplémentaire qu'elle induit, elle ne conduise pas à la baisse de la masse salariale (total des salaires versés y compris les charge sociales).

La théorie du déséquilibre est une réponse aux difficultés des théories traditionnelles à appréhender la pluralité des phénomènes de déséquilibre.

FICHE 99 LA PENSÉE HÉTÉRODOXE

L'orthodoxie économique est celle des grands courants économiques, souvent antagonistes, comme ceux des néo-classiques et des keynésiens.

La pensée économique n'est pas toujours confirmée par les faits, c'est pourquoi certains économistes s'inscrivent en marge de l'orthodoxie économique. Lorsqu'une pensée hétérodoxe devient une théorie explicative globale, elle devient une École à part entière, comme c'est le cas par exemple de la théorie de la régulation, ou de la théorie du déséquilibre.

Le point commun aux différents économistes hétérodoxes est qu'ils tentent de dépasser les clivages théoriques traditionnels. Ils soulèvent certains points qui sont restés dans l'ombre jusqu'alors, comme l'ont fait dans des directions différentes J. A Schumpeter (économiste autrichien exilé aux États-Unis, 1883-1950) ou J. K .Galbraith (économiste américain né en 1908).

1 L'HÉTÉRODOXIE DE J. A. SCHUMPETER : L'INNOVATION

A La destruction créatrice

- L'innovation est déterminante :
  - L'innovation constitue selon Schumpeter "l'impulsion fondamentale qui met et maintient en mouvement la machine capitaliste". L'innovation est un phénomène majeur qui permet à Schumpeter, en reprenant les travaux d'autres économistes, de dresser une vision de l'économie par cycles, chaque cycle correspondant à la mise en œuvre puis au déclin d'une "grappe" d'innovations, *(cf. fiche 11 : Les différents types de crise)*.
  - Il existe au moins cinq domaines d'innovations possibles, non exclusifs les uns des autres : les objets de consommation, les méthodes de production, les marchés, les matières premières ou les produits semi-finis et l'organisation productive (concentration par exemple).
- Une dynamique des structures par le principe de la destruction créatrice :
  - L'histoire économique est en perpétuel mouvement car la destruction créatrice fait régulièrement table rase du passé, et ouvre la voie aux activités nouvelles.
  - Il est inutile de préserver un domaine dans lequel une innovation est parvenue à saturation.
  - La destruction n'est pas une fin, puisqu'elle est créatrice. Elle permet en effet de mobiliser les facteurs de production et les efforts, pour qu'une innovation se produise encore.

B L'entrepreneur, moteur de la croissance

- Le rôle de l'entrepreneur :
  - L'entrepreneur, "révolutionnaire de l'économie, pionnier involontaire de la révolution sociale et politique" selon Schumpeter, est l'instigateur de l'innovation ; l'impulsion vient de lui.

- L'esprit d'entreprise, guidé par la recherche du profit, est la dynamique qui assure la croissance et le développement.

■ L'entrepreneur est la clef de voûte d'un système économique performant :

Même si l'efficacité et la performance du capitalisme sont supérieures à celles de tout autre système, le système capitaliste peut être menacé par une élite intellectuelle. Celle-ci peut rejeter les valeurs fondamentales du libéralisme, comme celle du profit et être tentée par l'expérience socialiste.

2 L'HÉTÉRODOXIE DE J. K. GALBRAITH : LE POUVOIR ÉCONOMIQUE

A La technostructure dans l'entreprise

■ La disparition de l'entrepreneur :

- Avec la naissance puis le développement de la grande entreprise, la propriété s'est divisée entre de multiples propriétaires.

  L'entrepreneur-propriétaire n'est plus l'homme de la situation. Dans ce système de propriété partagée, la propriété confère toujours un pouvoir juridique, mais ne donne plus le pouvoir économique.
- La grande entreprise est de plus en plus complexe à gérer, et l'entrepreneur ne peut être à lui seul compétent en tout pour la diriger.

■ La dissociation entre le pouvoir juridique et le pouvoir économique :

- L'entreprise se dote d'un personnel salarié, compétent pour assumer les différentes fonctions entrepreneuriales. Les cadres de l'entreprise sont des technocrates qui constituent la structure dirigeante, d'où l'appellation de technostructure.
- Ainsi une certaine partie du salariat détient le pouvoir économique qui échappe à l'actionnariat.
- Selon la théorie de la convergence, la différence de direction entre l'entreprise publique et l'entreprise privée est minime, dans la mesure où ce sont les mêmes technocrates qui en sont à la tête. Dans le même ordre d'idées, le phénomène de "pantouflage" est possible : dans la mesure où la technostructure est polyvalente, les hauts fonctionnaires de l'État sont aptes à devenir les cadres dirigeants de l'entreprise.

B La filière inversée de la décision de consommation

■ Le rejet de la théorie de la souveraineté du consommateur (ou consommateur-roi) :

La théorie néoclassique fonde la fonction de consommation *(cf. fiche 39 : La consommation)* sur l'existence d'une autonomie du consommateur. Celui-ci est un agent économique rationnel qui arbitre en fonction de sa contrainte budgétaire, d'un système de préférences, et d'un système de prix.

■ L'inversion de la filière :

La théorie de la filière inversée tend à montrer que le consommateur est soumis à un conditionnement qui passe essentiellement par la publicité, propre à influencer ou déterminer sa décision, sans même qu'il s'en aperçoive. Elle rejette donc l'hypothèse de l'*homo œconomicus*.

Les différentes pensées hétérodoxes ont en commun leur force de proposition. Il est impossible de les intégrer dans les courants orthodoxes, et ce n'est pas souhaitable. En effet, la juxtaposition des différentes pensées économiques est davantage propice à appréhender la complexité des faits économiques que ne le ferait une théorie économique unifiée.

FICHE 100

LE RENOUVELLEMENT DE LA THÉORIE ÉCONOMIQUE

Depuis le début des années 80, la théorie économique connaît un certain renouvellement. On peut distinguer les nouvelles théories microéconomiques qui s'intéressent surtout aux comportements des agents économiques et qui nuancent les conclusions des néoclassiques (cf. fiche 93 : Les néo-classiques) *des nouvelles théories macroéconomiques qui étudient le fonctionnement global de l'économie.*

1 La nouvelle microéconomie

A La théorie des jeux

- Le marché n'étant pas totalement atomistique, les individus et les entreprises ont des relations d'interdépendance et adoptent des comportements stratégiques. La théorie des jeux étudie la prise de décision et les effets de ces comportements stratégiques; elle montre que des décisions prises sans concertation produisent généralement des résultats non optimaux.
- L'exemple le plus connu de la théorie des jeux est celui du "dilemme du prisonnier". Deux individus suspectés d'avoir commis un crime sont emprisonnés et interrogés séparément. Chaque prisonnier peut accuser l'autre ou pas. Si les deux prisonniers s'accusent mutuellement, ils sont condamnés à une peine légère. Si aucun des deux n'accuse l'autre, ils sont libérés et peuvent se partager le butin. Si un accuse et l'autre non, le prisonnier accusé porte entièrement le chapeau et est condamné à une peine lourde tandis que l'autre est libéré et garde l'ensemble du butin.
- La stratégie consistant à dénoncer l'autre est une "stratégie dominante" car quelle que soit la stratégie de l'autre prisonnier qu'(accuse ou pas), c'est cette stratégie qui procure les gains les plus élevés. Les prisonniers vont donc se dénoncer mutuellement et ils seront condamnés à une peine légère. Leur comportement quoique rationnel est sous-optimal car la stratégie consistant à ne pas s'accuser est la meilleure. Le dilemme du prisonnier peut être appliqué à l'économie et permet de comprendre les raisons de choix contraires à l'intérêt général (le protectionnisme est par exemple souvent choisi alors qu'il est globalement moins avantageux que le libre-échange).

B L'information asymétrique

- Une des conditions de la concurrence pure et parfaite est la transparence du marché, c'est-à-dire l'information complète et gratuite pour tous les agents économiques. La nouvelle microéconomie met au contraire l'accent sur l'imperfection de l'information et traite surtout du cas particulier de l'information asymétrique, c'est-à-dire du cas où un seul des deux agents se livrant à la transaction dispose d'une information complète. On étudie ici l'opportunisme des agents et leur volonté de tricher.
- La théorie étudie essentiellement deux cas d'information asymétrique :
  - la sélection adverse appelée aussi anti-sélection où la concurrence est perturbée par le fait que seul un des agents participant à l'échange connaisse effecti-

vement la qualité du bien ; dans ce cas, l'agent mal informé risque de sélectionner involontairement les produits de mauvaise qualité ;

– l'aléa moral qui est une situation dans laquelle l'agent non informé ne peut pas contrôler l'action de son partenaire sans alourdir fortement les coûts de surveillance. Il faut alors prévoir des sanctions lourdes qui dissuadent de tricher car plus la punition est forte plus les coûts de surveillance peuvent être faibles.

2 La nouvelle macroéconomie

A Les nouvelles théories de la croissance

■ Qu'elles présentent la croissance comme un phénomène déséquilibré ou comme un phénomène équilibré, les anciennes théories de la croissance ont toutes en commun de considérer que les déterminants de la croissance économique sont exogènes, généralement l'accroissement de la population active et le progrès technique (appelé facteur résiduel). Elles postulent donc que la croissance ne s'auto-entretient pas et n'est pas un processus cumulatif.

■ Les théories de la croissance endogène considèrent au contraire que le facteur résiduel est une conséquence de la croissance elle-même et expliquerait son aspect cumulatif : la croissance provoque l'accumulation du progrès technique qui lui-même suscite la croissance.

■ La théorie de la croissance endogène prend trois directions principales : la première affirme que le moteur de la croissance (le facteur résiduel) provient essentiellement de l'accumulation de connaissances (savoir-faire) ; la deuxième direction privilégie l'accumulation de capital humain (éducation) ; la dernière direction étudie surtout l'accumulation du capital technologique due à l'innovation et la recherche-développement.

B Nouvelle économie classique contre nouvelle économie keynésienne

■ La nouvelle économie classique reprend les conclusions des économistes néo-classiques et considère que l'économie est en état constant d'équilibre. Les marchés s'ajustent continuellement et spontanément. Pour les nouveaux économistes classiques, le chômage est nécessairement volontaire car tout individu pourrait trouver un emploi au taux de salaire du marché. La politique économique conjoncturelle est sans effet sur le volume de l'emploi et de la production qui restent invariablement à leur niveau naturel.

■ La nouvelle économie keynésienne veut montrer au contraire que des déséquilibres durables sont possibles et que le chômage peut être involontaire. Les néokeynésiens pensent que le marché ne permet pas de réguler parfaitement l'économie en raison de la viscosité (rigidité) des prix et des salaires. Ils considèrent que les interventions de l'État sont nécessaires, mais ils craignent les interventions trop fréquentes ou trop lourdes comme les déficits budgétaires importants. Pour eux, l'intervention de l'État n'est vraiment nécessaire qu'en cas de crise grave. Même s'ils pensent que le chômage n'est pas volontaire, ils s'accordent avec les monétaristes et les nouveaux classiques pour préconiser une flexibilisation du marché du travail et une flexibilisation des rémunérations qui permettraient de baisser la barre du chômage naturel (*cf. fiche 96 : Les néo-libéraux*).

Que les nouvelles théories acceptent ou pas de reconnaître l'existence de déséquilibres, elles sont généralement sceptiques sur l'efficacité des interventions de l'État.

INDEX

■ *Les termes recensés dans cet index sont accompagnés du numéro de la fiche dans laquelle ils apparaissent.*

N

O

P

R

S

T

U

V

Z

TABLE DES AUTEURS

■ *Les noms recensés dans cette table sont accompagnés du numéro de la fiche dans laquelle ils apparaissent.*

TABLE DES FIGURES

Imprimerie IFC 18390 St-Germain-du-Puy
N° d'édition : 1702001 .Dépôt légal Juillet 2001
N° Imprimeur : 01/627